THINK TANK
智库论策

中国生产性服务业与制造业的互动融合

理论分析与经验研究

Interaction and Intergration of Producer Services and Manufacturing Industry in China: Theoretical Analysis and Empirical Research

王玉玲 著

目　　录

第一章　导　　论

第一节　经济服务化趋势及其现代意义

一、生产性服务业与制造业融合发展的趋势

20 世纪后半期以来，世界产业格局处在持续的调整之中，发达国家的低端或劳动力密集型制造业不断转移到发展中国家，制造业转型表现为生产性服务的中间投入增加、产出的服务化比重持续增加，发达国家产业结构不断软化，经济服务化趋势日益明显。但是，2008 年金融危机的爆发也警示我们“去工业化”过程中服务经济的过快发展可能为整个经济的健康发展埋下隐患，而经济的持续健康发展离不开实体经济特别是制造业健康稳定发展的支撑。鉴于世界经济和中国经济发展的实际情况，本研究的背景主要概括为以下几个方面。

（一）经济全球化进程加速，各国产业结构调整加快

经济全球化已经成为国际分工新格局最突出的特征之一，也成为世界经济发展不可逆转的趋势之一，不管“你”是否适应或偏好这样的全球化浪潮，一个客观事实是“你”都无法逃避它。20 世纪特别是 20 世纪 80 年代以来，随着信息通信技术的广泛应用以及立体化交通运输体系的不断完善，世界各国的经济往来越来越频繁，各国各地区的网络化分工越来越普遍，以跨国企业为主要载体的资金、技术、人才等重要生产要素在全球范围内的流动性急剧增强，各国经济与地区经济乃至全球经济之间的联动性显著加强。近年来，产业链、供应链管理模式逐渐被许多大型跨国企业采纳并付诸实践，产业分工和布局逐渐在世界范围内展开，产业组织成本和交易费用显著降低，资源要素配置效

率大大提高。

追逐利润的资本本性驱动着各种生产要素在全球进行网络化布局和生产，也使得各国经济联系持续增强。发达国家主导的经济全球化加快了发达国家产业结构合理化和高级化的进程，在信息技术的支持下，发达经济体的第三产业特别是第三产业中的生产性服务业快速壮大起来，并且与其他部门的互动和融合程度显著提高。另外，发达国家借助全球化进程把国内部分增值潜力不大的产业转移到发展中国家，在获得较高资本盈利的同时也有效利用了这些国家廉价的资源、扩大了对发展中国家广阔市场的占有，生动地展现了资本扩张的本性和逻辑。

在这场全球经济盛宴中，中国经济融入世界经济的程度日益加深，也获得了较大的发展利益，但产业布局在一定程度上受制于全球产业布局，全球经济发展大环境的变化以及主要经济体经济政策的调整对中国经济发展的影响逐步增强。作为全球制造业大国，我们的产品却大多处于全球价值链的低端，主要从事制造产品的加工装配环节，甚至存在被低端锁定的风险。也就是说由于本土制造业整体发展质量和层次不高、结构不合理，在全球价值链上我们仅能分得较小的“蛋糕”，这也制约了本土生产性服务业市场空间的拓展。因为外商经营的企业对生产性服务业的需求大多从外商提供的相关服务中获得满足，存在严重的“体外循环”现象，而本土以加工贸易为主的制造业企业的生产组织方式、发展水平和层次又决定了其对生产性服务的市场需求强度和需求层次较低，这种发展状况的存续严重制约中国生产性服务市场规模的扩张，也抑制了其发展质量和服务水平的提升。

（二）全球服务经济快速发展，第三产业增加值和就业占比快速上升

“服务经济”兴起于第二次世界大战结束以后，伴随着第二次世界大战后发达国家的科学技术迅猛发展，企业的生产和组织方式发生了较大变化，各国的经济或产业结构快速调整，服务业在各国经济增长中的地位不断上升，经济服务化趋势不断增强。Fuchs 在 1968 年最早提出了“服务经济”（Service Economy）的概念，根据对美国相关经济数据的统计和分析，美国已经成为世界上第一个“服务经济”国家，服务业增加值占美国 GDP 比重超过 50%，有一半以上就业人口在服务行业就业，不再从事农业和工业行业的实物生产。①

① 富克斯. 服务经济学[M]. 许微云等译. 北京：商务印书馆，1987.

在第二次世界大战后科学技术迅猛发展的背景下，社会分工日益深化、专业化经济快速发展的趋势愈加凸显，各产业（或产品）内纵向分工也愈加趋于深化。伴随着市场自由度的提高，推动产业或产品价值链分解、进行纵向分工的力量也不断增强，尤其是在工业经济不断走向成熟的背景下，越来越多的服务部门从原先的“母体”中分离和独立出来，服务供给的“外部化”更加明显。而随着部门间产业关联越来越复杂，企业生产组织方式的变化产生了更多的中间需求，这也导致生产的迂回程度不断加深，生产链条不断延伸，对中间产品投入增加，从而诱导新的行业不断涌现。生产性服务业作为经济中的重要中间投入和产业发展的“黏合剂”，其在经济结构调整和经济发展中的功能和作用日益凸现出来。服务经济的快速发展一方面为发达国家创造了巨大的社会财富和提供了众多的就业机会，另一方面也促使全球产业格局发生了重大转变。借助全球化，发达国家在全球范围内布局，将一些落后的、传统的或不具有比较优势的产业转移到发展中国家，在国内则集中发展现代服务业，并借助全球价值链强化了这些国家对相关产业或产品的全球治理和控制能力。因此，生产性服务业在服务业中的重要地位逐步凸显，成为支撑服务行业发展的核心力量，这既为经济发展特别是实体经济的发展提供了强大动力，也进一步加快了经济服务化趋势。

在中国，生产性服务业快速发展，一方面有利于产业结构的优化调整，另一方面有助于推动制造业发展路径的改变。在我国十二五规划纲要中明确指出：要进一步推进和深化产业间专业化分工，通过不断创新服务产品和服务模式，增强生产性服务与制造业特别是先进制造业的互动和融合，这正是中国目前乃至未来经济结构调整和产业转型发展的重要动力和演变路径。

（三）制造业服务化发展趋势明显，对生产性服务业需求明显增加

20 世纪 90 年代以来，世界经济从大规模生产时代逐步过渡到电子和网络时代，工业生产特征发生了许多重大变化。随着信息技术的发展和企业对“顾客满意”重要性认识的加深，世界上越来越多制造业企业通过提供服务来增加其核心产品的价值，有些制造业企业甚至不再卖物品而是卖物品的功能或服务。一些制造业企业正在转变为某种意义上的服务企业，服务化成为当今世界制造业的发展趋势之一。① 学术界对制造业的这一发展趋势进行了广泛的

---

① 刘继国，李江帆. 2007 国外制造业服务化问题研究综述[J]. 经济学家，2007(3).

探讨，深入讨论和分析了制造业服务化的特征、动因以及提升服务化能力和水平的路径，已经形成许多共识。比如 Vandermerwe 和 Rada 等认为制造业服务化主要强调制造企业由原先单纯提供商品向供给“商品-服务包”转变。[①] 完整的“包”包括物品、服务、支持、自我服务和知识，并且服务在整个“包”中居于主导地位，是增加值的主要来源。制造业通过增加具有异质性特点的生产性服务的中间投入来培育和创造竞争优势、具有高知识和高人力资本密集度的生产性服务有助于形成产品的差异化竞争优势、延长产品的生命周期，同时能够更好地满足顾客多元化的消费需求，这样就可以维持或增加企业持续获利的能力和空间。

另外，在分工深化、专业化程度提高以及市场环境急剧变化的经济生活中，消费者的品位以及消费者的地位也发生了很大变化。为适应环境的变化，制造型企业的生产和组织方式也发生了较大变化，精益生产、定制服务等柔性生产逐渐成为一些制造业企业主动或被动适应市场变化的选择。“精益生产”这个概念出自美国学者对丰田汽车公司生产模式的经验总结，指出在公司内部，“精益生产”方式体现在产品生产过程、设计和开发等方面的创新；在公司外部，体现为与零部件供应商和销售商等的分包与协作。[②] 精益生产、定制服务等生产和组织管理的理念不再把消费者看做是市场上的消极主体，而是通过大量投入具有异质性的生产性服务来创造和引导消费者积极地参与企业有形或无形产品的生产和提供。

随着信息技术的快速发展和广泛应用、市场环境以及市场结构的变化促使制造业向价值链的两端攀升，制造业服务化发展趋势日益明显。在产业结构调整升级过程中，发达国家的制造业企业越来越专注于产品的技术开发、设计和品牌营销等生产性服务关键环节，通过对核心技术、品牌和其他市场资源的控制来牢牢地掌控整个生产价值链的高端，与此同时将利润空间小的加工制造装配环节向更具有低成本竞争优势的发展中国家转移，发达国家的制造业逐渐由“实体制造”转向“虚拟制造”“服务制造”。[③] 投入更多具有异质性生产性服务的制造业不仅有助于企业创造源源不断的利润，同时服务化程度越来越高的制造业发展方式和组织方式也可以减少企业对资源和能源的强烈依

① Vandermerwe S, Rada J. Servitization of Business: Adding Value by Adding Services [J]. European Management Journal, 1988, 6(4): 312 - 324.

② 王建军. 分工和产业组织演进与优化的经济学分析[D]. 复旦大学，2006：110.

③ 毕斗斗. 西方现代服务业的成长路径研究[J]. 广东社会科学，2009(3).

赖、减轻对环境的污染破坏，有利于弱化或破除“资源和环境”对制造业发展的瓶颈限制，提高经济发展的环境收益。服务型制造的发展不仅促进了制造业自身的发展转型，也有助于实现产业结构的“软化”，促进经济社会的持续和健康发展。

（四）部分发达国家制造业发展战略调整，制造业发展面临新的契机

第二次世界大战后，随着发达国家服务经济的快速发展，其产业结构不断升级，而作为市场主体的发达国家制造业企业将经营战略和经营重心逐步转移到集中精力开发企业产品的核心和关键技术、增强产品设计能力、不断强化品牌策略以及加快拓展营销渠道，这也导致发达国家的制造业逐渐由“实体制造”向“虚拟制造”“服务制造”转变，产业发展亦出现空心化现象。

而 2008 年美国爆发的金融危机在全球范围内引发了“多米诺骨牌”效应，对整个世界经济发展造成严重的破坏性影响。世界各国在努力避免经济震荡、力图拯救经济的同时，不管是政界还是学界也都在深刻反思这场给世界经济发展带来巨大影响的金融危机产生的根源，并逐渐认识到缺乏实体经济支撑的“过度服务化”或虚拟经济的过度膨胀产生的经济泡沫使得整个经济体系更加脆弱，从而为金融危机的爆发埋下隐患。因此，在金融危机后，美国、日本和西欧的国家纷纷提出了实施“再工业化战略”“制造业回归”等发展构想，并出台了相应的政策措施以吸引资金回流，促进国内制造业发展，这将会影响甚至改写全球制造业格局。这些发达国家实施的“制造业回归”战略，其主旨是要促进本土高端制造业的发展，从而抢占产业发展的制高点，增强高端制造业在全球价值链中的治理和控制能力，这将对中国制造业的转型升级和积极嵌入全球价值链的高端带来较大的影响。

二、中国产业发展面临的主要问题

经过 40 多年的改革开放，中国经济发展取得了令世界瞩目的成就，但是在经济发展中也面临着诸多问题和困境，其中一个主要问题就是中国产业结构优化升级的自发演变升级趋势不明显。随着工业化进程的推进，传统的制造业发展模式的延续造成制造业发展面临诸多困境，经济发展大环境的变化又不断倒逼制造业发展方式转变，但由于中国生产性服务业发展整体水平和质量不高，对制造业乃至整个经济发展质量和效率提高的引领作用还不明显，这也成为中国深化改革中要亟待解决的问题。

(一) 国民经济总量中生产性服务业占比较低，发展水平和服务质量参差不齐

近年来生产性服务业的发展与信息技术和知识经济的兴起有着紧密的关联性，它既是服务业本身内部结构变化的反映，也是经济结构（包括产业结构、需求结构等）演变的结果，归根结底，是专业化分工和经济增长的结果。[①] 改革开放以来，信息通信技术在生产和生活中广泛应用，市场化和工业化程度明显增强，原先内置于制造业内部的生产性服务业与母体分离的倾向也变得更加迫切。但是，受历史和现实多种因素的综合影响，总体来看，目前中国生产性服务业在经济总量中所占的比重较低，发展水平和发展质量也参差不齐，尤其是知识密集型的生产性服务非常稀缺，对制造业乃至整个经济发展转型的支持力度远远达不到预期的要求，这也严重制约了中国产业结构的优化和升级。因此，我们要通过基于事实的客观分析找出制约或抑制中国生产性服务业发展的症结所在，在今后的市场化改革中，要通过对良好市场秩序和市场环境的培育，通过合理财税政策的制定，鼓励生产性服务与制造业母体分离，提高生产性服务业自身的专业化和规模化程度。与此同时，在推进制造业转型升级的过程中要进一步强化生产性服务业的战略支撑作用，增强两大产业间的良性互动和融合发展能力。

(二) 中国制造业发展面临诸多困境

伴随着工业化、城市化、市场化及全球化进程的不断加快，经济发展水平不断提高，一方面，大量引进的外资和技术与中国资源和要素的低成本优势相结合，中国工业发展特别是制造业发展迅速，已经成为世界“制造工厂”，“Made in China”的商品已经遍及世界每个角落，价廉物美的“中国制造”整体形象已经在世界范围内建立起来。改革开放以来制造业的快速发展充分利用中国的比较优势、促进了整个工业化进程的加速、创造了巨大的社会财富，还吸纳了大量的农村剩余劳动力就业，对中国的经济崛起产生了巨大影响。

但是长期以来中国制造业粗放发展的格局也造成了制造业如今的发展困境，如长期过于追求 GDP 快速增长的发展方式致使产能严重过剩、在世界制

---

① 程大中. 生产性服务业发展与开放[M]. 上海：文汇出版社，2006：4.

造业产业链上处于中低端、高能耗、高污染、存在严重结构性矛盾等。具体来看，虽然已经成为世界的“制造工厂”，为其他国家提供了大量质优价廉的商品，但“Made in China”在许多人的印象中似乎是“低端产品”的代名词。虽然传统的代工生产和贴牌生产模式一度成为中国制造业快速发展的强劲动力，但是事实上在价值链前后两端的挤压下这些制造企业的利润空间非常狭窄，而企业劳动者可享受的福利也非常有限，耶鲁大学的陈志武教授指出在这样的制造业发展模式下中国人出卖的是“硬苦力”①，赚的是“血汗钱”。也有学者指出转变中国制造业“大进大出”的发展方式已经刻不容缓了，中国出口大量产品换回微薄利润，却消耗了本土大量的资源和能源，留下了日益严重的环境污染和日益脆弱的生态系统。

在全球“服务经济”快速发展、发达国家制造业企业“服务化”趋势增强、发达国家纷纷推出“再工业化”“制造业回归”等发展战略的国际背景下，中国传统的制造业发展模式面临着诸多困境和不确定因素，比如资源和生态环境的瓶颈约束日益趋紧、劳动力和土地等要素的低成本竞争优势逐步丧失、全球金融危机下中国出口导向战略受到严峻挑战等，国内外发展环境的变化正在“倒逼”中国制造业乃至整个产业结构的调整，并促使我们去努力寻找和探索新的产业发展路径，这些因素共同构成了本研究的重要背景和要着力解决的主要问题。因此，我们要抓住深化改革的契机，在国内外新一轮的产业结构调整浪潮中进一步鼓励和引导生产性服务业加快发展，增强生产性服务业对推进制造业发展方式转变的核心支撑作用。

三、理论意义和现实价值

在“工业经济”逐渐转向“服务经济”的大背景下，未来我国生产性服务业的发展必将面临着更大的市场空间和更好的发展环境。而鉴于中国的基本国情和大国经济的基本特征，在一个较长时期内制造业的发展仍将是推动中国经济的持续和稳定发展强劲动力。但是，在资源和环境的约束趋紧、劳动力成本不断上涨以及国际竞争环境快速变化的情况下，传统的“三高一低”粗放式制造业发展模式是难以为继的，这本身就在倒逼制造业的发展转型。因此，我们如果能在生产性服务业或服务经济发展与制造业转型发展之间建立有效的

① 陈志武. 为什么中国人出卖的是“硬苦力”[J]. 新财富杂志，2004(9).

联动机制，这必将为“新常态”下相关产业的健康发展注入强大动力，进而为中国经济的持续健康稳定发展奠定牢固的产业基础。

（一）理论意义

生产性服务业作为服务业的重要组成部分，其独立发展的历史并不长，但从第二次世界大战后发达国家生产性服务业成长和壮大的历程来看，其发展的速度非常快，在整个国民经济中其增加值和就业所占的比重也越来越高，并且对整个经济发展的驱动作用也越来越明显。本研究的理论意义在于，一方面系统地梳理和分析了生产性服务业发展的供给面和需求面成因；另一方面具体分析了生产性服务业对制造业效率提升的机理和作用机制以及在新的发展环境下生产性服务业与制造业关系的演变和发展趋势，这有助于我们进一步厘清并深刻把握产业间相互关系，制定出更符合产业发展内在机理的政策支持体系。

（二）现实意义

在社会分工深化和专业化经济快速发展的时代条件下，具有知识密集、人力资本密集特征的生产性服务业与制造业之间存在着千丝万缕的产业关联。一方面发展生产性服务业离不开制造业母体发展水平和发展层次提高所产生的强大中间需求作为支撑；另一方面制造业的转型发展又要通过高质量、高水平的生产性服务中间投入的增加来提高其知识、技术、信息和人力资本含量，从而帮助其增强在全球价值链上的竞争优势和治理能力，进而促进产业结构优化升级、促进经济发展整体素质和水平的提升。

通过梳理世界产业发展演变的历史，我们可发现生产性服务业与制造业这一重要母体的关系经历了从最初的一体化、到分化独立，再到互补融合的历程。在工业社会的初期，在生产制造工厂或作坊中，生产性服务是融于制造过程中的；随着机器的广泛采用，制造业规模化程度不断提高，但生产性服务的规模化和专业化程度却提高不多，所以制造业与服务业的产业关联度低，随着工业经济发展速度的加快，产业间分工的深化和细化程度、专业化程度和生产的迂回复杂程度都快速提升。为了更多地猎取规模经济和专业化经济带来的诸多益处，越来越多的制造业不断将自身提供优势不明显的业务外包给市场中的专业供应商，为此生产性服务业亦获得空前的市场空间，不同的专业化企业间的互补性、融合度也得到了较大提高。而到了工业化后期，特别是进入后工业化时代[①]，经济结构“软化”的趋势进一步增强，生产性服务业逐渐渗透到制造业产品的技术研发、产品设计、过程组织管理乃至营销推广、渠道拓展和物流售后服务的全部过程，二者之间的互补融合发展已经成为各国产业组织和产业发展的主要趋势。

在经济发展的新常态和新形势下要进一步厘清影响和制约生产性服务业与制造业发展的各种因素，通过深化市场化改革、推进供给面的结构性调整来不断克服各种艰难险阻，推动和实现二者的互动融合发展。鉴于中国经济发展所处的阶段以及大国经济特征，我们清楚地认识到工业依然是创造物质财富和促进经济增长的重要方面，但制造业发展质量和运作效率的提升更加需要融入更多的知识、人力和信息等要素，只有这样才能逐渐突破人力资本缺乏、资源短缺和生态环境脆弱等方面的瓶颈限制。因此，提高中国生产性服务业自身的服务品质和服务效率将成为推进我国制造业转型发展的牵引机和推进器，成为制造业腾飞的“翅膀”和“聪明的脑袋”，有助于提高企业的核心竞争优势，实现企业向价值链的两端攀升，打破“低端陷阱”对中国企业的“捕获”，提高经济的整体效率和适应性。在一个较长时期内加快制造业和生产性服务业的互动融合还将会大大促进中国服务经济的发展，有助于我国制造业产业进入研发设计、品牌、市场营销等高端环节，实现从“制造大国”向“制造强国”的转变，促进中国目前“偏硬”的产业结构不断“软化”，推进中国经济结构优化和升级，为中国经济进一步发展提供强大动力支撑，使经济转型发展成为现实。

国外工业化发展的经验和教训从正反两个方面体现了处理好和协调好制造业与生产性服务业之间关系的重要性，不少国外学者从理论和实证的角度分析了这一经济现象，国内学者也从理论和实证等方面对二者之间的关系做了相关研究和拓展，但是由于制造业发展形势和现实环境已经发生很多变化，而生产性服务业本身又包含众多小类，服务内容和服务形式复杂多样，所以整体来看在这方面的系统研究还需要进一步深入。在借鉴国际经验的基础上，更要结合中国基本国情和经济发展的阶段性特征来分析制造业由“数量扩张”到“集约发展”转型的重要性、紧迫性以及艰巨性，认识到促进生产性服务业发展对有序推进制造业转型和国民经济健康平稳发展的重要现实意义。因此，本研究在梳理中国生产性服务业以及制造业发展道路上已经面临诸多困境的

① 丹尼尔·贝尔. 后工业时代的来临[M]. 北京：商务印书馆，1984.

基础上，进一步剖析和探讨有助于实现和推进中国生产性服务业与制造业互动融合的内在机理和实现机制，并在经验分析的基础上提出相应的政策建议以积极推动生产性服务业与制造业互动和融合发展。

第二节 主要观点、研究思路和基本框架

一、主要观点

第一，生产性服务业内生于制造业发展过程之中，在制造业生产中生产性服务类中间投入的快速增加是生产性服务业市场空间扩展和实现专业化、规模化发展的重要原因。随着产业间分工不断深化以及产业发展环境的变化，企业组织结构从原来的纵向一体化逐渐走向扁平化，生产性服务也逐渐开启了“外部化”和“市场化”之路。但是不管生产性服务部门如何发展演变，其自身“内生于”制造业发展的客观事实决定了它始终离不开实体经济特别是制造业部门的需求和供给的支撑。所以，随着行业间网络化分工特征日益凸显，生产性服务部门与制造业部门的互补性和融合程度将会持续提高。

第二，近年来，中国生产性服务业虽然有所发展，但从市场规模、专业化程度以及发展层次和发展结构来看，还不足以成为驱动中国制造业乃至整个经济发展的“心脏和翅膀”。

第三，中国制造业传统的“大而全、小而全”发展观念束缚了制造业服务外包的倾向，而改革开放以来制造业以加工贸易为主的发展模式导致制造业总体发展水平不高，这也会抑制制造业对生产性服务的中间需求。总之，普遍来看制造业企业对于生产性服务需求层次不高、需求结构不合理是制约生产性服务业发展质量和发展水平提高的重要的需求方面因素。

第四，生产性服务业特别是以知识、信息和人力资本密集为主要特征的生产性服务业的逐渐兴起和不断发展已经成为提升制造业效率、促进制造业产品和结构升级的重要原因。但由于大多数中国制造业企业仍在延续原先粗放式的发展模式，可能导致生产性服务业对制造业发展的驱动效应不明显。

第五，在市场秩序自发扩展的过程中，生产性服务业与制造业之间互补性增强、融合发展程度提高是产业分工深化的一般规律，二者互动融合层次和深度的升华不仅有助于实现各自的持续健康发展，还有利于推进整个经济发展

质量的提升。而中国由于市场经济发展时间比较短，产业间分工拓展的深度和广度还不够，这势必会影响生产性服务业与制造业的互动和融合发展的深度和广度。

二、研究思路

研究思路如下：首先，厘清生产性服务的概念、特征和范围，并对以往国内外的相关文献进行较为细致的梳理，以把握生产性服务业与制造业发展状况；其次，从供给端和需求端详细剖析影响生产性服务业发展的诸多因素，通过梳理中国生产性服务业发展的特征事实来深入挖掘制约中国生产性服务业发展的多重原因，利用2004—2013年的相关数据进行实证分析，并着重探讨中国制造业发展状况对生产性服务业发展产生的影响；再次，利用国民经济中相关统计数据实证分析生产性服务业促进中国制造业效率提升的效果，并利用中国1997—2012年相关年份的投入产出表来分析生产性服务业发展程度、结构构成及其与制造业产业关联、互动融合的程度，深入剖析目前这种状况存续的原因，并提出相应的政策建议；最后，通过整理部分国家和部分典型企业案例概括生产性服务业与制造业互动融合发展的现实状况，探讨和总结生产性服务业与制造业互动融合的模式和实现路径，为中国加快促进和实现生产性服务业与制造业互动融合提供经验和借鉴。

三、基本框架

基于以上的研究思路，现将本书的基本框架概括如下：导论部分；生产性服务业的概念特征以及对相关文献的综述；影响生产性服务业发展的供给端和需求端因素及运用相关统计数据进行实证分析，以揭示制约生产性服务业发展的重要原因；中国生产性服务业和制造业发展面临的困境和现实选择；生产性服务业提升制造业效率的内在机制以及运用计量方法对相关数据进行实证分析，以求证中国生产性服务业对制造业效率提升的现实状况；生产性服务业与制造业的互动融合的理论基础及发展趋势，运用投入产出方法定量分析我国生产性服务业自身发展水平及其与制造业的互动和融合情况，在剖析原因的基础上提出相应的政策建议；生产性服务业与制造业互动和融合发展的国际经验（包括对典型国家和典型案例的分析和描述、生产性服务业和制造业

融合发展的经验和现实路径，对中国产业发展带来的有益启示和借鉴）；研究结论和未来研究拓展。本书总体框架如图 1－1 所示

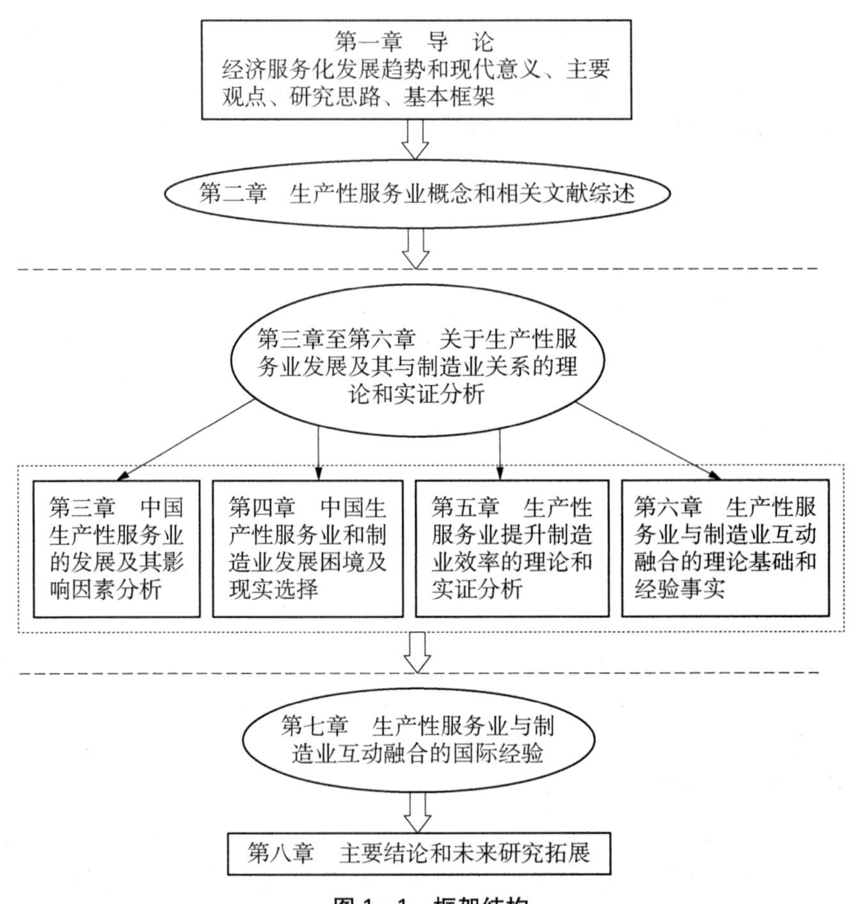

图 1－1　框架结构

第二章　生产性服务业概念及相关文献综述

随着社会分工的不断深化以及专业化经济发展水平的提升，在制造业总的中间投入中生产性服务所占的比重不断提高，生产性服务业与制造业之间不再是简单的供应商和需求者的关系，二者逐步进入高度相关和互动发展的阶段，逐渐形成了复杂的产业互动和融合发展的新趋势。一方面，制造业发展水平和产品供给品质的提高离不开高层次的生产性服务部门的发展，高效的生产性服务业俨然成为制造业腾飞的“翅膀”“心脏”和“聪明的脑袋”；另一方面，生产性服务业的发展也离不开制造业的需求拉动，二者的互动融合发展不仅提高了各自发展水平和发展层级，也推动了产业结构的优化升级。国内外在研究生产性服务业与制造业发展方面已经积累了很多文献和研究成果，为推进本研究提供了大量可供借鉴的文献和资料。国外学术界从 20 世纪 80 年代开始关注制造业与生产性服务业之间的关系，并从经济学和管理学等视角对之进行研究。而国内学者则从 20 世纪 90 年代中期开始从宏观层面关注该领域，相关研究成果的获得为中国产业结构的调整和优化升级提供了更丰富的理论支撑。

第一节　生产性服务业的概念、基本特征及范围

一、生产性服务业的概念和基本特征

有关生产性服务业的研究始于 20 世纪 60 年代。随着发达国家工业化进程的推进，发达国家的经济结构发生了较大变化，20 世纪 60 年代后，发达资本主义国家的国民经济中服务业增加值和就业所占比重都不断提高，经济服务化进程加速。在经济结构的调整过程中，服务业内部的结构也在悄然发生变

化，作为其他产业生产投入重要内容的服务类中间投入要素持续增加。

（一）有关生产性服务业的概念表述

生产性服务业（Producer Services），又称“生产者服务”，是采用市场化渠道供给的生产性服务，主要用作生产其他有形产品或提供无形服务所必需的中间投入类服务，这类服务专业性程度比较高、以知识元素密集为其重要特点。Machlup 认为生产性服务应该是进行知识生产的行业，供给各种专业知识，并且这种知识产业的产出具有无形性，其统计指标具有难以衡量性。① 在研究服务业构成及其具体分类时，Greenfield（1966）最早明确地提出了生产性服务业这一概念，并从“服务对象”是否是最终消费者的角度对生产性服务业的概念进行了界定，认为生产性服务业是主要面向生产企业而非消费者提供服务产品和劳动的产业。这一定义揭示了生产性服务业具有“中间投入”的性质。② 生产性服务业主要用作其他部门产品生产的中间投入，这一特征在学界得到了大多数人的认可。也就是说，生产性服务业主要是用于满足中间投入而非用来满足终端市场需要，在产业发展中其主要扮演着一个中间连接角色。格鲁伯和沃克亦进一步强调把以知识资本与人力资本为主要内容的生产性服务更多地增加到生产组织中去，将有助于促进生产专业化程度提高，进而促使劳动以及其他生产要素的生产率持续提升。③ Hansen 指出发挥着重要中间功能的生产性服务，其范围既包括上游的研发及其他活动也包括下游的市场和其他相关服务活动等。④ Jullef 进一步明确指出生产性服务业要依靠制造业为其提供需求，且具有传统服务业所不具有的特征，因此可以和传统服务业相区别。⑤ Coffer 指出，广义的生产性服务业是公司与组织的运营中被用来满足普通性消费的功能性服务。⑥

① Machlup F. The Production and Distribution of Knowledge in the United States [M]. New Jersey: Princeton University Press, 1962: 1 - 20.

② Greenfield H. Manpower and the Growth of Producer Services [M]. New York: Columbia University Press, 1966.

③ H. G. 格鲁伯，M. A. 沃克. 服务业的增长原因与影响[M]. 上海：上海三联书店，1993：220—227.

④ Hansen N. Autoregressive Conditional Density Estimation [J]. International Economic Review, 1994, 35(3): 705 - 730.

⑤ Juleff-Tranter L E. Advanced Producer Services: Just Service to Manufacturing? [J]. The Service Industries Journal, 1996, 16(3): 389 - 400.

⑥ Coffer W J. The Geographies of Producer Services [J]. Urban Geography, 2000, 2(2): 170 - 183.

20 世纪 90 年代开始，国内的李江帆[①]、；江小涓[②]、；程大中[③]等学者从不同的视角对生产性服务业的内涵和特征进行了深入的探讨。在对生产性服务业概念、特征和功能进行梳理的基础上，学界逐渐对生产性服务形成大致相似的共识：即生产性服务业主要指那些被用作其他产品或服务生产的中间投入的服务部门，其发展与制造业等部门产生的中间需求有着密不可分的关系。

（二）生产性服务业的基本特征

关于服务商品生产的基本特征，Mills 和 Shostack[④] 指出：服务本身是无形的；服务更像一种过程或活动，而不是一种物体；对于服务来说，生产和服务是同时发生的；服务的生产是同顾客共同完成的；服务具有异质性。因此，通常认为服务具有以下特征：非实物性、生产和消费的同步性、不可储存性及不可传递性。生产性服务业作为服务业的一个重要组成部分，它也具有服务业所体现出来的这些基本特征。但是相对于其他类别的服务业来看，生产性服务业还具有以下特征：(1)产出的无形性：作为服务业的一类，它是一种非物质的无形产出，能够体现产业结构的软化程度；(2)中间投入特征：生产性服务是一种中间投入，体现为制造企业或服务企业的生产成本；(3)生产性服务具有人力资本和知识资本密集特征：生产性服务业的投入以人力资本和知识资本为主；(4)与服务对象的空间可分性：提供生产性服务不受空间限制，可以进行跨地区、跨国转移。[⑤] 另外生产性服务的提供一般基于规模经济，具有规模报酬递增的特点，也就是说知识和技能一旦获得，其提供服务的边际成本很低；同时，生产性服务还具有定制化(customized)或异质性的特点，主要用于解决客户面临的特定问题。

二、对生产性服务业范围的界定

虽然国内外学者以及不同机构已经对生产性服务的内涵基本形成共识，

---

① 李江帆. 第三产业经济学[M]. 广州：广东人民出版社，1990.

② 江小涓. 中国服务业的增长与结构[M]. 北京：社会科学文献出版社，2004.

③ 程大中. 生产者服务论——兼论生产性服务业发展与开放[M]. 上海：文汇出版社，2006.

④ Mills P. New Perspectives on Post-industrial Organisations—An Empirical Investigation into the Theories and Practices of Service Firms [M], Akademilitteratur, 1977; Shostack, G.. Breaking Free From Product Marketing [J]. Journal of Marketing, 1977, 41: 73 - 80.

⑤ 樊文静. 中国生产性服务业发展悖论及其形成机理一基于需求视角的研究[D]. 浙江大学，2013.

但是涉及生产性服务业活动具体包含哪些内容则仍存在一定分歧。

（一）国外学者对生产性服务业范围的界定

Browning 和 Singelman 指出从生产性服务业的功能分类来看，该产业的活动包括具有知识密集特征的金融、保险、工商法律服务、经纪以及为客户提供专门服务的行业。[①] Daniels 指出相对于消费性服务业来看生产性服务业包括法律、会计与审计、广告咨询、研究开发、产品设计、工程测量、建筑服务以及货物储存与分配、办公清洁和安全服务。[②] Howells 和 Green[③]，J. N. Marshall、P. Damesick 和 P. Wood[④]，Drerman[⑤]，K. J. Lundquist，L. O. Olander 和 M. S. Henning[⑥] 等国外学者也从不同研究视角出发讨论了生产性服务业的范围：大致认为其包括金融保险服务活动，信息处理，通信和存储活动，专业性较强和知识密集度较高的商务活动（KIBS）等，这些服务活动的共性就是作为商品生产和服务提供的中间投入要素。各学者对生产性服务业所涉范围的具体界定详见表 2-1。

表 2-1　国外学者所定义的生产性服务业范畴

国外学者	所认可的生产性服务业范畴
Browning 和 Singelman(1975)	具有知识密集特征的金融、保险、工商法律服务、经纪以及为客户提供专门服务的行业
Daniels(1986)	包括法律、会计与审计、广告咨询、研究开发、产品设计、工程测量、建筑服务以及货物储存与分配、办公清洁和安全服务
Howells 和 Green(1986)	包括金融保险业、广告设计以及市场调查和市场细分等商务服务、会计审计服务、法律服务和研发服务等

① Browning C，Singelman J. The Emergency of Service [M]，Sringfiele. 1975.

② Daniels P. Services industries：a Geographical Appraisal [M]. London：Methuen，34-44，1986.

③ Howells G. "Location，Technology and Industrial Organization in UK Services"，Progress in Planning，1986，26(2)：83-183.

④ Marshall J N，Damesick P，Wood P. Understanding the Location and Role of Producer Services in the United Kingdom [J]，Environment & Planning A，1987，19(5)：575-595.

⑤ Drerman M P. Information Intensive Industries in Metropoliton Areas of the United States of America [J]，Environment & Planning A，1989，21(12)：1603-1618.

⑥ Lundquist K J，Olander L O，Henning M S. Producer Services：Growth and Roles in long-term Economic Development [J]. The Service Industries Journal，2008，28(4)：463-477.

续　表

国外学者	所认可的生产性服务业范畴
J. N. Marshall、P. Damesick和P. Wood(1987)	包括产品研发设计、市场营销、市场调查、信息咨询、技术支撑、广告宣传、财务管理等信息处理服务；以及物流服务、产品存储及分配、废弃物处理等商品相关服务等
Drerman(1989)	包括银行、咨询、法律服务、工程服务、各种贸易和专业协会
Noyelle(1990)	包括银行信贷等金融服务、法律和商业服务、证券和商品经纪以及保险代理等服务、航空运输以及其他交通服务、工程管理以及会计服务等
K. J. Lundquist、L. O. Olander和M. S. Henning(2008)	包括ICT服务，市场营销、广告活动设计和其他咨询活动(MAD)，实验室的R&D活动，安全服务，与产业活动相关的机器/设备租赁活动，金融融资服务和法律服务，工程技术咨询服务，批发活动等

资料来源：根据英文相关文献整理。

(二) 近年来国内学者对生产性服务业范围的划分

自1978年改革开放以来，随着国内工业化和市场化进程的推进以及国内产业结构的不断调整，国内学者开始逐渐关注并研究生产性服务业。闫小培等在借鉴西方发达国家的第三产业内部构成分类标准的基础上，并结合我国现有的人口普查和经济统计数据资料，参照国家标准统计口径将第三产业分为四类：(1)分配性服务业、(2)生产性服务业、(3)社会性服务业、(4)个人服务业。其中生产性服务业包括以下几个方面：房地产管理、咨询服务、综合技术服务、金融业、保险业、企业管理机关。① 刘志彪将生产性服务业界定为继续用于生产或消费的中间服务性投入活动，包括贸易、金融保险、邮电通信以及科教文卫等部门。② 钟韵和闫小培③、程大中和陈宪④、高觉明和李晓慧⑤、孙晓华等⑥等也从不同研究视角和研究目的出发界定了生产性服务业的范围，具体

① 闫小培，姚一民. 广州第三产业发展变化及空间分布特征分析[J]. 经济地理，1997(6).

② 刘志彪. 论以生产性服务业为主导的现代经济增长[J]. 中国经济问题，2001(1).

③ 钟韵，闫小培. 我国生产性服务业与经济发展关系研究[J]. 人文地理，2003，18(5).

④ 程大中，陈宪. 上海生产性服务业与消费者服务互动发展实证研究[J]. 上海经济研究，2006(1).

⑤ 高觉民，李晓慧. 生产性服务业与制造业的互动机理：理论与实证[J]. 中国工业经济，2011(6).

⑥ 孙晓华等. 生产性服务业带动了制造业发展吗？——基于动态两部门模型的再检验[J]. 产业经济研究，2014(1).

详见表2-2。

表2-2　国内学者所定义的生产性服务业范畴

国内学者	所认可的生产性服务业范畴
刘志彪(2001)	国内外贸易活动、金融保险活动、邮电运输以及通信活动、房地产及政府部门活动、科教文卫部门活动
吴智刚等(2003)	金融保险业、房地产业、信息咨询业、计算机服务业、科研技术服务业、邮电运输以及通信业、进出口贸易业
钟韵、闫小培(2003)	金融保险业、房地产业、信息咨询业、计算机服务业、科学研究以及相关技术服务业
程大中、陈宪(2006)	商务、货物运输仓储业、金融保险业
高觉明、李晓慧(2011)	交通运输、仓储邮政业,金融保险业、房地产业以及科学研究和综合技术服务业
孙晓华等(2014)	交通运输及仓储邮政业,信息传输、计算机服务与软件业,金融业,租赁和商务服务业,科学研究与技术服务,地质勘探业以及水利、环境和公共设施管理业

资料来源：根据国内相关文献整理。

(三) 国内外相关机构常用的生产性服务业范围

国际性组织以及各国经济统计机构根据产业结构的动态变化,经常适时地对服务业特别是生产性服务业的范围进行调整。具体来看,因为地域环境、经济发展阶段不同,不同地区和国家以及不同机构对生产性服务业范围的界定也存在差异性,具体详见表2-3。

表2-3　国内外不同机构以及统计局界定的生产性服务业活动范围

机构	生产性服务业的范围	网址
国际标准产业体系(ISIC4.0)	运输和存储,金融和保险活动,信息和通信活动,专业、科学和技术活动,房地产活动,管理及支持性服务活动	http://euklems.net
经济合作与发展组织(OECD)	信息和通信活动,专业、科学和技术活动,房地产活动,金融和保险活动,管理及支持性服务活动	http://stats.oecd.org
美国经济普查局(BEA)	运输和存储活动、信息传输和处理活动、金融和保险活动、专业技术活动、房地产及相关活动、管理活动	http://www.bea.gov

续　表

机构	生产性服务业的范围	网址
日本统计局	金融和保险活动、房地产活动、运输、信息和通信活动	http://www.stat.gov.jp
英国国家统计局	运输和存储活动、信息处理及通信活动、专业类活动、商务性服务活动、科学研究和管理支持服务	http://www.ons.gov.uk
德国统计局	信息和通信活动、金融和保险活动、商务服务	http://www.destatis.de
香港贸易发展局	专业服务、信息和中介服务、金融保险服务以及与贸易相关的服务	http://www.hktdc.com/sc-supplier
中国国家统计局（GB/T4754－2011）	交通运输、仓储和邮政业，信息传输、计算机服务和软件业，金融业，租赁和商务服务业，科学研究、技术服务和地质勘查业	http://www.stats.gov.cn

资料来源：根据各机构网站相关资料整理。

三、中国生产性服务业活动涉及的范围

根据《国务院关于加快发展生产性服务业促进产业结构调整升级的指导意见》（国发〔2014〕26 号）和《国务院关于印发服务业发展“十二五”规划的通知》（国发〔2012〕62 号）的要求，为了更明确地界定生产性服务业范围，便于各地区、各部门对生产性服务活动进行有效的统计调查和监测，国家相关部门制定了生产性服务业分类表。

依据以上两个国家文件的精神、以《国民经济行业分类》（GB/T4754－2011）为基础以及在考虑到数据可获得性的前提下，生产性服务业分类表的范围包括：(1)为生产活动提供支持的研发设计及其他技术性服务、(2)货物运输仓储和邮政快递服务、(3)信息服务、(4)金融服务、(5)节能与环保服务、(6)生产性租赁服务、(7)商务服务、(8)人力资源管理与培训服务、(9)批发经纪代理服务、(10)生产性支持服务。以上的生产性服务活动分类范围的界定进一步细化了《国民经济行业分类》（GB/T4754－2011）文件下符合生产性服务业特征的类别。本分类共分 10 个大类，在大类下设 34 个中类，中类下又进

一步细分了136个小类。[①]

从以上的生产性服务业分类可看出生产性服务业提供的服务主要是基于市场的被用作其他行业或部门进行物质产品或服务生产的中间投入，而不是被用于满足最终消费服务的，这类服务活动具有专业化程度高、知识信息和人力资本密集的特征，也是将更多的知识资本和人力资本等要素投入到生产过程中去并提升整个经济发展质量和生产运行效率的重要途径及主要手段。

四、从国际标准产业分类体系(ISIC)的演变看生产性服务业范围变化

由于世界各国经济发展一直处于动态的调整之中，所以生产性服务业所涉及的细分类别及所涉范围也处于不断调整之中。

而各国、各地区的国民经济行业分类体系存在一定的差异性，在国际上各国采用的国民经济分类体系较为常见和统一的是国际标准产业分类体系，即通常所说的ISIC体系。这一体系也是影响各国产业分类范围最广的参考型国际产业分类体系，当前全球大约有150个国家进行产业活动的划分是主要基于或直接参照ISIC设立的。1948年国际标准产业分类体系发布初稿，1958联合国统计委员会解释了修订后的ISIC1.0，并敦促各国关注并采纳这一分类体系。伴随着世界经济的发展变化，为进一步适应并及时反映世界经济活动的最新变化，在1968、1990、2002和2008年联合国统计委员会先后对ISIC的结构、类目定义以及分类的基本原则进行了审查，并相继推出了一系列的经过合理修订调整的ISIC版本，比如修订版ISIC2.0、ISIC3.0、修订版ISIC3.1及ISIC4.0。从下表可看出在ISIC4.0及ISIC3.0(或ISIC3.1)下服务业主要包括：产品批发、商品零售贸易和修理活动，运输及仓储服务，提供饮食及住宿的服务，信息和通信服务，金融活动和保险服务、房地产活动以及各类专业性商务服务，社区、社会和个人服务等。而属于生产性服务业的主要包括运输和存储，信息和通信，金融和保险活动，房地产活动以及商务服务活动。具体部门代码及部门名称详见表2-4。

---

① 具体的生产性服务业详细分类表可从国家统计局网站查询。

表 2-4　基于 ISIC 4.0 和 ISIC 3.0 或 ISIC 3.1 的生产性服务业门类变化

ISIC 4.0		ISIC 3.0 或 ISIC 3.1	
部门代码	部门名称	部门代码	部门名称
G	批发和零售贸易；汽车和摩托车修理	G(50—52)	批发和零售贸易以及修理活动
H	运输和存储	H(55)	旅馆和餐馆
49—52	运输和存储	I(60—64)	运输、存储和通信
53	邮政和快递业务	60—63	交通和存储
I	食宿服务活动	64	邮政和通信
J	信息和通信	J-K(65—74)	金融、保险、房地产和商务服务
58—60	出版、视听和广播活动		
61	通信	J(65—67)	金融中介
62—63	IT 和其他信息服务	K(70)	房地产、租赁和商务活动
K	金融和保险活动		
L	房地产活动	L-O(75—99)	社区、社会和个人服务
M-N	专业、科学、技术管理和支持性服务活动	L(75)	公共管理活动与国防服务；强制性社会保障服务
M	专业、科学和技术活动	M(80)	教育活动
N	管理和支持性服务活动	N(85)	卫生服务及相关社会工作
O-U	社区社会和个人服务		
G-H(50—55)	批发和零售贸易、修理活动以及旅馆和餐馆	O(90—93)	其他社区、社会和个人服务

资料来源：根据 ISIC3.0(3.1)以及 ISIC4.0 整理。

通过与 ISIC3.0(3.1)对比分析，可看出新的产业分类 ISIC4.0 的类目设置更加细化，对各组条目的定义和活动内容的解释也更为详尽和准确，这也使得 ISIC4.0 在各国国民统计中的应用更加明确，更加广泛。随着世界各国产业结构的调整，在过去 20 多年中出现了许多新兴产业，通过对相关类组的修订，ISIC4.0 更好地反映了当前世界经济结构的调整和变化。尤其对服务提供活动来说，ISIC4.0 提升了每个层级分类的详细程度，引入了全新的高级分类，如将 ISIC3.0 中的金融、保险、房地产和商务服务门类进行了拆分，拆分为层级相同的三大类服务活动：金融和保险活动(K)、房地产活动(L)以及专业、科学、技术管理和支持性服务活动(M-N)，进一步明确了不同类的服务活动，这也更好地反映了当前的经济活动新现象以及分工专业化程度的进一步提升。产业分类体系的这些调整和改变不仅增强了 ISIC 4.0 与各国具体产业分类的可比性，也有助于拓展和增强其应用范围，使得世界各国经济可比性进一步增强。

第二节 生产性服务业与制造业产业关系的发展演变

在各国制造业不同的发展阶段，生产性服务业在制造业发展中所扮演的角色和发挥的功能是逐渐变化的。在工业化时代，生产性服务越来越广泛地融入到产品制造的过程中，它的角色逐渐从具有润滑剂效果的管理功能，转变成一种有助于工业生产各阶段更高效运营以及提升产出价值的间接投入。而在后工业化时代，经济发展不仅仅依赖于工业生产，而且仰仗于各个经济部门，生产性服务更全面地参与到经济发展的各个层面而成为新型技术和创新的主要提供者和传播者，具有更多的战略功能和“推进器”效果。① 随着制造业企业服务化发展趋势逐渐凸显，生产性服务也成为制造业价值链上价值创造能力最强、获取附加值最高的业务环节，生产性服务业已经成为发达国家和部分发展中国家提升经济发展潜力和发展质量的战略性支柱产业。有关生产性服务业和制造业之间的产业关系可归纳为如下四类观点：“需求遵从论”“供给主导论”“产业互动论”和“产业融合论”。

一、需求遵从论

“需求遵从论”认为：随着制造业对生产性服务中间投入不断增加，制造业成为促进生产性服务业发展的重要前提和基础，生产性服务业发展处于需求遵从的地位。许多经济学家认为，只有工业化和城市化都达到一定水平，才能形成对服务业的有效需求，进而刺激服务业内部分工深化，并催生出一些新服务业部门，服务业才可能获得高要素投入回报。② 制造业部门的扩张会对生产性服务业产生较强的导引需求，生产性服务业发展受制于制造业的发展状况。Francois 认为第二次世界大战后制造业生产率提升进而对生产性服务业

---

① 顾乃华等.生产性服务业与制造业互动发展：文献综述[J].经济学家，2006(6).

② 钱书法等.社会分工制度下生产性服务业与制造业关系新探——以江苏省为例[J].经济理论与经济管理，2010(3).

产生强劲需求是促进生产性服务业增长的重要原因[①]；Guerrieri 和 Meliciani 也认为制造业是生产性服务最重要的市场需求者，一个国家生产性服务业的发展水平和竞争力的高低与制造业存在密切关系，专业化生产水平较高的制造业发展需要投入更多的专业化生产性服务，这反过来又进一步提升了生产性服务业的专业化水平和国际竞争优势，因此较强的工业化基础有利于形成有国际竞争力的服务经济体系。[②] Cohen 和 Zysman 认为许多服务业部门的发展必须依靠制造业的发展，因为制造业是服务业产出的重要需求部门，如果没有制造业的快速发展，社会其他产业或部门对这些服务的需求其实是微乎其微的，生产性服务业的市场需求拉力也就极其有限。[③] 国外支持这种观点的学者还有 Klodt[④]、Karaomerioglu 和 Carlaaon[⑤]、Mulder 和 Montout[⑥] 等。江小涓和李辉也指出：随着经济增长、劳动分工不断细化和市场不断扩展，产品的制造过程被分解为一个个专业化的节点，大量的中间产品和加工过程独立出来，此时，连结这些节点形成分工网络的必要性就显现出来，这些中间需求是生产性服务业的重要部分。[⑦] 国内持有这种观点的学者还有任旺兵[⑧]、江静和刘志彪[⑨]、肖文和樊文静[⑩]。

因此，在制造业价值创造过程中，随着产品生产技术和企业组织复杂程度的提高，其对生产性服务尤其是知识密集型商务服务业的中间需求必将进一

① Francois J. Producer Services, Scale and the Division of Labor [J]. Oxford Economic Papers, 1990, 42(2): 715 - 729.

② Guerrieri P, Meliciani V. Technology and International Competitiveness: The Independence between Manufacturing and Producer Services [J]. Structural Change and Economic Dynamics, 2005, 16(4): 489 - 502.

③ Cohen S S, Zyman J. Manufacturing Matters: the Myth of the Post Industrial Economy [C]. Paperback. 1987.

④ Klodt H. Structural Change towards Services: the German experience. University of Birmingham IGS Discussion Paper, 2000.

⑤ Karaomerioglu B. Carlaaon. Manufacturing in Decline? A Matter of Definition [J]. Economy Innovation of New Technology, 1999, 8(3): 175 - 196.

⑥ Mulder N, Montout S, Peres L. Brazil and Mexico's Manufacturing Performance in International Perspective(1970 - 1999), Working Papers, 2002.

⑦ 江小涓，李辉. 服务业与中国经济——相关性和加快增长的潜力[J]. 经济研究，2004(1).

⑧ 任旺兵. 论我国现代服务业的发展战略问题[J]. 中国党政干部论坛，2008(6).

⑨ 江静，刘志彪. 世界工厂的定位能促进中国生产性服务业发展吗？[J]. 经济理论与经济管理，2010(3).

⑩ 肖文，樊文静. 产业关联下的生产性服务业发展——基于需求规模和需求结构的研究[J]. 经济学家，2011(6).

步增加，当前制造业部门的发展仍是推动生产性服务业部门扩张的重要需求驱动力。当然，随着产业分工越来越细，除了制造业部门对生产性服务业的中间需求的增加有助于推动生产性服务业发展以外，国民经济中其他产业部门的发展对生产性服务的中间需求也在持续增长中，尤其是服务业内部其他服务部门对生产性服务业中间需求的增长势头明显，通过"自我增强"机制大大地增强了生产性服务部门的市场发展潜力。

二、供给主导论

"供给主导论"认为：生产性服务业是制造业生产率得以提高的前提和基础，没有发达的生产性服务业，就无法形成具有较强竞争力的制造业部门。因此，二者的关系以生产性服务能够提高制造业效率为主，即生产性服务业处于"供给主导"的地位，而不是"需求遵从"的地位。在文献梳理的基础上，可以发现生产性服务业提升制造业效率和发展质量主要基于以下几种路径：一是通过把日益专业化的人力资本和知识资本引进到商品生产部门，扩大生产活动的迂回性、提高生产的专业化程度、促进资本深化、提高劳动和物质资本的生产率进而改进商品和其他服务的质量、增加商品和服务的产出和产品附加值。[①] 二是发展具有异质性特点和规模报酬递增特征的生产性服务业可以促进社会分工深化和专业化经济的发展，进而降低制造业企业的生产组织成本，实现制造业规模经济效应，从而提高制造业劳动生产率和国际竞争力。持此观点的有 Markusen[②]、Francois[③]、Eswarn 和 Kotwal、Francois 和 Woerz[④] 等。比如，Eswarn 和 Kotwal 通过分析认为服务业可以促进制造业分工深化，降低制造业交易成本，提高制造业运作效率，通过服务外包模式可降低制造业生产成本，如果没有服务业的鼎力相助，制造业就不能形成强大的发展根基。[⑤] 三

---

① H. G. 格鲁伯，M. A. 沃克. 服务业的增长原因与影响[M]. 上海：上海三联书店，1993：224.

② Markusen J R. Trade in Producer Services and in Other Specialized Intermediate Inputs [J]. American Economic Review, 1989,79(1)：85－95.

③ Francois J. Producer Services, Scale and the Division of Labor [J]. Oxford Economic Papers, 1990a：715－729.

④ Francois J, Woerz J. Producer Services, Manufacturing Linkages, and Trade [J]. Journal of industry, Competition and Trade, 2008,8(3)：199－229.

⑤ Eswarn M, Kotwal A. The Role of the Service Sector in the Process of Industrialization [J]. Journal of Development Economics, 2002,68(2)：401－420.

是生产性服务业通过发挥和增强自身的溢出效应，使得物质资本、技术、信息和劳动力要素更紧密地连接起来，增强要素之间的互补性，促进制造业企业生产和组织模式创新。因此，生产性服务业通过增加生产迂回程度，有助于推进制造业分工扩展和专业化程度提高，进而促进和推动制造业发展。

江静等[①]以及顾乃华等[②]也分别从经验和实证的角度分析了生产性服务业的发展有利于提高工业增长的整体效率和质量。江小涓和李辉的研究认为：虽然经过过去20年的发展，我国制造业的生产效率和竞争力有明显提升，甚至有些领域的产品生产已经达到国际先进水平，但是服务业尤其是生产性服务业的发展滞后和效率较低，已经成为制约我国未来制造业竞争力和经济增长的重要因素。[③] 这也从反面验证了生产性服务业是提高制造业运行效率、增强制造业持续发展能力的重要推手。

三、产业互动论

持有"互动论"观点的学者认为：生产性服务业与制造业不是简单的因与果的关系，也不是单向的拉动或推动关系，而更多的是表现为相互依赖、共同发展的互动型关系。因为随着制造部门技术进步和管理方式变革程度的提高，它对财务会计及审计、金融融资、管理咨询以及其他专业性商务服务等服务活动的中间需求必将迅速增加，具有信息、知识等要素密集特征的生产性服务投入的增加有利于降低制造业企业的成本、提高制造业部门的发展质量和运行效率；当然从另一角度来看，制造业部门对生产性服务市场需求的增加也进一步拓展了生产性服务的市场需求规模，在市场机制的作用下，市场规模的扩大将会诱导和刺激生产性服务业部门的快速发展，从而带动生产性服务种类、数量增加以及服务质量和服务水平提高，提升生产性服务供应商的服务供给效率和专业化水平。随着经济整体发展水平的提高，二者之间唇齿相依的高度相关关系和互动趋势将会日益增强。国外坚持这种观点的学者包括Park和Chan、格鲁伯和沃克。Park和Chan认为，随着制造业部门的不断扩张，对

---

① 江静等.生产性服务业发展与制造业效率提升：基于地区和行业面板数据的经验分析[J].世界经济，2007(8).

② 顾乃华.生产性服务业对工业获利能力的影响和渠道——基于城市面板数据和SFA模型的实证研究[J].中国工业经济，2010(5).

③ 江小涓，李辉.服务业与中国经济——相关性和加快增长的潜力[J].经济研究，2004(1).

服务产品的需求会迅速增加，这将会促进生产性服务业的发展；而生产性服务业的发展提高了制造业部门的竞争力，进一步加速制造业部门的发展。[①] 基于产业关联的研究视角，Porter 指出发展高端制造业，需要投入更多的专业化生产效率更高的生产要素，也就是说高端制造业的发展需要与之相匹配的高端生产性服务业的发展，但从另一方面来说高端制造业加大对高端生产性服务需求强度反过来将驱动高端生产性服务业的发展。[②] 国内学者如吕征等[③]、聂清[④]、韩德超[⑤]、高觉民和李晓慧[⑥]等也从实证的角度验证了生产性服务业和制造业之间的互动关系。吕征等认为，在现代分工条件下，服务业与制造业的关系日趋紧密并互相促进，在对国际经验进行归纳和比较的基础上，全面剖析了我国发展生产性服务业所面临的诸多障碍和瓶颈。

四、产业融合论

随着信息技术发展的不断突破，生产性服务业和制造业之间的相互依赖性持续增强，产业边界变得越来越模糊，两者之间出现了融合发展的新趋势，周振华对产业融合方面的文献作了比较全面的综述[⑦]。植草益借助信息通信业产业融合的实例，分析指出近年来有些产业发展受到政府严格限制的局面正在改变，政府对这些产业发展的管制正逐步放松，这不仅有助于降低相关行业间的壁垒，在各产业行业竞争技术快速发展的情形里，这些因素还加快了产业融合的进程，致使不同企业之间合并、协作行为的频繁出现。[⑧] Hansen 指出，在柔性的知识技术主导型生产体系中，生产性服务业和制造业相互融合，在扩展劳动分工、提高劳动生产率以及人均收入方面都发挥着关键作用。作为制造业的高级要素投入，高质量的技术服务嵌入制造业的生产环节，通过技

---

① Park S, Chan K A. Cross-country Input-Output Analysis of Inter-sectoral Relationships between Manufacturing and Services [J]. World Development, 1989,17(2): 199 - 212.

② Porter M E. The Competitive Advantage of Nations [M]. NY: the Free Press, 1990.

③ 吕征等. 中国生产性服务业发展的战略选择——基于产业互动的研究视角[J]. 中国工业经济，2006(8).

④ 聂清. 生产性服务业与制造业的关联效应研究[J]. 国际商务研究，2006(1).

⑤ 韩德超. 生产性服务业与制造业关系实证研究[J]. 统计与决策，2009(18).

⑥ 高觉民，李晓慧. 生产性服务业与制造业的互动机理：理论与实证[J]. 中国工业经济，2011(6).

⑦ 周振华. 产业融合：产业发展及经济增长的新动力[J]. 中国工业经济，2003(4).

⑧ 植草益. 信息通讯业的产业融合[J]. 中国工业经济，2001(2).

能的提升降低了制造业的生产成本，从而有利于制造业产业升级。[①] Lundvall 和 Borras 认为由于“无形服务”对制造业生产流程重组和再造的主导作用愈加强化，制造业企业要提高效率就必须积极推动制造业务与服务活动不断融合，这也催生和促进了服务型制造业的出现和发展。[②] 汪德华等研究发现生产性服务业与制造业融合影响制造业升级的重要原因主要有两个方面：一是制造业企业内部制造环节和服务环节的分离降低了企业的装置成本，并有助于形成企业核心竞争力；二是社会化的专业分工有助于形成规模经济，并且在产业关联度上形成制造业和服务业的互动。[③] 同时，随着收入水平的提高和消费特征的变化，消费者对产品的需求更强调个性化，定制化高端服务需求不断增加，因此在消费有形产品的过程中更注重内含在有形产品中的无形服务，这也促使生产性服务业和制造业企业产业共生融合程度的增强。

信息技术在生产中的广泛应用和渗透，使得大型制造企业服务化的发展趋势日益明显，资金和技术实力雄厚的制造企业在价值链上不断向“微笑曲线”的两端攀升，而制造环节在这些企业的价值创造中所起的作用不断被弱化，有的企业甚至把制造环节直接外包给其他企业，大量服务投入产生的增值成为企业利润的重要来源。服务化成为当今世界制造业发展的一个重要趋势。与此同时，服务业中不断增加对先进制造技术的投入也使得传统服务业的一些特征不断被改写，促进了服务产业化、规模化生产能力的显著提升。因此，在新的经济发展形势下，生产性服务业与制造业融合发展的趋势日益增强。

以上四种目前比较流行的观点从不同的角度探讨了生产性服务业与制造业之间的产业关系，需求遵从论认为制造业的中间需求的增加是导致生产性服务业发展壮大的重要前提和基础；供给主导论则认为对生产性服务中间投入的增加是提升制造业发展效率、促进制造业转型升级的重要原因；互动论认为生产性服务业和制造业是相互促进的互补性关系；融合论则认为在新的技术背景下产业边界更加模糊化，二者之间融合共生的产业关系更加清晰。事

① Hansen N. Do Producer Services Induce Regional Economic Development? [J]. Journal of Regional Science, 1990,30(4),465-476.

② Lundvall B, Borras S. The globalizing learning economy: Implications for Innovation Policy [R]. Report to the DGXII, TSER, Bussels, 1997(12): 23-25.

③ 汪德华等. 生产性服务业与制造业融合对制造业升级的影响——基于北京市与长三角地区的比较分析[J]. 首都经济贸易大学学报，2010(2).

实上生产性服务业与制造业之间的关系本来就是一个动态变化的过程，比如在社会分工以产业间垂直分工为主的情况下，产品生产活动在空间上高度收敛和集中。在以规模化生产为主要目标导向的情况下，制造业企业势必会不断增加生产性服务的中间投入，因此在生产性服务业发展的早期会呈现出“需求遵从”的特点；但随着生产的迂回程度增加，市场交易成本和协调成本会随之增加，而生产性服务业专业化和规模化发展则有利于降低交易成本、提高交易效率，二者的关系又会以“供给主导论”为主；伴随着分工深化和专业化程度的提高以及市场结构的变化，生产性服务业与制造业的发展水平和层次都将得到较大幅度的提升，二者之间的耦合度也不断提高，这时生产性服务业与制造业会呈现出良性互动和融合发展的局面，互动融合的程度和水平也将随之提高。

第三节　生产性服务业与制造业互动融合的内生动因和现实路径

通过对生产性服务业与制造业产业关系演变进程的梳理，我们可确认这两个产业之间存在紧密且日益复杂的产业关联，二者之间相互影响、相互依赖的互动融合发展趋势正日益凸显出来。多年来，国内外学者从不同的学科视角对生产性服务业与制造业之间的产业联系产生的内生动因和实现路径做了较为深入的探讨和剖析。

一、生产性服务业与制造业互动融合的内在动因

从经济发展的历史经验和现实可以看出，制造业企业逐步将一些自身不具有比较优势的业务环节“外包”出去，生产性服务由“内部化”逐渐走向“外部化”。生产性服务业外部化的内在动力则是分工深化、生产迂回程度提升以及市场交易效率的提高。在整个经济发展水平不高且市场化程度较低的情况下，由于市场主体之间的交易成本比较高，这时制造业生产中投入的生产性服务通常由企业从内部提供，这反映了制造业内不同部门间的专业化分工状况，也体现了企业内部要素配置效率以及产业链构成状况。随着经济发展水平和市场化程度的提高，市场中不同主体间进行交易的费用会不断下降，经济体系

中提供专门性服务如会计、财务管理、市场营销等的市场主体就会逐渐涌现出来，制造业企业或其他产业的服务需求者就从原先的"自我服务"转向从市场中购买投入所需的各类专业性服务，此时生产性服务业的发展则体现了企业间的专业化分工状况以及基于市场竞争的要素配置效率和产业分工体系构成。生产性服务的外部化和市场化凸显了社会分工从企业内部转向市场的自然扩展。

(一) 社会分工理论的简单回顾

社会分工不断深化会带来技术进步、专业化程度的提高和实现规模报酬递增效应。所以，从社会分工不断深化的角度来阐述和剖析生产性服务业与制造业之间的产业互动关系是以往文献中探析该经济问题常见的思路。分工理论的主要思想来源于亚当·斯密，后经马克思、马歇尔、杨格、杨小凯、贝克尔、墨菲等人的发展，形成了较为系统的理论。斯密认为，分工起源于人们互通有无的倾向，因而分工受到市场范围的限制；分工是提高劳动生产力、促进经济增长的源泉。[①] 在斯密分工思想的基础上，杨格引入奥地利学派"迂回生产"的概念，认为"劳动分工"与"市场规模"是相互促进、循环演进的，并提出产业专业化是报酬递增的基本组成部分。[②] 斯密和杨格对分工和专业化导致报酬递增的研究没有考虑交易费用和协调成本，杨小凯、贝克尔、墨菲对此进行了补充，认为只有劳动分工带来的经济收益增加超过了交易费用和协调成本，分工才有进一步深化和细化的动力。

(二) 生产性服务业与制造业互动融合发展的内在动因

国内外许多学者基于分工的基本原理来分析生产性服务业与制造业之间的互动机理。普遍的观点是：制造业的快速成长和规模扩大促进了分工，分工的深化导致生产链的延长以及生产迂回程度增加，对中间的服务需求不断增加，从而促进了生产性服务业发展；而生产性服务业的发展为制造业输送了大量的人力资本和知识资本，提高了市场交易的便利性和效率，降低了制造业各生产环节的交易成本，促进了制造业的生产效率的改进和提升。下面分别从生产率、中间投入和交易成本的视角来具体分析生产性服务业与制造业业

---

① 亚当·斯密. 国富论[M]. 郭大力，王亚南译. 上海：上海三联书店，2009：5—14.

② 阿林·杨格. 报酬递增与经济进步[J]. 经济社会体制比较，1996(2).

务融合的内生动因。

1. 基于生产率提高的视角

在专业化导致报酬递增以及垄断竞争市场的假设前提下，Francois 用数学模型推导得出，伴随着市场空间的不断扩展，厂商的数量以及企业的生产规模也会不断扩大，这将促使企业的生产行为被进一步细分为更加清晰的生产步骤，从而提高生产各环节的专业化程度以及总劳动中间接劳动所占的比重。[①] 格鲁伯和沃克认为，如果把提供生产性服务的主体看作是专家的集合体，那么生产过程中这个"集合体"提供的知识和技术促使生产的迂回程度提高，使生产变得更加专业化、资本也进一步深化，进而提高劳动生产率以及其他生产要素的使用效率。[②] 陈宪和黄建锋认为，服务业增长的背后，真正起决定作用并能做出一般解释的应该是"社会分工"因素。他们认为，随着社会分工的细化，交易成本越来越高，生产性服务业的发展有利于降低企业的交易成本、提高交易效率，使得分工的进一步深化成为可能。[③] 江小涓和李辉研究认为：随着经济增长、劳动分工不断细化和市场不断扩展，产品的制造过程被分解成为一个个专业化的节点，分工的扩展将原本内置于企业的服务活动外置，即将一些原来属于企业内部的职能部门和业务转移出去，转向使用外部进行专业化生产企业所提供的服务。[④] 因此，生产性服务业的发展不仅使产业分工向纵深方向发展，而且还提高了服务的质量和效率，这主要表现在两方面：一方面，服务企业内部的价值链条和产业链条得到优化，核心竞争力得以提高；另一方面，服务企业乃至整个经济的资源配置效率和要素利用效率大大提升，产业分工和产业结构更加合理，整体经济创新力与竞争力大幅度提升。[⑤]

社会化的专业分工不断加剧，使得服务业的规模不断扩大，从而逐渐从制造业中分离出来，形成独立的部门。制造业的发展对服务产品的需求不断增加，形成了巨大的市场，而市场容量的扩大使专业化分工进一步加剧，并促使部分产业逐步脱离制造业而形成单独的产业，导致服务部门的快速扩张。而作为中间产品投入的服务业不断发展，社会的专业化分工更细，使规模经济变

---

① Francois J. Producer Services, Scale and the Division of Labor [J]. Oxford Economic Papers, 1990, 42(4): 715 - 729.

② H. G. 格鲁伯，M. A. 沃克. 服务业的增长原因与影响[M]. 上海：上海三联书店，1993：224.

③ 陈宪，黄建锋. 分工、互动与融合：制造业与服务业关系演进的实证研究[J]. 中国软科学，2004(10).

④ 江小涓，李辉. 服务业与中国经济——相关性和加快增长的潜力[J]. 经济研究，2004(1).

⑤ 陈凯. 产业结构调整中生产性服务业的发展趋势分析——以美国为例[J]. 经济与管理，2011(10).

得可能。因此，专业化分工有助于生产性服务业实现规模经济，并且在产业关联度上形成制造业和服务业的互动。[①] 基于对生产性服务进行外部化模型研究，刘明宇等发现生产性服务与制造业之间存在协同演进，共同促进产业升级的循环累积因果关系。[②] 从以上分析我们可看到在专业化分工不断深化的背景下，生产性服务业获得了较大发展，而专业化、规模化和市场化程度日益提高的生产性服务业的发展又进一步提高了制造业运行效率、增加了产品附加值和提升了企业的竞争优势。

2. 基于中间投入的视角

Either 将 D－S 垄断竞争模型解释为一种生产函数，经过对模型进行数理推导后分析得出新产品的引进有助于提高企业的生产效率，也就是制造企业在增加中间投入品种类时能够帮助企业创造出一种比较优势，提升其在产业分工中的地位，促进制造业发展和经济增长能力的改善。[③] Markusen 在 Either 模型研究的基础上，将生产性服务作为重要的中间投入品引入到 D－S 模型分析中，并运用数理方法证明了在市场不断扩展的过程中，厂商数量和企业生产规模将会持续扩大，促使企业间分工更加细化，也促使生产性服务业与制造业分离，从而促进生产性服务业的发展。[④] 分析还发现尤其是知识密集型生产性服务在生产中发挥了非常重要的功能，因为许多具有知识密集特征的生产性服务虽然在学习上往往需要比较高的初始投资，然而随后这些知识可以以较低的成本提供给其他的使用者，即知识密集型生产性服务具有报酬递增的特点，而市场范围的扩展是实现生产性服务报酬递增效应和增强服务差异性的重要前提。

此外，基于交互经济模型，Riddle 分析发现服务业特别是生产性服务业是促进其他部门增长的过程产业，是促进经济交往和产业发展的“黏合剂”，同时也是刺激商品生产的重要推动力。[⑤] 他还利用该模型形象地展示了服务业在

---

① 江静，刘志彪. 生产性服务发展与制造业在全球价值链中的升级——以长三角地区为例[J]. 南方经济，2009(11).

② 刘明宇等. 生产性服务价值链嵌入与制造业升级的协同演进关系研究[J]. 中国工业经济，2010(8).

③ Either W J. National and International Returns to Scale in the Modern Theory of International Trade [J]. The American Review, 1982,76(2): 175－204.

④ Markusen J R. Trade in Producer Services and Other Specialized Intermediate Inputs [J]. American Economic Review, 1989,79(1): 85－95.

⑤ Riddle D I. Service-led Growth: the Role of the Service Sector in the World Development [M]. New York: Praeger, 1986: 289－290.

制造业和采掘业发展中的地位。程大中指出，在经济发展的过程中，专业化分工逐渐深化，导致了微观层面和中观层面的经济变革，生产者服务在其中的作用，不仅体现在其自身作为利润源泉的价值，更体现为其作为各个专业化生产环节的纽带而具有的“黏合剂”功能。① Grossman 和 Helpman 认为，制造业与生产性服务业的互动方式既取决于互动是发生在国内还是国家之间，也取决于国内或国际生产是采取何种组织方式。②

3. 基于交易成本理论视角

作为商品和其他服务生产中的中间投入的生产性服务，其外部化或市场化程度取决于专业化经济-互补经济与交易成本之间的权衡(trade-off)。③ 一般来说，随着产业间或企业间分工的深化和细化，交易成本也会随之上升，也就越需要市场中介组织来提供生产性服务帮助降低交易成本。因此，制造业企业最终是否将投入环节的生产性服务进行“外包”要受到交易成本约束，当从市场购买的生产性服务产生的交易费用低于由制造业自身提供所产生的生产成本时，生产性服务就有动力实现外部化。选择外包时，内部生产组织成本和外部交易成本的差额是企业利润的重要来源。

生产性服务业自身发展效率的提高降低了制造业的交易成本，从而在附加值和市场竞争力提升等方面支撑了制造业新的扩张。④ 另外，通过促进分工的深化和泛化，降低交易成本、扩大市场规模，借助于生产性服务具有异质性的特点培育企业差异化竞争优势。在国内由于历史和现实的原因，交易成本可能并不是限制生产性服务业发展的一个主要原因。冯泰文通过实证分析指出中国制造业效率的提升主要并不是通过降低成本(包括交易成本和制造成本)实现的。⑤

随着分工程度愈益加深和扩大，产业间的横向分工和产业内或产品内的纵向分工交错演进、互相促进，生产知识特别是生产过程中涉及的隐性知识愈

---

① 程大中.中国生产性服务业的增长、结构变化及其影响——基于投入-产出法的分析[J].财贸经济，2006(10).

② Grossman G M，Helpman E. Outsourcing Versus FDI in Industry Equilibrium [J]，Journal of the European Economic Association，2003，1(2/3)：317－327.

③ 程大中.生产者服务论——兼论中国服务业发展与开放[M].上海：文汇出版社，2006：39.

④ 江静，刘志彪，于明超.生产性服务业发展与制造业效率提升：基于地区和行业面板数据的经验分析[J].世界经济，2007(8).

⑤ 冯泰文.生产性服务业的发展对制造业效率的影响——以交易成本和制造成本为中介变量[J].数量经济技术经济研究，2009(3).

加复杂和专业；另外，随着市场规模的不断扩大，市场需求也日益多元化，市场的不确定程度加深，分工的深化还使得交易成本呈现不断提高的趋势。在这样日趋变化的市场环境里，基于技术属性来看，制造业会将自身不具有成本优势或比较优势的环节不断“分解”或“外包”出去，从而为生产性服务业拓展出更大的发展空间，促进生产性服务业的健康发展；另一方面，具有异质性特征的生产性服务业的快速发展将对相关产业发展发挥越来越大的“润滑剂”和“推进剂”的作用，生产性服务业和制造业之间的“分化”与“融合”对促进经济持续健康发展具有重要的现实意义。

二、生产性服务业与制造业互动融合的现实路径

20世纪80年代以来，不少学者分别从管理学和经济学等角度对价值链的概念和相关理论进行了研究。其中影响范围比较大的是哈佛商学院的迈克尔·波特教授提出的价值链概念，该概念被理论界广泛接受和使用。波特指出每一个企业都是在设计、生产、销售、交货和辅助其产品生产的过程中进行种种活动的集合体，这些互不相同但又相互关联的生产经营活动，构成了一个创造价值的动态过程，即价值链。[①] 波特提出的价值链理论指出了创造企业竞争优势的重要来源，同时也表明企业之间的竞争是整个价值链的竞争，而不是仅仅局限于某个业务环节的竞争，企业价值链整体的综合竞争实力是决定企业竞争力的关键。另外，波特的价值链理论也指出并非企业整个价值链条上的每个环节都创造同等价值，企业价值创造实际上仅集中在价值链上的某些特定环节或业务。基于价值链理论，宏基集团的开创者施振荣先生提出了著名的“微笑曲线”理论。在全球价值链的分析框架下，制造业产业链攀升主要表现为制造业附加值的增加以及生产效率的提高。[②] 历史经验表明，发达国家之所以能占据全球价值链顶端，最重要的原因在于不断地投入现代服务业所内含的技术、知识和人力资本，使整体产业结构不断向“软化”趋势调整。[③]

---

① 迈克尔·波特.竞争优势[M].北京：华夏出版社，1997：33—36.

② 江静、刘志彪.生产性服务发展与制造业在全球价值链中的升级——以长三角地区为例[J].南方经济，2009(11).

③ 汪德华、江静、夏杰长.生产性服务业与制造业融合对制造业升级的影响——基于北京市与长三角地区的比较分析[J].首都经济贸易大学学报，2010(2).

从价值链理论可看出，制造业的价值创造主要源自价值链的前端和后端，而处在两端关键部位的新产品研究与开发、品牌设计以及产品工业设计、产品的市场营销策略的制定和营销渠道的拓展、物流等活动都属于生产性服务范畴，所以对生产性服务中间投入的增加不仅可以提高制造业的利润空间，而且为企业创造了差异化竞争优势。

随着信息技术的发展和市场竞争环境的变化，产品内分工或企业间分工逐渐成为国际分工的重要形式，产品生产活动在空间上不再具有高度收敛和集中的特征，不断呈现出一个分散的趋势。① 适应于经济环境的变化，产品价值链上的各个环节不再是仅仅局限在一个企业内部，而是在这条产品价值链上包含了众多功能不同的企业，构成了一个典型的分工网络。在这样的网络化分工结构中，各个企业根据自身的比较优势从事某一个或某几个环节的生产，随着自身要素禀赋和比较优势的变化，各个企业适时地做出动态调整。由于在这条价值链上的各个环节创造的价值或利润并不是同样多的，从目前情况看价值链两端所创造的价值明显要高于制造环节创造的价值，所以一个制造业企业如果想在更大程度上扩大其价值增值的空间或获得更多的利润，在增加生产性服务业投入的同时还要增加其产出在价值增值中的比重，这样才能提高企业在价值链中的治理能力。因此，在分工深化和交易效率提高的基础上，生产性服务业与制造业互动融合的现实路径可以通过对价值链上各个价值创造环节进行整合或进行功能延伸来实现。

三、相关实证分析及研究方法

生产性服务业与制造业互动融合发展的经验和实证分析使用的研究方法主要为两类：一是以国民经济宏观统计数据为基础，利用不同的计量模型和相关指标对二者的相互促进作用进行回归分析，这种方法是进行计量分析时使用的比较多的方法，但是由于统计指标选取的科学性以及统计数据的质量问题，在检验二者互动效应时会存在一些瑕疵，但是这种实证分析的方法仍在一定程度上反映和验证了二者之间存在较强的互动作用。Guerrieri 和 Meliciani 利用 20 世纪 90 年代 OECD 成员国的样本数据，借助统计和计量分析方法得到一个国家制造业发展基础与生产性服务业发展水平之间存在密切

① 卢锋．产品内分工[J]．经济学季刊，2004(4)，2004 年 10 月．

关系，作为生产性服务业主要需求方的制造业专业化发展水平越高，生产性服务业的发展水平和质量也就越高，越有利于提高该国生产性服务业出口的国际竞争力和国际竞争优势。[①] Francois&Woerz 运用 1994—2004 年 OECD 成员国商品和服务贸易的面板数据检验了这些国家制造业、生产性服务业发展与出口贸易三者之间存在的内在关系，认为生产性服务作为制造业重要的中间投入，其间接出口比重的增加主要体现于在商品出口中占较大比重，并得出商务服务部门开放程度的提高对相关产业（如机械、车辆制造、化学和电子设备制造）发展产生积极影响，因为商务服务的离岸贸易促进了技能和技术密集型产业的国际竞争力的提高，但是研究也发现商务服务开放对非服务密集型产业发展会产生负面影响。[②] 江静等研究发现生产性服务作为制造业和其他行业发展重要的高级投入要素，生产性服务业的发展不仅提升了自身的服务效率和服务质量，也降低了制造业单位产品的组织成本和生产成本，是制造业效率提高的重要源泉。并运用 1998—2004 年中国地区层面以及 1993—2003 年细分行业层面的面板数据进行回归分析，结果表明生产性服务业的扩张促进了制造业整体效率提高，而且不同的生产性服务细分行业对制造业的影响存在较大差异。[③] 基于 SFA 模型，利用中国 2003—2007 年城市面板数据，顾乃华通过实证途径求证了生产性服务业对工业发挥外溢效应的渠道，研究结论显示：（1）工业企业借助服务外包整合自身价值链能够提高获利效率，在我国城市中，就整体而言，生产性服务业对工业获利技术效率提升发挥着正向作用；（2）生产性服务业与工业之间的地理距离与生产性服务业对工业获利能力的外溢效应负相关，提高生产性服务业集聚程度有助于增强其对工业的外溢效用；（3）政策环境的完善程度正向影响着生产性服务业对工业获利能力的外溢效应，同步推进工业和服务业的改革开放，有助于二者形成更良性的互动发展[④]。孙晓华等将生产性服务业和制造业看做一个整体，通过构建纳入

---

① Guerrieri P, Meliciani V. Technology and International Competitiveness: The Independence between Manufacturing and Producer Services [J]. Structural Change and Economic Dynamics, 2005,16(4): 489 - 502.

② Francois J, Woerz J. Producer Services, Manufacturing Linkages, and Trade [J], Journal of industry, Competition and Trade, 2008,8(3): 199 - 229.

③ 江静，刘志彪，于明超. 生产性服务业发展与制造业效率提升：基于地区和行业面板数据的经验分析[J]. 世界经济，2007(8).

④ 顾乃华. 生产性服务业对工业获利能力的影响和渠道——基于城市面板数据和 SFA 模型的实证研究[J]. 中国工业经济，2010(5).

适应性预期的动态两部门模型考察了生产性服务业对制造业的带动效应，并以 2004—2010 年中国省际面板数据为样本进行了实证检验，检验结果表明：从全国来看，发展生产性服务业可以积极推动制造业发展，生产性服务业产出增加 100%可带来制造业产出提高 219.5%；但从分地区的回归结果来看，中西部地区生产性服务业的外溢效应低于东部地区；从生产性服务业的细分行业的回归结果来看，金融业、交通运输、仓储及邮政业和科学研究、技术服务和地质勘查业对制造业具有相对较强的正效应，但任一细分行业单独的外溢效应均明显低于生产性服务业的总体作用。① 从以上的相关实证研究结果来看，生产性服务业与制造业之间存在较强的产业关联性，生产性服务业的发展有助于提高制造业效率、促进制造业升级，且制造业发展水平的提高也是提升生产性服务业发展水平和市场竞争力的重要途径。

另一种方法是基于投入产出表利用直接消耗系数、完全消耗系数、感应度系数、影响力系数、中间投入率、中间需求率等指标来定量分析二者的互动和融合效应，且投入产出表能够提供微观层次的产业交易信息和最终需求输出情况，这也是目前国内外研究该问题常用的工具和方法。一些学者如：程大中、汪德华、高传胜等利用投入产出法分析和检验了生产性服务业与制造业互动发展的效应。程大中采用“投入-产出”方法，对中国生产性服务业的增长、结构变化及其影响进行经验研究，发现中国生产性服务业在国民经济中的地位逐步上升，服务业的生产者服务功能逐渐显现，但与英、美等国相比，中国生产性服务占国民总产出比重偏低；中国服务业及其有关分部门与国民经济其他产业或部门的前后向联系效应相对较弱，说明中国服务业的增长不仅不能对国民经济产生应有的带动作用，而且其本身受其他部门的需求拉动作用也不大。② 汪德华等研究认为生产性服务业与制造业融合影响其升级主要基于两个方面原因：制造业企业内部制造环节和服务环节的分离降低了企业的装置成本并有助于形成企业核心竞争力；社会化的专业分工有助于形成规模经济，并且在产业关联度上形成制造业和服务业的互动。③ 利用中国投入产出相

① 孙晓华等．生产性服务业带动了制造业发展吗？——基于动态两部门模型的再检验[J]．产业经济研究（双月刊），2014(1).

② 程大中．中国生产性服务业的增长、结构变化及其影响——基于投入-产出法的分析[J]．财贸经济，2006(10).

③ 汪德华等．生产性服务业与制造业融合对制造业升级的影响——基于北京市与长三角地区的比较分析[J]．首都经济贸易大学学报，2010(2).

关数据进行实证研究，高传胜(2008)指出信息与通信活动、金融服务、科技研发服务活动能够在较大程度上支持制造业升级，而商务服务、贸易活动和交通运输服务对制造业升级的支撑作用相对较小，这为中国生产性服务业和制造业的转型发展指明了前进的方向。[①] 利用国民经济各部门之间的投入产出数据来分析生产性服务业与其他产业的经济联系是比较常用的工具和方法，借助该方法不仅便于研究者发现和解释产业之间的前向和后向联系及联系程度，也为制定合理的产业政策提供科学依据。

当然除了这两类常见的经验研究方法外，还有些研究者从微观企业调研入手或通过典型案例梳理的方法来寻找和分析生产性服务业与制造业之间互动和融合关系。如 Alan MacPherson、William J. Coffey。Alan MacPherson 在 1994—2005 年对纽约州制造企业进行跟踪调查并由此获得统计数据，分析发现越来越多的制造商更倾向使用市场采购研发、设计和产品开发等方面的生产性服务，并且随着时间的推移，这种趋势变得日益明显。[②] William J. Coffey 指出尽管很多人已经认识到作为产品生产或服务供给必不可少的中间投入的生产性服务业在经济发展中的确很重要，但在这方面的实地调查研究还比较缺乏。他于 1992、1993 年对蒙特利尔大都市区的 324 家生产性服务商进行了调查，基于这些调查数据进行了经验分析，认为生产性服务业不仅满足制造业的中间需求，也为消费者提供大量服务。[③]

第四节　对文献的评论

从以上几个方面介绍了有关生产性服务业与制造业互动发展研究的文献资料，这些文献不仅在理论上揭示了二者互动发展的机理、路径和动力机制，而且利用定量分析的方法检验了这两者在发展过程中存在较强的互动关系。现有的部分结论是建立在发达国家制造业和生产性服务业发展的历史资料上

① 高传胜. 中国生产者服务对制造业升级的支撑作用——基于中国投入产出数据的实证研究[J]. 山西财经大学学报，2008(1).

② Alan MacPherson, Producer service linkages and industrial innovation: results of a twelve-year tracking study of New York state manufactures [J], Growth and Change, 2008,39(1): 1 - 23.

③ Coffey W J., Forward and backward linkages of producer service establishments: evidence from the montreal metropolitan area [J], Urban geography, 1996,17(7): 22 - 26.

的。从这些文献还可以发现制造业和生产性服务业的互动关系在发展过程中是不断演变的，在制造业粗放发展的时期里，它对生产性服务业的中间投入需求较少，而随着制造业发展水平和层次的提高，对生产性服务业的需求逐步增强，这也促进了生产性服务业专业化和规模化的发展，二者最终形成互动发展的格局。而在全球化的背景下，当经济发展到更高水平时，特定国家内的制造业和生产性服务业之间的互动程度会呈现减弱的趋势。因此，二者之间的互动关系是一个动态变化的过程，二者之间积极的互补性发展既有利于提升制造业发展质量和运行效率，又有利于加快生产性服务业的快速成长和壮大，在提高资源配置效率的同时，促进产业结构的优化升级。

经济和社会发展的实践表明了要实现未来中国经济的持续健康发展，就要在提高经济发展的质量和效率上下功夫，破除粗放发展的“魔咒和阴影”，而要实现这种高质量的经济发展，微观经济或实体经济发展的活力和效率至关重要，而通过促进制造业与生产性服务业的良性互动可以在很大程度上改善中国经济发展质量并逐步实现上述发展目标。

国内20世纪90年代逐渐开展对这一问题的研究，也积累了不少文献，研究多关注生产性服务业对制造业发展的重要意义方面。基于经济发展的阶段特征和特殊性来客观认识这两者之间的关系变化，对促进我国经济转型具有重要意义。虽然发达国家的发展经历说明了生产性服务业和制造业互动发展对于促进经济整体发展水平有着重要意义，但是我们也要看到，在市场经济中二者最终实现互动发展是分工深化、专业化程度提高以及市场机制逐步完善的结果，是一个自然演化的进程，虽然现在我们可以通过实施有关产业政策促进二者发展，但政策的制定不能脱离市场经济发展的实际状况。因此，基于中国制造业和生产性服务业发展的现状和存在的问题，实现二者良性互动发展可能还有许多问题需要去研究，在理论分析的基础上，首先要认清生产性服务业和制造业关系演变所处的阶段，在认清问题的基础上通过推进市场化改革以及采取相应措施来更好地推动和实现二者的“耦合”或互动融合发展。比如，可以从外部环境去探究和分析影响二者互动发展的因素，外部发展环境如果缺失——比如有利于制造业和生产性服务业互动发展的制度环境或制度安排（因为一个好的制度环境和制度安排能够为微观市场主体提供有效的激励），生产性服务业与制造业实现互动发展的可能性和效果就会受到很大影响。因此，促进和实现生产性服务业与制造业的互动发展是一个复杂的过程，在这方面有许多问题需要我们基于历史和经济发展的现实去研究。

目前这方面的研究还有必要进一步深入下去。虽然国外在相关产业互动融合发展方面已经做了许多积极的探索，并取得了不少研究成果，在实践中也不断得到验证。但是研究中国制造业与生产性服务业的产业关联性，在借鉴国际经验的同时更要基于中国产业发展的特征事实，因此在这方面还有许多问题值得我们去思考和研究，而且这些研究对实现中国制造业的"凤凰涅槃"式重生和发展突破、实现服务经济发展的燎原之势、推进产业结构的合理化和高级化，进而实现国民经济的持续健康平稳发展具有重要的理论意义和现实价值。

第三章　中国生产性服务业的发展及其影响因素分析

在经济发展以及产业结构合理化和高级化过程中，生产性服务业的作用和角色越来越重要。受第二次世界大战后发达国家市场需求规模和需求结构、生产组织方式变革以及信息技术快速发展等多重因素影响，发达国家的生产性服务业迅速崛起，生产性服务部门的兴起和迅速壮大不仅为国民经济直接创造了大量增加值、吸纳了相当比重的就业，还为其他产业的发展提供了强有力的人力、信息和知识的支持。生产性服务业特别是高端生产性服务业对国民经济各部门的发展发挥了重要的润滑、黏合和促进作用。改革开放后我国生产性服务业也获得了一定程度的发展，但整体来看，受多种因素影响，中国生产性服务业整体水平还比较低，对其他产业发展的支持力度、渗透程度还不高。

第一节　影响生产性服务业发展的多重因素

在常见的经济分析中，影响某个产业发展的因素通常包括两个方面：供给面和需求面。如社会分工和专业化程度、生产性服务的供给效率、信息通信技术的变革以及其他一些重要的制度性因素是影响和制约生产性服务业发展的重要供给端因素，这些供给因素将会影响到生产性服务产出的质量、种类、范围、结构和生产效率等方面。与此同时，生产性服务业的发展还受到来自需求层面因素的影响，来自第三产业内部其他部门以及其他产业的中间需求是影响生产性服务业发展的重要因素。影响生产性服务业发展的需求因素可从需求规模和需求结构两方面来看，需求规模的扩大和需求结构的升级是生产性服务业逐步专业化、市场化和高级化的前提条件。[①] 具体来看，需求规模和需求结构影响生产性服务业发展主要通过实现规模经济、增加生产的迂回程度、促进服务外包化以及产业结构变动等通道来实现。下面从需求和供给两个层面具体分析影响生产性服务业发展的诸多因素。

一、社会分工的深化和细化是推动生产性服务业发展的最深层动因

随着经济社会的发展，市场范围和市场容量在不断扩大，社会分工也不断细化和深化，各经济部门的专业化程度也逐步提高，所以分工的深化和细化是促进生产性服务业分化、独立和发展的最深层动因。

亚当·斯密在其巨著《国民财富的性质和原因的研究》中指出经济增长的动力在于劳动分工、资本积累和技术进步。亚当·斯密认为劳动生产力最大的增进，以及运用劳动时所表现的更大的熟练、技巧和判断力，似乎都是分工的结果，分工是经济增长的源泉。[②] 因此，劳动分工广度和深度的拓展扩大了市场范围、提升了市场容量，构成了产业分化和新兴产业发展的重要动力。

在亚当·斯密提出的劳动分工理论基础上，阿林·杨格进一步提出了迂回方法的经济。相比于其他形式的分工，杨格认为这种迂回的经济形式更依赖于市场规模。迂回生产方法是现代分工的主要形式，当把整个经济看作是一个整体时有助于我们去真正理解和把握规模报酬递增的现象。当市场规模扩大时，劳动分工的深化就成为一种可能，这也会使得产业间的联系增多，使得不同企业迂回生产链条延伸，进而导致市场规模的进一步拓展，因此劳动分工取决于市场规模，而市场规模又取决于劳动分工。[③] 在此循环反复的过程中，经济发展中的专业化程度会不断提高，中间环节以及中间产品会变得越来越多，进而引起报酬递增效应的产生。因此，伴随着科学技术的日新月异，分工必然会继续深化、专业化部门将会更多地涌现，迂回生产的链条将会越来越

---

① 肖文，樊文静. 产业关联下的生产性服务业发展——基于需求规模和需求结构的研究[J]. 经济学家，2011(6).

② 亚当·斯密. 国民财富的性质和原因的研究[M]. 郭大力、王亚南译，上海：上海三联书店，2009：5—7.

③ 阿林·杨格. 报酬递增与经济进步[J]. 经济社会体制比较，1996(2).

长、而迂回程度也将越来越高，中间产品的种类和数量不断增加，生产的组织结构和交易的组织形式也日益复杂，分工和专业化演进带来的产品生产和服务供给的网络效应也不断凸显出来。

作为现代生产过程的一个重要组成部分，服务活动是现代社会劳动过程扩展的一部分。无论是在企业内部生产还是外部市场交易过程中，承担组织协调功能的“服务”的重要性都不断增强。在这样的经济发展背景下，出于集中重要资源要素来培育和提高企业自身核心竞争力以及降低生产组织成本的考虑，越来越多的企业一方面将原先内化于企业内部的非核心或自身不擅长的服务性职能部门不断分化出来或外包出去；另一方面，生产迂回程度的增加又使得现代企业需要更多的服务性投入来组织和协调生产经营活动。因此，市场范围的不断扩展不仅提高了提供中间投入的服务型企业的种类和数量，同时也使得这些提供中间服务的企业不断提高和实现其专业化生产以及规模经济效应，提升了服务的质量和水平。Beyers 和 Lindahl 指出在经济发展中对专业化知识的需求快速增加是导致生产性服务部门独立发展的最重要原因，生产性服务业的发展也展现了市场主体力求适应市场快速变化而对工业生产组织进行改变的一种表现形式。当一个企业对专业化知识的需求不能从内部得到满足时或自己生产在经济上不合算时，这些服务活动外部化就会发生，因此，事实上对专业化知识和技能的新需求导致了用于满足中间需求的服务活动的活跃和增加。① Francois 在研究中也指出，专业化生产有助于企业以更低的成本获得更专业的服务，这促进了对专业化服务市场需求的增长，而对服务活动中间需求规模的扩张又导致提供专业化服务生产成本的下降，彼此之间的良性循环和互动促进了生产者服务市场的快速壮大。②

生产性服务由“非市场化”向“市场化”、由“内部化”向“外部化”的演进发展趋势，正是社会分工深化和细化、进而导致专业化程度提高的必然结果。在经济发展中，企业提供更加专业化的生产性服务，导致企业创新频率加快、创新能力持续增强、规模经济效应凸显，进一步显现了社会分工的泛化已经成为推动生产性服务业发展的力量之泉。

---

① Beyers W B, Lindahl D P. Explaining the Demand for Producer Services [J]. Papers in Regional Science, 1996,75(3): 351 - 374.

② Francois, J. Producer Services, Scale and the Division of Labor [J]. Oxford Economic Papers, 1990,42(4): 715 - 729.

二、提升生产性服务业的生产效率可以直接促进自身供给能力的提高

一个产业或行业的发展和繁荣与该产业或行业的劳动生产率不断提高是密不可分的。对于传统的小规模、面对面、个性化服务以及生产和消费具有同时性的传统服务业而言，由于无法进行规模化和标准化生产和经营，其劳动生产率的提高和生产方式的改进较慢，产出量也不高，美国经济学家鲍莫尔将服务业的这种现象称之为“成本病”①。然而，随着信息技术的发展以及服务业特别是新兴服务业的不断涌现，在服务业发展中通过融入现代科技、创新企业的组织模式以及实现集聚式发展，也可以改变服务产品的传统特征，实现服务业特别是现代服务业的标准化生产和规模化经营，从而提高服务的专业化水平和产出效率。

对现代经济增长源泉的研究亦体现了随着知识密集型服务产出质量和效率的提升，这类生产性服务更多地投入到相关产品的生产中将会导致内生技术进步。这种技术进步一方面表现为生产性服务中间投入种类的增加，可以理解为新行业的基础性创新；另一方面表现为中间投入品质量的提高，可以理解为现有行业内发生了连续升级现象。因此，生产性服务劳动生产率的提高与服务业特别是生产性服务种类的扩展以及质量的提高形成了双向互动效果。

生产性服务劳动生产率的提高促进了其专业化报酬递增和源自知识、信息密集为主要投入要素的技术进步带来的报酬递增，这两方面共同促进了生产性服务规模报酬递增的经济效应不断凸显，使得生产性服务业的发展存在着一个规律性趋势，即由“内部化”(internalization)向“外部化”(externalization)演进，或由“非市场化”向“市场化”演进。伴随着这一演进趋势的不断增强，一方面，企业内部的价值链和产业链会得到优化，核心竞争力会得到提升；另一方面，企业乃至整个经济的资源配置效率和利用效率会大大提高，产业分工与产业结构会更加合理，整个经济的创新力和竞争力会大幅提升。②

---

① Baumol W J. Macroeconomics of Unbalanced Growth: The Anatomy of Urban Crisis [J]. American Economic Reviews, 1967, 57(3): 415-426.

② 程大中. 中国生产性服务业的增长、结构变化及其影响——基于投入-产出法的分析[J]. 财贸经济, 2006(10).

总的来看，生产性服务业生产效率的提高一方面促使其以更低的成本为其他产品和服务的生产提供更专业化和更高质量的中间投入，提高下游企业的竞争优势，从而为自身的发展开拓更广阔的市场空间；另一方面，生产性服务业生产效率的提高可以降低自身运营成本，提高自身市场竞争力，增加获利空间，并为从业者提供更优厚的报酬，从而吸引更优质的人才进入该行业，促进该行业发展。

三、信息技术持续变革为生产性服务业快速发展提供了技术支撑

20 世纪 70 年代以来，随着世界各国、各地区以信息通信技术为核心的高新技术的迅速发展和普及，以信息技术为主导的经济生产形态日趋成熟，发达国家和一些发展中国家以信息通信技术为基础的产业分工越来越细化，企业间的生产协作和专业化网络分工覆盖范围也越来越广泛。信息技术不仅作为一个重要的生产要素被投入到生产过程中去，而且以其强大的渗透功能和溢出效应促进其他生产要素的使用效率和资源配置效率得到持续提高，这既促进了新兴产业的不断涌现，也使得传统产业不断焕发出新的生机和活力。信息技术的广泛运用还显著地扩大了市场范围，一方面使得生产与消费的市场空间愈加扩展，促进了市场主体间分工的细化；另一方面也使得生产和交易过程中的不确定性显著降低，进而减少了市场的交易成本。这种情况的出现主要源于信息技术的运用能够有效缓解生产分工内生的信息瓶颈，因此，信息技术在生产中的广泛应用在致使分工拓展的同时也导致了传统的生产组织模式的消解，使得水平型、网络化和模块化生产组织不断涌现。在发达国家，传统的福特式垂直生产逐渐被新型的柔性生产体系所取代。在信息化技术广泛应用的基础上，传统工业经济中迂回生产过程中产生的信息成本、协调成本被有效地降低，显著地提高了产业间或产业内资源的利用效率，同时促进了彼此相异又存在较强关联效应的产业融合发展。

信息技术的发展和广泛运用不仅通过促进分工的深化和细化、降低不确定性和交易成本等间接方式为服务业特别是生产性服务业的发展拓展了空间，提供了可能，而且还在许多方面直接地导致了新兴服务行业的涌现。分工协作和专业化程度的提高使得一个产品生产的迂回度和复杂度大大增加，“当企业价值链中充满了复杂的产品以及各式专精技术时，它必然需要更多设计、

营运和维修方面的服务。竞争的国际化又刺激了新的服务业诞生，以支持贸易活动和管理国外公司。”①另外，借助于信息技术，服务的无形性、不易保存和不易运输性可变得相对有形、可保存和可运输，使得服务的生产与消费在时空上可以错开。如将课堂教学内容制成光盘或实行远程教学，也可以借助远程技术为需求者提供金融、法律等专业化商务服务，这既可使得服务产品的空间扩大，又可以提高标准化服务来相对降低服务的异质性，促进服务专业化水平的提高，也使得各要素能最大限度地发挥其市场价值。因此，信息技术促进了新型生产性服务业态（如远程教育、电子商务和现代物流）和服务网络的产生，这两者相互共生、协同发展，又进一步促使生产性服务模式创新和发展层级的跃进。

生产性服务业中信息技术的广泛应用，借助直接和间接两条通道不断扩大生产性服务业的种类、数量，提高其质量以及专业化和规模化水平，不仅直接提高了生产性服务业的劳动生产率、实现了收益递增，还不断创造新的需求和新的产业、促进服务贸易的发展。近年来，发达国家以及新兴经济体的生产性服务部门的强劲发展就充分说明了信息通信技术的发展对生产性服务业发展所带来的积极影响。因此，信息通信技术在促进劳动分工深化、提高专业化程度和增加生产迂回度的同时，直接催生了许多新型生产性服务业态的诞生，导致了经济服务化进程的加速。

从以上分析的影响生产性服务业发展的供给层面因素来看，分工的深化与拓展、专业化程度的提高和生产迂回度的增加是导致生产性服务业发展的最深层原因；以知识资本、人力资本和信息资本为主要特征的生产性服务生产效率的提高，则显著地改善和促进了要素和资源配置效率提升，这反过来又加快了生产性服务业自身的发展和繁荣；而信息通信技术的发展和广泛运用则成为生产性服务业发展的最直接的物质基础和技术支撑。另外，一些制度性因素，如市场信用状况（诚信环境）、会计制度、知识产权保护状况以及相关的国家规章制度等也是影响生产性服务业发展的重要因素。

四、市场范围的扩大有助于生产性服务企业实现规模经济

斯密指出：企业专业化分工水平受市场范围的限制。他认为，“分工起因

① [美]迈克尔．波特．国家竞争优势[M]．李明轩，译．北京：华夏出版社，2002：231—232.

于交换能力，分工的程度，因此总要受交换能力大小的限制，换言之，要受市场广狭的限制。”①这一论断就是著名的斯密定理，这一定理也表明了只有在市场范围扩大到一定程度，专业化生产或提供某种产品或服务才可能出现和存在，而生产性服务业的产生和发展正是建立在专业化分工深化和细化的基础上。因为只有在较大的市场范围内，生产性服务供应商才可能具有较大的顾客群，在较强的顾客需求的基础上，生产性服务供应商才能实现规模经济。与其他产业类似，生产性服务企业的建立和发展也需要大量的前期固定投入，如信息通信服务、金融服务、科学技术研发服务以及现代物流服务，其人力物力的投入规模都非常高。但市场需求规模较小时，这些生产性服务往往都内置于企业内部，只有当市场范围扩展了、市场需求规模变大了，专业化提供这些生产性服务才成为可能。另外，对于以知识、信息和人力资本为主要投入要素的生产性服务部门来说，其基本特征就是产出的边际成本较低，特别是对一些标准化程度已经很高的生产性服务提供商来说，规模报酬递增的经济效应相比于其他产业来看更加明显，如微软的 Windows 操作系统、SAS 等经济计量分析软件、金蝶财务分析软件以及一些演出视频或光盘等，这些标准化程度较高的电脑软件或电子产品，其一旦研制出来就可以几乎以零边际成本来生产。

因此，只有面临较大、较强劲的市场需求，才有助于这些生产性服务供应商实现规模经济，才能够诱导和刺激生产性服务供应商生产和提供更多的服务种类、数量，提高服务质量和效率。所以生产性服务业分工的细化和深化总是受到市场规模的影响。

五、服务外部化成为推动生产性服务业发展的重要引擎

随着信息通信技术的发展和广泛应用、全球化进程的加快以及国际市场竞争的加剧，服务外包市场容量日趋扩大，服务外部化或服务外包趋势日益明显。

一方面，一个国家内部乃至全球市场容量或市场规模的扩大增加了企业生产的迂回程度，使得分工进一步深化和细化，在外部需求诱导下生产性服务业专业化水平和服务质量以及供给效率得到显著提升。市场容量的扩大，生产迂回程度的提高在增加对生产性服务中间需求的同时，使得生产性服务企

① 亚当·斯密. 国民财富的性质和原因的研究[M]. 郭大力、王亚南译，上海：上海三联书店，2009：14.

业可以在更窄也更专业的范围内进行生产，提高其专业化生产效率，这也成为分工深化的新起点。

另一方面，企业经营环境的优化以及市场竞争的加剧，有助于降低企业面临的不确定性带来的风险和交易成本，从而促使企业将一些自己生产和提供不具有优势的环节外包出去，这进一步扩大了对生产性服务的市场需求。根据科斯的交易成本理论，企业是否要将一些生产性服务环节外包出去主要取决于自己生产的成本支出和外购成本支出的比较。这也是企业对生产性服务内置于企业内部还是外购或外包进行决策的经济分析基础。一般来看，内置于企业内部的生产性服务只为满足企业需要而生产，而市场中的专业化生产性服务供应商在面临较多的市场潜在需求者的需求时，可以实现专业化效应和规模经济效应，并且不断重复的专业化服务的提供还可以提高生产性服务质量和服务效率，这是内置于企业内部进行生产性服务生产时所不具备的。在竞争效应、学习效应和溢出效应的作用下，专业化、规模化的生产性服务供应商可以以较低的成本和较高的服务水平与服务效率赢得市场竞争优势，并不断提高自身的核心竞争力。因此，在内置成本较高而外购成本较低的情形下，制造业或其他服务企业往往会将自己不具有优势的环节外包出去，这一方面有助于培育自身核心竞争优势和提高核心竞争力，另一方面又为生产性服务业的发展提供了广阔的市场需求，形成了二者之间的良性循环。在工业化中后期，制造业为了适应经济形势的变化以及在激烈的市场竞争中占有一席之地，必然会调整自身的经营战略，集中优势资源发展自身的核心部门和技术来增强自身的核心竞争力，而将一部分生产性服务外包给专业化的服务供应商，从而为生产性服务业的成长释放出更多的市场需求，腾出更大的发展空间。

在市场交易成本和协调成本不断下降的背景下，制造业或服务业将一部分服务外部化或外包给专业化生产性服务供应商已经成为一种不可逆转的发展趋势，具有“需求遵从”特点的生产性服务业必然会面临更大的市场需求规模和更多的市场机会，这也成为推动生产性服务业发展的直接动力。

六、需求结构的变化成为导致生产性服务业发展的主要动力

从产业层面看，产业结构的合理化和高级化是一个不断演进的过程，在产业结构演进过程中，农业的比重必然下降，制造业的比重也会下降——但制造

业发展质量会不断提高，而服务业的比重则会不断提高。随着产业结构的调整，需求结构也必然会发生变化。作为国民经济的中间投入行业，农业、工业和服务业都会对生产性服务产生中间需求，但一般来说，农业对生产性服务的中间需求率较小（3%—5%）①，在工业化中后期对生产性服务需求较多的是制造业和服务业自身。而在每个国家工业化发展的不同时期，经济发展中社会分工程度存在的差异使其对生产性服务业发展产生的影响也不同。

（一）制造业发展水平、发展阶段以及内部结构的差异会影响生产性服务的市场需求规模和内部结构

工业化阶段是分工深化和生产迂回程度迅速提高的阶段。随着科学技术的发展和经营环境的变化，20 世纪早期兴起的以规模化、标准化为主要特征的现代大工业生产福特主义（Fordism）逐渐瓦解，在信息技术革命和网络技术发展的基础上以分散化、个性化的柔性生产、精益生产为主要特征的温特尔主义（Wintelism）不断涌现。企业的生产组织模式和业务流程也随之发生了重大变化，从规模化、标准化到定制生产，生产环节和业务单元的模块化和外包趋势日益增强，包含产业间、产业内分工在内的企业间网络化、模块化分工逐渐成为主要的分工形式。在新的分工模式里，制造业企业利润或价值增值主要源于“微笑曲线”的两端，即以产品研发和设计等为代表的上游阶段以及以营销、物流和售后增值服务为代表的下游阶段，因此企业向消费者出售的不仅仅是一件有形的产品而是包含众多服务在内的“产品-服务包”。而在此过程中，企业会将一些自身不具有优势的生产性服务环节外包出去，从而扩大市场规模，为生产性服务业的专业化和规模化发展提供充分的市场需求。

另外，在制造业内部，不同类型的制造业部门产业特征也不相同，因而对生产性服务的需求种类和需求强度也不一样，这也必然会影响到生产性服务业的发展。因此，不同国家不同的制造业结构将会直接影响到对不同生产性服务业的需求规模和需求程度，进而影响到生产性服务业的内部结构。② 从图 3－1 可看出，对应着工业化进程中制造业的发展的不同类型，与之相匹配的不同类型的生产性服务业的发展也存在差异，当劳动密集型制造业是经济主导

① 韩坚等. 农业生产性服务业：提高农业生产率的新途径[J]. 学术交流，2006(11).

② Guerrieri 和 Meliciani(2005)研究发现，知识密集型制造业比例高的国家对知识密集型生产性服务业（金融、通信和商务服务业）需求较大，也更可能提升该类型的生产性服务业的专业化水平和国际竞争力.

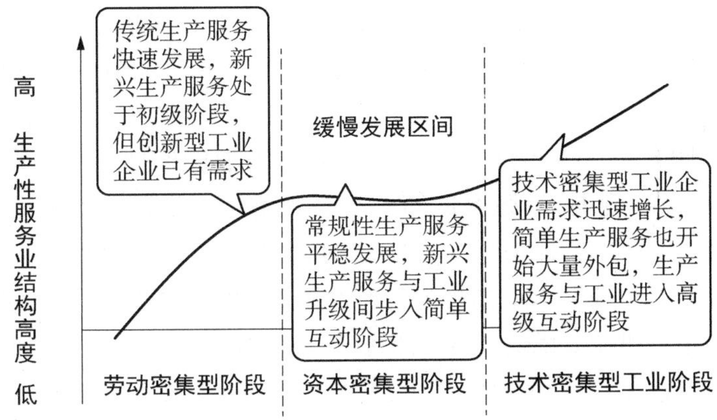

图3－1　生产性服务业与工业化发展不同阶段之间的关系演变①

形式的情况下，传统的生产性服务业如交通运输仓储对物流以及批发服务需求较多、发展较快；在资本密集型工业发展阶段，常规性生产性服务业需求量较大、对新兴生产性服务需求较快增长，但整体来看生产性服务业进入缓慢发展时期；而到了技术密集型制造业占主导的发展阶段，对信息通信技术、知识密集的专业化商务服务业（KIBS）以及现代金融业需求强劲，而常规的生产性服务外包市场规模较大。

（二）服务业内部结构变化也会影响生产性服务业的构成和发展

在工业化时期特别是后工业化时期，服务业增加值在国民经济中的比重迅速提高，产业结构软化趋势明显。随着人均收入和经济发展阶段的变化，服务业内部不同类型的服务种类构成也不断发生变化。从总的演变趋势来看，生产性服务业在服务业中所占比重迅速提高，服务业内部的分工日益深化和细化，服务外包化趋势明显。而服务业与生产性服务业的内部互动除了受专业化和规模经济影响外，还受到“自我增强机制”（self-enforcing mechanism）的影响，这种自我增强机制源自服务业各关联环节之间知识信息交流所产生的学习效应、溢出效应和竞争效应。在后工业化时期，受专业化效应、规模效应和自我增强机制的影响，服务业内部对生产性服务的市场需求不断增长，对

① 杨玉英. 我国生产性服务业影响因素和效应研究——理论分析与经验证据[D]. 吉林大学，2010：25.

生产性服务业发展的拉动作用较之于制造业来说更突出。现有实证研究也表明，20 世纪 90 年代末发达国家服务业自身对生产性服务的需求已经超过工农业之和[①]，来自服务业内部的中间需求已经成为生产性服务业发展的主要动力。

从以上(四、五、六)分析可看出，生产性服务业的发展还受到来自需求端因素的影响，市场范围、市场容量的大小会影响生产性服务业面临的市场规模，而产业结构的优化和升级则会导致需求结构的变化。通常来说，较大的需求规模和不断调整的需求结构将为生产性服务业的发展提供广泛的市场空间和较丰富的市场机会。随着信息通信技术的发展和广泛运用，产业间和产业内的分工日益深化，生产的迂回程度加深、生产链条不断延伸，企业间网络化、模块化分工越来越成为主要形式，企业的生产和组织模式也会发生巨大变化，这些经济发展环境的变化为生产性服务业发展创造了日益广阔的市场需求。

从微观主体的角度来看，制造业以及服务业内部不同部门对生产性服务业的需求拉动主要源于对专业化知识的需求以及企业降低成本、提升自身核心竞争优势的需要，这与生产性服务业自身的特点直接相关，生产性服务业(尤其是 KIBS[②])的主要特征是知识资本、信息资本和人力资本高度密集，被称为“专家”的集合体，并且具有较强的正外部性。制造业以及服务业内部不同部门对生产性服务业需求增强除了以上因素外还受到一些准成本或非成本因素的影响，如服务质量与服务效率、制度环境、企业的发展战略、弹性生产、外部技术快速变化以及管理复杂程度提高等因素的影响和制约。在瞬息万变的经济技术环境里和日益加剧的市场竞争中，企业在权衡成本和准成本等因素的基础上，服务外包或外购对许多企业来说仍是一个较理性的选择。较大的市场规模和不断优化的需求结构为生产性服务业发展提供了强大动力。

七、来自供给端和需求端的双重因素共同影响生产性服务业发展

以上分别从供给和需求两个层面分析了影响生产性服务业发展几个方面的原因。供给因素如社会分工深化和细化是促进生产性服务业发展的最深层

① 魏作磊，胡霞.发达国家服务业需求结构的变动对中国的启示[J].统计研究，2005(5).

② 知识密集型商务服务。

动因，而在信息通信技术革命的推动下，生产性服务业自身服务效率和服务质量的提高则打破了“成本病”的魔咒，在更深层次上和更大范围内直接推动了本行业的发展和进步，并促进了整个社会经济的转型发展。而在分工深化和细化以及专业化程度提高的基础上，市场规模扩大和市场容量提升为生产性服务业规模化和专业化发展提供了有利条件，在信息技术发展、企业经营环境和竞争格局快速变化等多种因素的综合作用下，制造业和服务业的服务外包或服务外部化已经成为一种发展潮流和不可逆转的历史趋势，这为生产性服务业发展提供了强劲的市场需求。因此，在供给和需求两方面力量的共同推动下，生产性服务业一定会不断繁荣和发展，为各国经济发展水平和发展质量的提升注入更多的活力和推动力。

第二节　生产性服务业发展的内生动因和制约因素的模型分析

从以上影响生产性服务业发展的供给和需求层面因素的分析中，可看出社会分工和专业化是影响生产性服务业发展的最深层动力，而分工拓展、中间产品和中间环节增加的同时，协调成本或交易成本也会增加，若生产效率和交易效率的改进带来的报酬递增不足以抵消成本的增加，新行业的出现和发展就会受到限制。

一、劳动分工是生产性服务业发展的内生动力

在资本主义发展的早期，亚当·斯密就指出了分工是经济增长的源泉，认为“劳动生产力最大的改良，以及在任何处指导劳动或应用劳动时所用的熟练技巧和判断力的大部分，都是分工的结果。”[①]20世纪早期，在斯密劳动分工思想的基础上，杨格提出了专业化和分工引起了报酬递增并导致“迂回生产”的思想，认为产业间分工使得迂回生产链加长，也使得市场规模扩大，而扩大的市场又促使新行业出现。[②] 因此，伴随着生产技术的进步和组织流程的变动以

① 亚当·斯密. 国民财富的性质和原因的研究[M]. 郭大力，王亚南，译. 上海：上海三联书店，2009：3.
② 阿林·杨格. 报酬递增与经济进步[J]. 经济社会体制比较，1996(2).

及市场结构的变化，生产链条不断延伸、生产迂回程度增加，对中间产品的需求日益增强，分工和专业化演进带来的网络效应也不断凸显出来。但由于杨格英年早逝，他并没有来得及把他的经济思想形式化，直到 20 世纪 80 年代，国际上一批著名的经济学家如罗森、贝克、杨小凯等利用现代数学方法重新将“分工和专业化”的精辟思想转化为经济模型，从而也完成了对杨格的分工和迂回生产思想进行数学化分析的工作。Becker 和 Murphy、墨菲认为劳动分工是经济发展中的一个内生变量，劳动分工从两个层面体现了生产过程中专业化程度的加深：一是经济组织中每个个体所拥有的知识含量会影响分工的水平、进而促进生产力发展水平的提高；二是分工水平的增进反过来又有利于提高知识积累的速度。因此，每个经济个体知识积累程度与分工所产生的协调成本的高低将决定分工深化的程度，而分工深化又恰恰是规模报酬递增效应产生的重要原因。① 杨小凯和黄有光借助形式化的数学模型分析了分工演进、交易效率和交易成本之间的关系，指出迂回生产经济与交易费用之间存在两难选择。②

从以上分工理论的发展进程可看出，一方面分工的深化和拓展有利于交易效率的改进，另一方面分工深化、交易种类和交易次数增加又会导致协调成本或交易成本的增加。因此，我们可以从劳动分工和交易成本的视角来分析生产性服务业发展的内生动力及制约因素。

二、分工深化促进生产性服务业发展的模型化分析

不管是从供给层面还是需求层面来看，生产性服务业的发展都是分工细化和深化的产物。随着专业化程度和生产迂回程度的增加，产品和服务的生产流程不断标准化，产品生产或服务的提供被分解为一个个专业化的节点，中间需求不断增加，产业内或产业间的网络化分工不断凸显出来，这些从产品生产或服务提供过程中不断分解出来的中间需求是生产性服务业的重要部分。分工的深化和泛化还将一部分企业生产或提供不具有竞争优势的服务活动外置，增加外购由市场提供的更加专业化和低成本的服务，特别是各种知识资

---

① Becker G S, Murphy K M. The Division of Labor, Coordination Costs, and Knowledge [J]. The Quarterly Journal of Economics, 1992, 107(4): 1137 - 1160.

② 杨小凯，黄有光. 专业化与经济组织——一个新兴古典微观经济学分析框架[M]. 经济科学出版社，1999.

本、人力资本和信息资本密集的商务服务，如研发、产品设计、物流、法律、会计、审计以及广告、市场调查、咨询等专业化服务，这样不仅有利于降低企业的内部装置成本、提升自身的核心竞争力和获利能力，还为生产性服务业专业化和规模化发展提供必要支持。

贝克尔和墨菲在劳动分工、协调成本和知识之间建立了复杂的相互关系模型，进而分析这些因素对产出的影响。借助于贝克尔-墨菲的劳动分工模型，来分析生产性服务业迅速发展的现象。①

模型假设：

生产性服务业作为制造业和其他服务业生产的重要中间投入，可将这些中间投入品定义为中间产品。假设制造业或其他服务业生产的最终产品可以分解为一个个独立的中间产品，团队生产中每个工人承担其中的一项中间产品的生产。一个最终产品的中间环节越多，中间投入或中间产品就越多，生产的专业化分工程度就越高，而中间参与的工人数量也就越多，团队的规模也就越大。因此，团队中的人数（团队规模）n 就可以看作是分工程度的一个指标。

假定完成一项中间产品的生产难度都一样，且每个工人的初始能力也相同，团队中每个无差别的工人从事某个中间产品 s 的生产工作 w，则 $w=1/n$。每一项中间产品的产出 Y 与生产任务 w 以及工人具备的知识 H 相关，则：

$$Y=Y(H,\ w),\ Y_h>0,\ Y_w<0. \tag{3-1}$$

这里 $Y_w<0$ 表明了专业化生产的规模报酬递增带来的收益来自体现了"干中学"效果的中间产品生产中的分工 w，另外假定人力资本（一般知识）H 有利于提高工人的劳动生产率，进而有利于提高中间产出 Y，因而 $Y_h>0$。

假定每个工人完成一项任务的总时间为 $T(s)$，总时间可以被划分为两个部分：一是专注于专业化工作所投入的时间 $T_w(s)$，二是专注于学习和积累专业化技能知识所花费的时间 $T_h(s)$，则

$$T(s)=T_w(s)+T_h(s) \tag{3-2}$$

完成一项任务的生产效率 $E(s)$ 与学习专业化技能的时间 $T_h(s)$ 以及由人力资本 H 所体现的一般性知识有关，则

① 本模型还参考了刘明宇等(2010)，张琰等(2012)的论文中的模型化分析。

$$E(s)=dH^{\gamma}T_h^{\theta}(s),\ \theta>0,\ \gamma>0 \tag{3-3}$$

这里$\theta>0$决定了为学习专业化技能而投入时间是有利于提高其边际生产率，而$\gamma>0$表明了一般知识H有利于提升经济个体进行专业化技能学习的效率。

如果能够把时间合理地分配在这两方面，经济个体就可以有效地提高专业化的经济效果，实现产出的最大化。假定交易成本或协调成本等于零，则生产某中间产品的生产函数为：

$$Y(s)=E(s)T_w(s)=A(\theta)H^{\gamma}T(s)^{1+\theta} \tag{3-4}$$

在式3-4中A是体现技术进步的因子，θ为反映学习专业化技能的效率指数，$A=\mathrm{d}\theta^{\theta}(1+\theta)^{-(1+\theta)}$。

如果每个经济个体在每个中间产品的生产中都分配一个单位时间，即$w=1/n$，那么$T(s)w=T(s)(1/n)=T_w(s)$，从而得到以团队规模n表示的生产函数如下：

$$Y=AH^{\gamma}n^{1+\theta} \tag{3-5}$$

则团队中每一个工人的生产函数为：

$$y=Y/n=B(H,\ n)=AH^{\gamma}n^{\theta} \tag{3-6}$$

式3-6反映了经济组织中进行的分工所产生的人均收益，通过以上生产函数可得知，伴随着专业技能知识的积累和分工程度的不断提高，产出水平也将得到不断提高，分工的深化会引起生产效率的改进。由于提供专业化程度较高的生产性服务需要一定的固定资本投入，如学习专门化技能首先需要具备一定的知识积累水平，而知识积累本身又需要投入一定的物质资本。随着社会分工程度的不断加深，产品中所包含的单位成本会下降，带来边际收益的增加，最终导致规模报酬递增效应的实现。在不考虑交易费用或协调成本大小的情况下，生产性服务供给产生的规模经济效果越明显，生产性服务独立化发展的动力越强大，而对于制造企业或其他服务企业来说，自身的人力资本越丰富。通过从外部采购与本企业相匹配的专业化生产性服务不仅能降低自身的成本支出，而且更能够提高本企业的生产效率，在获利动机的刺激下，制造业或其他服务业就更倾向于从外部市场购买生产性服务作为企业生产的中间投入。

虽然亚当·斯密指出分工受市场范围的限制，但是在全球化的发展趋势下，更常见的情况是分工受到其他市场因素的制约。随着团队规模的扩大，每个工人的劳动生产率不仅受到自身知识积累的影响，还受到生产中具有互补效应的其他成员生产效率的制约，而且团队规模增加还会造成成员之间信息交流的障碍。因此，分工细化在提高生产效率和人均产出的同时还会带来协调成本或交易成本①的增加。讨论协调成本或交易成本不等于零则是更贴合经济运行的实际状况。假定交易成本由 n 或 w 决定，则设定交易成本函数为：

$$C = C(n),\ C(n) > 0 \tag{3-7}$$

则每个团队成员的净产出 y 等于收益 B 减去成本 C，则净产出函数为：

$$y = B - C = B(H,\ n) - C(n),\ B_n > 0,\ C_n > 0 \tag{3-8}$$

只要净产出大于零，专业化分工就有利可图，专业化分工就会继续进行，即当 $Bn \geqslant Cn$ 时，分工是有效率的。

分工导致的交易成本 C 与参与分工的人数 n 正相关，同时还受到团队成员间协调沟通难易程度、成员分布状况以及交通地理方位等一些外部因素的影响，可将这些外部因素统一用参数 λ 来表示。综合考虑分工产生的成本及带来的收益，可以构建一个基于知识积累、专业化分工和交易成本的生产函数：

$$y_c = y(H,\ n) - C(n) = AH^{\gamma}n^{\theta} - \lambda n^{\beta},\ y_c(n) > 0,\ C_n > 0 \tag{3-9}$$

对净产出中体现外部交易成本 λ 求导，可得：

$$\frac{\partial}{\partial H}\left(\frac{\partial y}{\partial \lambda}\right) = \frac{\partial(B_h)}{\partial \lambda} = B_{hn}\frac{\partial n^*}{\partial \lambda} < 0, \tag{3-10}$$

从一般意义上来看，每个工人知识积累水平的提高将有利于提高团队的平均产出以及边际产出，从而有利于专业化水平的提高，所以 $\frac{\partial}{\partial H}\left(\frac{\partial B}{\partial n}\right) = B_{nh} > 0$，另外，通过前文的分析可知只有在 $B_n \geqslant C_n$ 条件下，分工才是有效率的，因此 $\frac{dn^*}{dH} = \frac{B_{nh}}{C_{nn} - B_{nn}} > 0$②，可见从经济学意义上来说，知识积累有利于提升团队最优规模，进而提升专业化程度和分工水平。

---

① 协调成本或交易成本的高低还依赖于团队成员之间的信任程度以及合同实施情况。

② 根据 $B_n \geqslant C_n$，可知不等式成立的条件是 $B_{nn} - C_{nn} < 0$

在假定市场范围不影响分工的情况下，从式 3－10 可看出交易成本（参数 λ）越高，越会限制分工的自然扩展。

以上分析表明生产性服务业作为其他部门重要的中间投入品，其把知识资本和人力资本引入到制造业和其他服务业部门时，有利于提升这些部门的分工规模和分工水平，提高这产业的总体产出水平和发展能力，而与此同时，交易成本作为市场分工拓展的伴生物，在中间投入环节变得更多时，交易所产生的费用也将随之增加。因此，从理论分析来看应该存在一个最优的分工规模。根据人均产出函数式 3－6，可得到某一时期（t）的净产出函数：

$$y_t = A_t H_t^{\gamma} n_t^{\theta} - \lambda_t n_t^{\beta} \tag{3-11}$$

对式 3－11 的 n 求导，可得最佳团队规模（n^*），从而可确定最优中间投入品的数量：

$$n_t^* = \left(\frac{\theta}{\beta\lambda_t}\right)^{1/(\beta-\theta)} A_t^{1/\beta} H_t^{\gamma/\beta-\theta} \beta > \theta > 0 \tag{3-12}$$

在式 3－12 的基础上，可得最优产出水平：

$$y_t^* = k_t A_t^{\beta/(\beta-\theta)} H_t^{\gamma\beta/(\beta-\theta)} \tag{3-13}$$

在式 3－13 中，$k_t = \lambda_t^{-\theta/(\beta-\theta)} \left[\left(\frac{\theta}{\beta}\right) \theta^{/(\beta-\theta)} - \left(\frac{\theta}{\beta}\right)^{\beta/(\beta-\theta)}\right] > 0$，上式也表明了人均产出的增长可分解为两部分，一部分是由人力资本（H）和技术进步（A）所带来的，还有一部分是交易费用（λ）下降所导致的。

对式 3－13 求导，可得：

$$\frac{d\log y}{dt} = \frac{\gamma\beta}{\beta-\theta}\frac{d\log H}{dt} + \frac{\beta}{\beta-\theta}\frac{d\log A}{dt} - \frac{\theta}{\beta-\theta}\frac{d\log\lambda}{dt} \tag{3-14}$$

从式 3－14 可看出，最优产出水平随着每个成员知识积累[①]水平的提高而提高，随着交易费用的增加而下降。虽然全社会的技术进步在一定程度上可以抵消一部分交易成本，但随着分工的深化和拓展，生产团队规模变大，交易成本必然是客观存在的。生产性服务业提供的服务作为其他产业的中间投入，其种类和规模都在扩大，在与其他产业联结过程中产生的交易费用将上升。另一方面，分工深化导致了生产专业化程度提高、规模经济效应显现以

① 这里的知识积累（或人力资本）既包括一般性知识也包括与团队工作任务直接相关的专业性知识。

及企业生产组织效率的提升。理论分析表明，只要分工导致的专业化程度提高能够使得生产效率改进带来的边际收益超过交易成本上升的边际成本，即 $B_n \geqslant C_n$，生产性服务业的分化就会持续下去，而对制造业或其他服务业来说，把生产性服务外包出去或直接从市场上采购就不失为一个理性选择。

通过以上关于分工导致生产性服务业分化和发展的模型化分析可看出：第一，分工细化和泛化促进了生产性服务业的专业化发展；第二，生产性服务业的专业化和规模化效应越显著，从母体中分离的倾向和趋势就越明显；第三，制造业或其他服务业的人力资本或专门化技能积累越厚实，就越有动力从市场采购更多的专业性程度比较高的生产性服务来降低企业的生产运营成本、进而提升企业在市场竞争中的优势和核心竞争力。第四，对分工深化带来的收益和交易费用的比较，可看出只要分工深化导致效率提高带来的边际收益增加超过交易种类和次数增加带来的边际成本的上升，企业便会将一部分自身不擅长或提供缺乏效率的生产性服务外包给专业化提供生产性服务的供应商。

三、交易成本是制约生产性服务业发展的重要原因

1937 年，科斯发表了论著《企业的性质》，书中提出的交易成本分析方法成为对经济现象进行分析的重要视角，后来的经济学家如德姆塞茨、张五常以及威廉姆森等从不同视角分析了交易成本的存在对市场运行及资源配置的影响，认为除了交易的自由度大小影响市场行为和资源配置效率外，交易成本的高低是另一个重要影响因素。

分工理论的发展也表明随着市场范围扩大和市场容量的增加，产业间和产业内分工不断深化，生产迂回程度增加，生产链条不断延伸，随之而来的交易规模、交易类别和交易频率都会有所增加，相伴生的交易费用也将上升。因此，反过来看，交易费用的上升成为制约市场交易扩大以及专业化程度提高的重要因素。只有当分工带来的效率改进所获得的收益大于相应的成本支出时，将一部分自身生产和提供不具有比较优势的生产性服务外包出去才是企业的理性选择，否则企业则会通过垂直一体化来解决交易成本增加给自身带来的影响。

威廉姆森认为交易费用既包含“事前交易成本”——如寻找潜在交易伙伴的搜寻成本和信息成本以及谈判成本，也包含“事后交易成本”——如监督合

同具体实施成本以及违约的处罚成本等。下面借助威廉姆森的交易成本分析方法，来形式化交易成本的存在对生产性服务业发展的影响。

模型假定①：假定市场上存在生产性服务企业（简称卖方）和制造业企业（简称买方）交易数量为 q 的商品或服务，买方获得的单位商品价值为 v，卖方提供商品或服务的成本为 c。当 $v>c$ 时，交易可能发生，交易双方的潜在单位交易剩余为 $s=(v-c)/q$。如果双方对交易还有保留收益的话，这还会对交易剩余产生影响。可以把保留收益理解为买卖双方参与交易所面临的潜在的机会成本，用 R_s 表示卖方的保留收益、用 R_b 表示买方的保留收益。保留收益通常由两个部分组成：一是选择新的交易对象带来的预期收益，假设买方和卖方对当前成交价格的预期分别是 P_b 和 P_s，如果放弃当前交易而去选择新的交易对象，买方和卖方的预期收益分别是 $E_b=(v-P_b)q$，$E_s=(P_s-c)q$；二是选择新的交易对象需要相应的转换成本，如信息成本、搜寻成本、谈判成本等，因此 $C_b=\frac{a_b}{n_{s-1}}$，$C_s=\frac{a_s}{n_{b-1}}$，其中 a_b 体现了买方搜寻新的交易伙伴的难度系数，a_s 反映卖方搜寻新的交易伙伴的难度系数，n 表示市场中存在的潜在的交易者的数量。其中买方的保留收益可表示为：$R_b=E_b-C_b=\delta_b(\nu-P_b)q-\frac{a_b}{n_{s-1}}$，$R_b\geqslant 0$；卖方的保留收益为：$R_s=E_s-C_s=\delta_s(P_s-C)q-\frac{a_s}{n_{b-1}}$，$R_s\geqslant 0$。其中 δ_b 和 δ_s 为买方和卖方的风险收益贴现因子，且 $\delta_s<1$，$\delta_b<1$。

由于最终交易剩余的去向存在不确定性，所以买卖双方都努力想获得一个有利于增加自身收益的交易价格，在双方反复博弈的过程中，交易费用将不可避免地产生。交易成本（T）的高低最终取决于在交易剩余中减去保留收益的剩余部分，因此：

$$T=S-(R_b+R_s)=S-\left[\delta_b(v-P_b)q-\frac{a_b}{n_{s-1}}+\delta_s(P_s-c)q-\frac{a_s}{n_{b-1}}\right] \tag{3-15}$$

在现实经济生活中，交易费用肯定不等于零，所以式 3-15 需满足 $S\geqslant R_b+R_s$

根据纳什的议价模型，买者与卖者之间对于交易剩余 S 的分割要求买卖

① 本部分参考了张琰等.生产性服务外部化的内生动因、制约因素与发展对策——基于分工与交易费用视角的研究[J].经济与管理研究，2012(3).

双方获得的乘积最大，即：

$$\max_x[xS-R_b]\times[(1-x)S-R_s] \qquad (3-16)$$
$$s.t.\ xS\geqslant R_b \quad (1-x)s\geqslant R_s$$

其中，x 是买方获得的保留收益的份额，$(1-x)$是卖方获得的保留收益的份额。根据对式 3-16 的计算，可以得到均衡时买卖双方交易所得分别是：

$$x^{*}s=R_b+\frac{1}{2}(S-R_b-R_s)$$

$$(1-x^{*})s=R_s+\frac{1}{2}(S-R_b-R_s) \qquad (3-17)$$

根据宏观经济学中理性预期的观点，交易剩余的均衡分配要求 $P_e=P_b=P_s$，均衡分割要求满足：$x^{*}=\frac{v-P_e}{v-c}$，其中 P_e 为预期成交价格，v 为买方获得的商品价值，c 为卖方成本。利用式 3-17 可求得预期成交价格：

$$P_e=\frac{v+c-\delta_b v-\delta_s c}{2-\delta_b-\delta_s}+\frac{1}{q(2-\delta_b-\delta_s)}\left(\frac{a_b}{n_{s-1}}-\frac{a_s}{n_{b-1}}\right) \qquad (3-18)$$

为了分析的方便，假定 $\delta_e=\delta_b=\delta_s$，则式 3—18 可以简化为：

$$P_e=\frac{v+c}{2}+\frac{1}{2q(1-\delta_e)}\left(\frac{a_b}{n_{s-1}}-\frac{a_s}{n_{b-1}}\right) \qquad (3-19)$$

从式 3-19 可看出，假定其他变量不变，市场上卖家的数量减少，即 n_{s-1} 减少，则均衡价格将上升；而市场上买家数量若减少，则均衡价格会下降。

将式 3-19 带入交易成本表达式 3-15，可得：

$$T=(1-\delta)S+\left(\frac{a_b}{n_{s-1}}-\frac{a_s}{n_{b-1}}\right) \qquad (3-20)$$

式 3-20 表明，当 $n_s>1$，且 $n_b>1$ 时，无论买卖双方中哪一方交易人数增加都会导致未分配利益减少，从而使得交易费用相应降低。

从以上交易成本理论视角来研究生产性服务业的发展可看出：通过建立生产性服务企业与制造业以及其他服务业需求部门的长期合作关系[①]，有利于

① 市场环境，如信用体系的建设、基于双边约束的市场自治以及市场中独立的第三方力量的成长状况等都会影响企业间合作关系的建立和维持。

降低交易费用，促进生产性服务业的进一步发展；另外，在一定范围内[①]，生产性服务企业数量的增加有利于降低成交价格，减少交易成本。

从长远来看，随着市场规模的扩大，分工将会日益深化和拓展，生产性服务业发展将面临更广阔市场，市场力量也必然会驱使生产性服务更多地选择从制造业中分离出来，从而朝着更加专业化和更加规模化的方向发展。但是从短期来看，市场在提高资源配置效率的同时也会失灵，中间交易量的提升也将导致交易费用提高，这将成为制约生产性服务业外部化发展的现实障碍。因此，为了加快生产性服务业的发展，提高经济运行的效率和整体发展水平，要从国家、产业以及企业等层面着手营造一个良好的市场环境，在互联网＋的理念下构建优越的信息平台和交易平台，发挥市场力量来促使制造业企业和其他的服务业企业将非核心业务剥离出去，帮助和推动制造业以及服务业企业进行“瘦身运动”，同时强化制造业和生产性服务业的互动融合发展的能力。与此同时，市场交易主体数量的增加，也将有利于交易费用的降低，这些都将为生产性服务业的发展创造条件，促进其茁壮成长和不断壮大。

第三节　中国生产性服务业发展的特征事实

在党的十八大召开之后，新常态成为一个热门词汇，它简明扼要地概括了中国经济社会发展环境和发展条件的阶段性特征，新经济、新产业正成为新常态下引领经济发展的新动力、新方向和新趋势。在中国经济结构深度调整和转型发展的新常态下，加快生产性服务业的发展成为中国经济提质增效、实现产业结构优化升级和发展转型的主要内容和重要战略。

一、中国产业发展与结构变化

改革开放以来，各种原本处于沉睡或休眠状态的经济资源被广泛调动起来并积极投入到经济建设中去。中国市场化改革进程的持续推进，结构性、制度性扭曲和失衡的现象逐渐得到矫正，资源重置效率显著提高，民间蕴含的巨大能量和智慧喷涌而出，中国经济发展取得了举世瞩目的巨大成就。

---

① 即市场分工深化导致的劳动生产率的改进带来的收益增量大于成本的增量。

(一) 产业结构和就业结构不断调整并逐渐优化和升级

1. 三次产业结构比例逐渐合理和优化

1978年以来，伴随着经济总量的提高，产业结构也处于动态的调整之中。从整体发展趋势来看，产业结构逐渐合理化，第一产业增加值占国内生产总值的比重不断下降，第二产业比重基本平稳，而第三产业的比重则不断提高，刚好和第一产业比重的变化呈现“剪刀型”变动趋势。从时间段来看，在1978年以前的计划经济时期，由于实施了“重工业优先”的经济发展战略，以加快和提升工业化水平作为国家的主要目标，因此大量的经济资源都集中到工业发展上，服务业长期处于低位发展，服务业增加值占比基本保持在24%左右，而服务业就业占比仅为10%左右[①]。1978年至1990年，随着中央经济发展政策的调整以及市场环境的变化，第三产业得到恢复性发展，第三产业所占比重从1978年的23.9%上升至31.5%。1990年代第三产业占比在波动中有所上升，至2000年，第三产业占比为39%。而进入21世纪后，第三产业增加值占比上升较为缓慢，直至2013年，在国民经济中第三产业的增加值占比才以微弱比例超过第二产业。可见，从总的发展趋势来看，改革开放以来，三次产业结构逐渐优化。

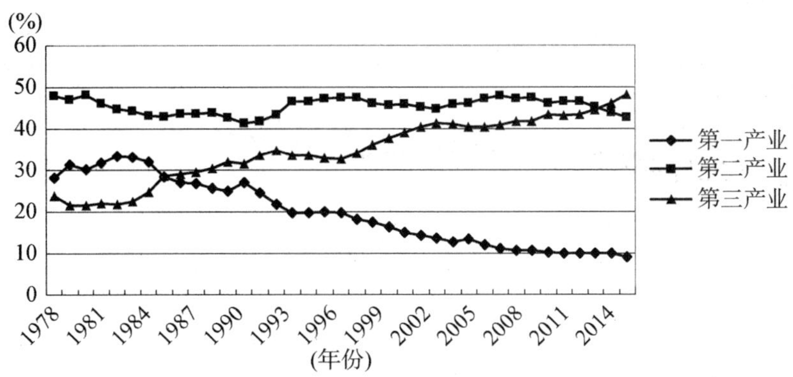

图3-2　中国国民经济中三次产业比重变化

资料来源：国家统计局网站年度数据。

① 王向，周立群. 制约服务业增长的体制和政策环境——基于经济学文献的分析[J]. 产业经济评论，2013，12(3).

2. 国民经济中就业结构不断调整

1978年以来，伴随着中国经济发展以及产业结构调整，各行业就业人数也发生了相应变化（见图3-3）。从总的发展趋势来看，第一产业所吸纳的就业人数持续降低，从1978年就业比重超过70%缓慢下降到2014年的不足30%，而第二产业的就业比重则从1978年的17.3%缓慢提高至2014年的29.9%，这与工业化发展规律有必然关系，虽然中国工业发展需要投入大量劳动力，但随着先进科学技术和管理方法的广泛应用，工业特别是制造业更趋向于资本和技术密集型，资本有机构成不断提高，而且伴随着先进技术的运用以及高素质人才就业的增加，其劳动生产率也随之不断提高，第二产业的就业吸纳能力相对来说受到限制。因此，从改革开放以来40多年的发展跨度来看，第二产业的就业比重仅提高了12.6%。相对于第二产业来说，第三产业的就业比重则持续上升，从1978年的12.2%上升至2014年的40.6%。但对于第一产业和第二产业来说，第三产业的就业弹性会更大一些，特别是一些劳动密集型的传统服务业吸纳了大量富余劳动力，而大量知识和人力资本密集的现代服务业的发展也吸纳了大量的高素质人才。总的来说，从农业中解放出来的大量富余劳动力涌入到劳动生产率较高的工业和服务业中，为中国经济发展创造了巨大的人口红利。

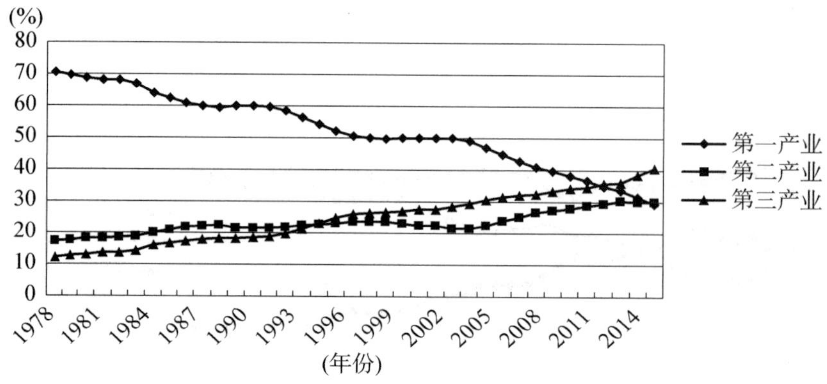

图3-3 中国三次产业就业比重

资料来源：1978—2012年数据来自《第三产业统计年鉴》，2013—2014年数据来自国家统计局网站。

（二）第三产业中细分行业结构的变化

从第三产业的内部结构来看（见图3-4），20世纪90年代以前，第三产业内部各行业增加值占第三产业增加值的比重（除房地产业和住宿餐饮业外）均波动幅度较大，而 90 年代之后则在较为平稳的波动中有升有降。具体来看，在第三产业内部，交通运输及仓储邮政业、批发零售业等传统流通性服务业一直占主导地位，但在 90 年代之后这些传统服务业占比出现下降，金融业、房地产业占比上升，特别是含有大量高端服务如专业化和知识密集程度较高的商务服务业的其他类占比快速上升。从第三产业内部细分行业增加值占比的变化趋势我们不难看出，中国第三产业内部结构升级凸显，但是结构优化的速度较慢，特别是 2005 年以来，除金融业发展呈现上升趋势外，其他行业都比较平稳，结构优化乏力。

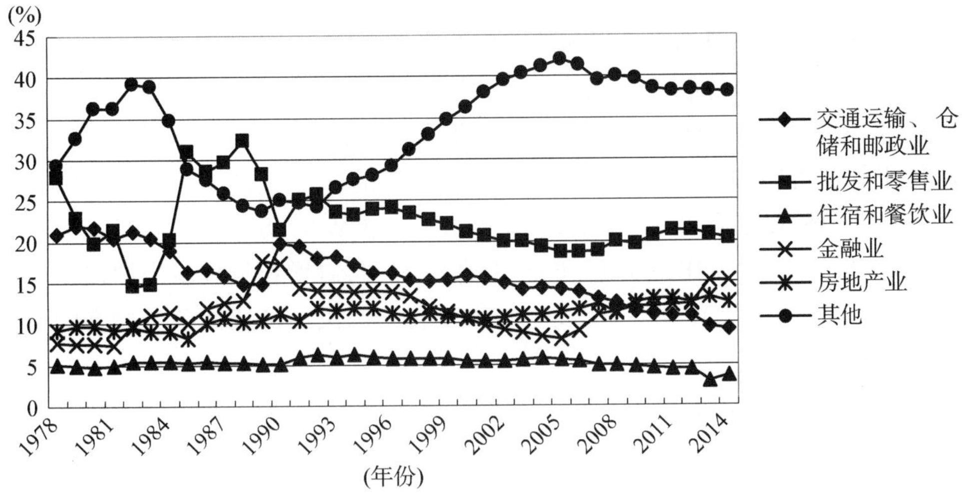

图 3－4　中国改革开放以来第三产业分行业结构变动趋势

资料来源：1978—2012 年数据来自《第三产业统计年鉴》(2013)，2013—2014 年数据来自国家统计局网站年度数据。

二、中国生产性服务业发展的特征事实①

改革开放以来，随着对生产性服务在经济发展中作用和功能的认识不断

① 结合前文对生产性服务业概念和范畴的分析，本部分讨论的生产性服务业主要包括交通运输、仓储和邮政业，信息传输、计算机服务和软件业，金融业，租赁和商务服务业以及科学研究、技术服务和地质勘探业。但在国民经济分类标准中生产性服务业细分行业前后发生了些许变化，1993—2003 年的细分行业参照国民经济行业分类 GB/T4754－1994 及 GB/T4754－1984，2004—2012 年参照国民经济行业分类 GB/T4754－2002。

深化，国家在“十一五”规划、“十二五”规划中对生产性服务业的发展给予了充分的关注并提供了相应的政策扶持。如“十一五”规划纲要中明确提出要大力发展面向生产者的服务业，细化和深化专业化分工，降低社会交易费用，提高整个社会的资源配置和使用效率。在2014年下半年，国务院印发了《关于加快发展生产性服务业促进产业结构调整升级的指导意见》，首次全面部署了生产性服务业发展方向和发展重点。该指导意见明确了政府为生产性服务业发展创造良好环境为工作重点，提出了以市场为导向来引导生产性服务业市场主体的行为。

（一）中国生产性服务业发展的总体情况

1993年以来，伴随着国内市场化改革的推进，从整体来看服务业发展稳中有升，作为服务业重要构成部分的生产性服务业占比总体变动也较为平稳，生产性服务业占国内生产总值的比重从1993年的9.35%上升到2012年的16.1%。分阶段来看，1993年至2003年这一占比从9.35%增长至11.23%，而2004至2012年占比则从14.63%上升至16.1%，增长呈现逐步加快的趋势，其中2003年和2004年占比发生较大变化与国民经济统计分类标准的变化有较大关系。

另外，从生产性服务业占第三产业的比重来看，变化趋势除在2003至

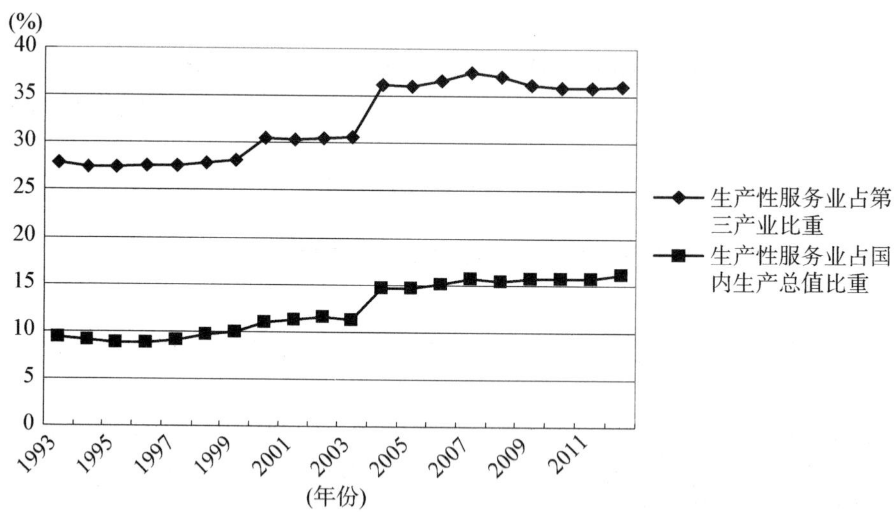

图3-5 中国在第三产业和国内生产总值中生产性服务业比重变化趋势

资料来源：根据1994—2013年《中国统计年鉴》相关数据计算。

2004 年间发生跳跃式变化以外，前后变化较为平稳，占比从 27.84%上升至 35.97%，但是从这种变化趋势也可看出生产性服务业在国民经济中的增长速度较慢，其对其他行业或其他部门发展的“润滑剂”“生产力”以及“推进器”作用并没有充分发挥，其发展重要性和必要性还没有得到充分体现。

(二) 生产性服务业细分行业增加值构成变化

1. 生产性服务业细分行业的增加值构成

从生产性服务业各细分行业的增加值构成来看(见图 3-6)，交通运输、仓储和邮政业以及金融业的增加值占生产性服务业增加值的大部分，而可以看作是知识密集型服务业的信息服务业、专业性商务服务业以及科学研究技术服务等占生产性服务业增加值的比重还不到一半，因此，相比于发达国家生产性服务业的发展规模来看，中国生产性服务业的发展仍处于较落后的阶段和较低的水平。生产性服务业这样的发展状态和发展水平与多年来中国的产业结构升级较慢有关，随着制造业中的高端或先进制造业的发展以及服务业内部分工的深化，对生产性服务业的中间需求率将不断提高、发展空间也将进一步拓展。

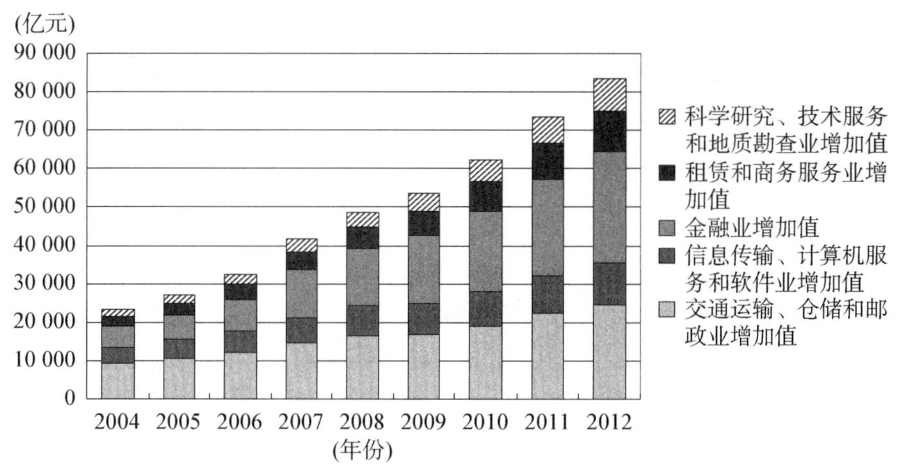

图 3-6 中国生产性服务业细分行业的增加值构成

资料来源：根据 2004—2013 年《中国统计年鉴》相关数据计算。

2. 生产性服务业内部细分行业的结构变动

近年来，生产性服务业内部细分行业的发展趋势出现了结构性变化，传统的生产性服务行业如交通运输、仓储和邮政业占比呈现逐渐下降的趋势，其占国民经济的比重从 1993 年的 6.15%下降至 2012 年的 4.76%。金融业经历了 20 世纪 90 年代的缓慢发展，在 2004 年以后快速发展，其占国民经济的比重从 1996 年的 1.7%上升至 2013 年 5.54%。而租赁和商务服务业以及科学研究技术服务业以较低的速度在增长（见图 3-8）。从生产性服务业内部细分

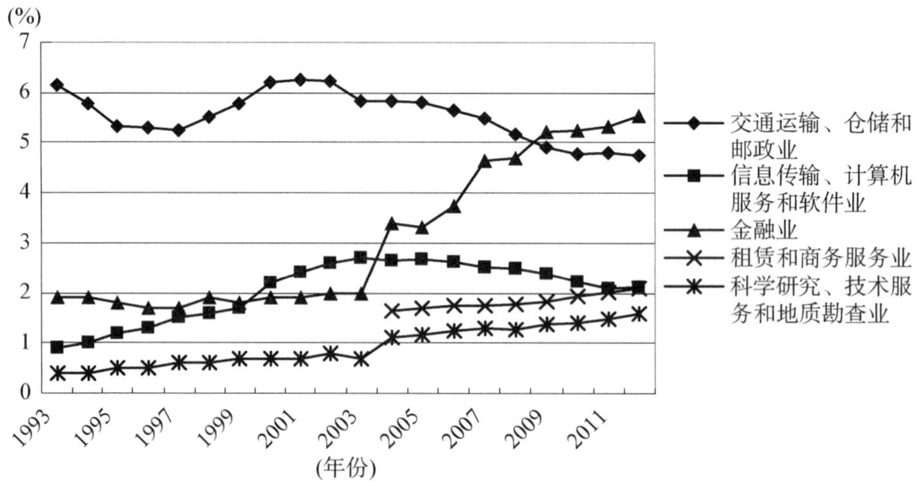

图 3-7　中国生产性服务业细分行业增加值占国内生产总值比重

资料来源：各年《中国统计年鉴》。

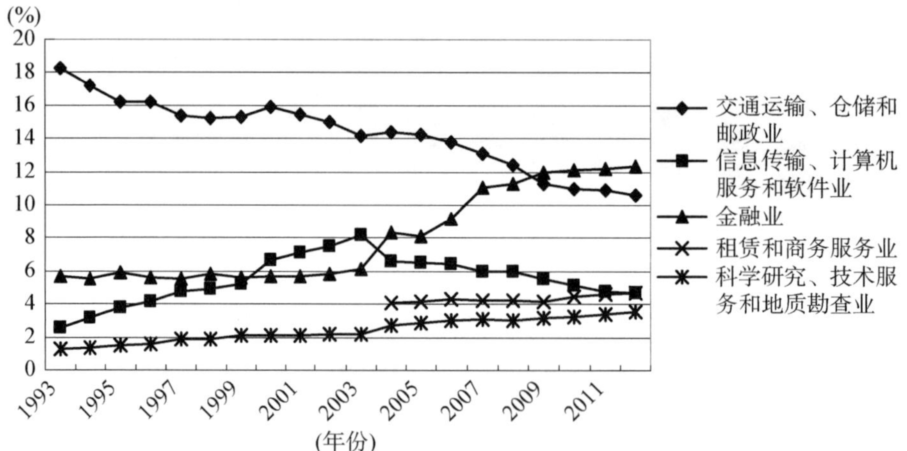

图 3-8　中国生产性服务细分行业增加值占第三产业增加值的比重

资料来源：各年《中国统计年鉴》。

行业结构的变化可看出传统的生产性服务部门的发展趋缓，其相对规模不断下降，而体现结构转型的现代服务业则有所发展，其在国民经济中的规模和重要性都不断凸显出来。"互联网+"或"+互联网"经营模式以及先进装备制造等行业的发展可能会进一步推动和促进生产性服务业结构性调整和变化。

总的来看，随着市场化改革的推进以及产业结构的逐渐调整，中国生产性服务业发展所面临的市场空间不断拓展，知识型和专业化的生产性服务部门也不同程度地获得了一定发展。但相对于发达经济体来看，中国生产性服务业不论是整体发展水平还是内部结构调整都还存在许多不足，还需要我们在分析客观发展环境和发展条件的基础上，不断总结和借鉴发达经济体的发展经验来加快推进中国生产性服务业向规模化和专业化发展，增强和发挥知识、信息、人力资本密集的生产性服务业对产业改造升级以及经济转型的引领作用。

（三）生产性服务业就业结构特征

1．生产性服务业就业人数占服务业以及总就业人数的比重

随着产业结构的变化，就业结构也发生了相应变化，首先从农业中解放出大量劳动力，这部分富余劳动力一部分进入了建筑业、采矿业和制造业部门，还有一部分被服务业部门所吸纳，这从前文的中国产业间就业结构变动趋势中可清晰地看出。而从目前的就业情况看，服务业中就业人数大部分集中在生活性服务业部门，生产性服务业部门所吸纳的就业人数占比不到 1/3，并且

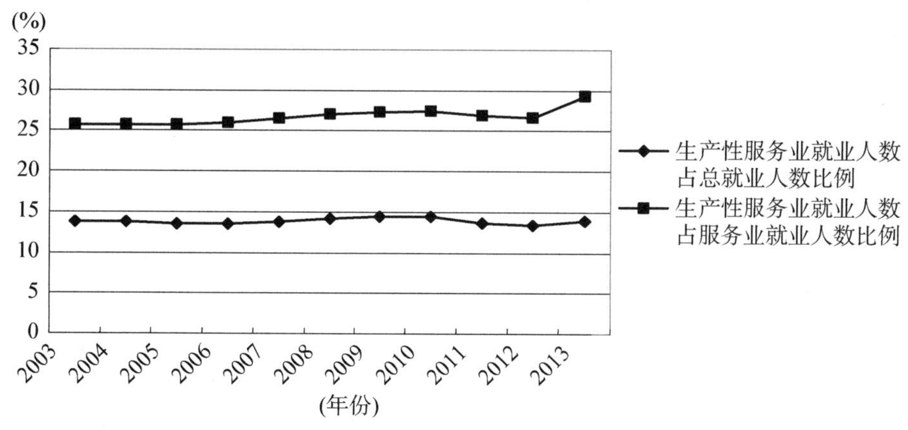

图 3-9　中国生产性服务业就业人数占总就业以及服务业就业人数比重

资料来源：国研网人口与就业数据库。

十年来该部门就业人数增长速度较慢，仅增长了5%。从生产性服务业就业人数占总就业人数的比重也可看出大致类似的缓慢增长趋势。

2. 生产性服务业内部就业构成的变动

从生产性服务业内部各细分行业的就业构成来看，交通运输、仓储和邮政业部门的就业人数较多，但从变化趋势来看就业占比不断下降，从2006年的0.46下降至2012年的0.35，2013年该行业的就业稍有回升。金融保险业的就业人数也较多，占生产性服务业就业的1/4左右，增长速度在波动中有所上升。而信息服务部门、商务服务业以及科学研究等各部门的就业人数相对较少，但从近年就业增长趋势来看这些部门的就业出现不断上升的势头，在生产性服务业行业内的就业比重有所提高。这种发展趋势也表明伴随着中国经济结构的调整以及经济转型的推进，能够为经济增长提供"智力"支持的知识密集型服务部门的就业还将会进一步增长。

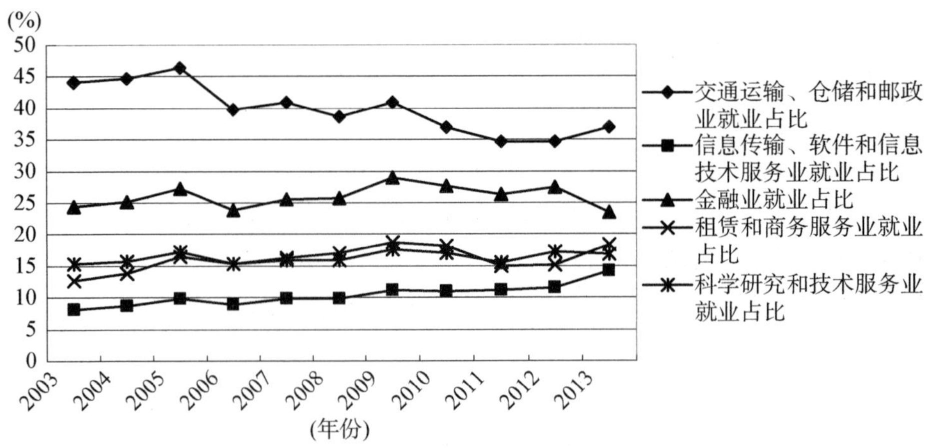

图3-10 中国生产性服务业内部各细分行业的就业结构

资料来源：国研网人口与就业数据库。

基于对中国生产性服务业发展的特征事实的分析，可以看到我国生产性服务业发展虽然在总量上有所提高、结构上有所优化，但是总体来看增长速度和结构调整较缓慢。不管从产业的发展规模、产业的影响力还是就业结构来看，中国生产性服务业的发展仍和发达国家存在很大差距，生产性服务业发展对农业、制造业、服务业自身乃至整个经济发展的多方面积极作用还没有彰显出来，这也意味着未来中国生产性服务业的发展还存在着巨大的市场空间和市场机会，在促进产业结构优化、提升经济发展绩效方面还将会大有作为。

三、促进生产性服务业发展是实现经济健康稳定增长的重要支撑

与发达国家相比，虽然目前中国生产性服务业的整体发展水平还不高，但近年来我国生产性服务业还是保持了较好的发展势头，为中国经济发展孕育了新的增长点，成为促进产业结构优化升级和经济发展转型的重要支撑力量。

（一）生产性服务业成为中国经济转型发展的重要支撑力量。

随着中国对外开放深度和广度的拓展以及市场化改革的持续推进，近年来生产性服务业发展加快，金融服务、信息支持服务、物流服务以及各类专业性的商务服务的市场需求强度增加促进了这些生产性服务部门的成长和壮大。与此同时，发展这些人力、知识密集的新兴生产性服务业为农业和制造业的发展提供了有力支持，在促进传统制造业和农业加速改造的同时，也为这些产业焕发出新的生机和活力提供了重要支撑。

从前文的中国生产性服务业细分行业结构变动趋势可看出，以交通运输等为主的传统生产性服务部门增长速度趋于平缓，而以金融服务、信息服务以及专业性商务服务为主的新兴服务部门则出现加速发展的趋势，这些新兴部门成为国民经济发展的新的增长点，同时带动和促进了其他部门生产效率和运营效率的提高，为整个国民经济的健康平稳持续发展做出较大贡献。

（二）服务外包等新兴业态成为中国经济发展新的增长极。

伴随着发达国家产业链分解和重构进程的加快以及国内企业管理理念的更新，服务外包市场出现井喷式上涨。在此发展背景之下，我国生产性服务业也不断涌现出不少成长较快且市场竞争力不断提升的新兴产业，比如公证、法律援助、经济仲裁等法律服务，并购重组、公司上市等投资和资产管理服务，会计、资产评估等经济鉴定类服务以及市场调查、管理咨询等咨询服务。此外，工业设计、会展、营销渠道构建拓展、互联网信息服务、电商、中介服务等服务外包市场前景广阔，也是我国生产性服务业发展潜力较大的新兴部门。这些新兴生产性服务业态和部门的迅猛发展，形成了我国经济发展新的增长地带，同时也培育和形成了许多新的增长点。

在中国经济转型过程中，我们要通过深化市场体制改革，清除抑制生产性服务业发展的机制和做法，进一步发挥市场机制在因素配置中的导向作用，引导优质的生产要素流向生产性服务业，通过专业化和规模化程度的提高来改进生产性服务的服务水平、服务质量和服务效率，促进其与制造业以及其他行业的融合发展，推动产业结构的优化升级，提升经济增长绩效，为中国经济的平稳健康发展提供强有力的支持。

第四节　影响中国生产性服务业发展的现实原因剖析

伴随着国民经济的高速增长以及工业化进程的加快推进，中国产业结构亦不断优化，第三产业所占比重有所提高，至 2013 年在国民经济中第三产业占比以微弱优势超过第二产业，但是总的来看仍需加快调整三大产业的结构。另外，总体上来看在第三产业中生产性服务业专业化、规模化效应还不明显，结构构成不合理，高端的生产性服务所占比重较低，并且结构升级缓慢，对其他行业和部门的服务能力以及服务效率较低，以至于在国民经济发展过程中不能充分发挥引领和主导作用，不适应经济转型和产业结构优化升级的要求，已成为国民经济持续健康发展的重要制约因素。那究竟哪些现实因素直接或间接地造成中国生产性服务业发展的现有局面呢？结合前面有关影响生产性服务业发展的理论层面分析，我们可以从经济发展的需求面和供给面来探讨抑制中国生产性服务业发展的现实原因。

一、影响中国生产性服务业发展的需求因素

生产性服务主要作为其他产业或行业的“中间投入”进入到生产中，所以其他产业或行业的发展状况及其对生产性服务的“中间需求”强度在很大程度上影响甚至决定生产性服务业的发展。可以具体从以下几个方面来分析影响中国生产性服务业发展的需求面因素。

（一）工业发展方式限制了工业企业对生产性服务业的需求规模和需求层次。

在工业化发展进程中，工业发展方式特别是制造业的发展方式将会直接

影响对生产性服务业的需求状况。发达国家生产性服务业的发展经验显示工业化过程中随着社会分工的深化和专业化程度的提高，企业间网络化、模块化分工逐渐成为一种主要分工方式，制造业不断将一部分自身生产不具有比较优势的环节外包给专业化企业来提供。在中国经济发展过程中，虽然随着市场化改革的深入，"大而全、小而全""企业办社会"现象有所减少，但是工业发展的传统思维和模式一直不同程度延续着，企业业务外包动力不足，从价值链的前端（技术研发、产品设计、物资供应）到生产过程（生产、加工、装配）再到价值链的后端（营销、售后服务）基本都在企业内部完成，这不但不利于提高制造企业自身的经营效率和核心竞争力，还会导致生产性服务业因缺乏市场需求的刺激而不能实现专业化和规模化生产。落后的工业生产方式，导致生产性服务市场需求不足。

在工业化进程的前期和中期，制造业企业的业务外包主要以零部件产品的外包为主，而这主要表现为制造业对自身的中间需求，而对生产性服务的中间投入较少。2007 年，中国制造业对农业及矿产资源、制造业自身的中间需求之和达到了 84.3%，对生产性服务的中间需求仅占 9.7%；而同期美国制造业对农业及矿产资源、制造业自身的中间需求之和为 59.3%，远低于中国的这一指标，但对生产性服务的中间需求为 29.5%，高于中国这一指标大约 20%，这直观地显示了中美两国制造业发展模式的差异。另外，中美两国制造业对生产性服务的中间投入结构也存在较大差异，美国制造业对信息技术服务、专业化的商务服务的中间需求较大，大约为 38%；而中国制造业对这些高端生产性服务的中间需求仅为 17%，但对交通运输、批发零售业等传统生产性服务的中间需求却很高，大约占 56%。这又进一步凸显了我国制造业对生产性服务需

表 3－1　　2007 年中、美两国制造业对各产业的中间需求比重（%）

	中国	美国
农业及矿产资源	15.7	17.2
制造业	68.6	47.1
生产性服务业*	9.7	29.5
水、电、燃气等及建筑业	5.2	1.9
其他服务	1.0	4.3

注：* 这里的生产性服务业指中间需求率超过 50%的服务业。

资料来源：改编自肖文、樊文静：《产业关联下的生产性服务业发展——基于需求规模和需求结构的研究》，《经济学家》2011 年第 6 期，第 72—80 页。

求层次较低，使知识密集型生产性服务业的发展受到市场需求规模的制约，同时也抑制了制造业乃至整个国民经济的转型升级。

（二）我国对外贸易方式和结构不利于产业间关联效应的发挥。

改革开放以来，中国获得巨大发展的对外贸易，成为拉动中国经济增长的强劲引擎。倚重“三来一补”的传统贸易方式使得我国出口主要以低附加值的劳动密集型产品为主，技术知识密集高附加值产品的出口比重较低。另外，“两头在外”的制造业发展模式虽然带动了中国贸易扩张和经济增长，但这种对国际市场依赖程度较高的制造业发展方式不仅容易受到国际市场波动带来的冲击，还使得国内相关产业的发展受到限制。作为对外贸易重要内容的“国际代工”模式抑制了制造业企业升级发展的动机，与此同时也制约了制造业部门对生产者服务的市场需求规模。一方面，传统的贸易方式使国内制造企业主要处于加工、装配的价值链低端，基本不参与技术研发、产品设计以及品牌管理、市场营销和售后服务等价值链的高端，使得国内的生产性服务发展因缺乏必要的市场激励和支撑而不能实现规模化效应；另一方面，缺乏必要的知识密集生产性服务支撑，国内的制造企业很难实现向价值链高端演进，很可能陷入“低端锁定”的境地。因此，传统对外贸易方式不仅在抑制新兴生产性服务业的发展，也使得制造业产业转型升级缺乏必要的战略支持。

（三）服务业的发展规模和发展层次影响生产性服务业的发展。

发达国家产业结构演进过程显示了服务业在发展过程中存在“自我增强”机制，随着经济增长以及人均收入的提高，对服务的需求提升，导致服务种类、规模的扩大以及服务质量和服务效率的改善，带动对外服务贸易发展，促进新兴服务部门的兴起，在产业发展的因果循环中实现服务业本身发展的自我增强。（如图 3－11）

通常在工业化发展的前期和中期，生产性服务业主要作为制造业的中间投入，而到了工业化后期，随着服务业规模的逐渐扩大，服务业自身劳动分工也将不断深化和细化，这将导致服务业自身对金融、会计、咨询、法律等专业性较强的商务服务的需求呈现增加态势，从而推动服务业“自增强”机制持续发挥。从表 3－2 可看出，现阶段中国生产性服务还主要投入到制造业中，服务业自身的投入仅占 1/3 左右；与之相反，英美两国的生产性服务则主要投入在服务业自身，所占比重在 80％左右，对工业和农业的投入份额很低，仅占 20％

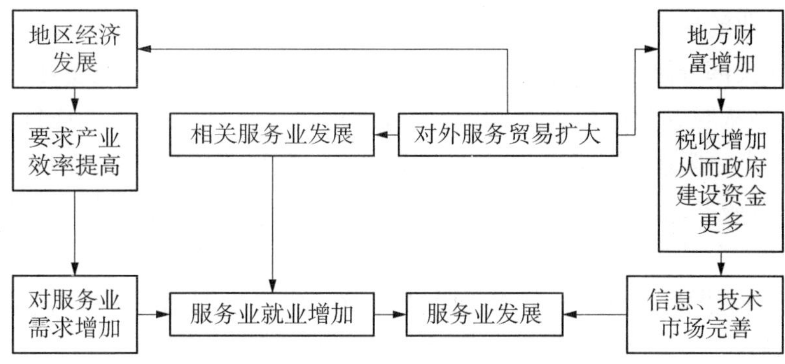

图 3-11　中国服务业循环累积发展过程

资料来源：钟韵、闫小培：《我国生产性服务业与经济发展关系研究》，《人文地理》2003 年第 5 期。

左右。但从发展趋势来看，在样本期内服务业对生产性服务的中间投入在提高，而工业对生产性服务的中间投入则在减少。所以，从经济发展的未来趋势看，中国生产性服务的发展除了受到制造业发展的影响外，可能与服务业经济规模的扩大存在更为密切的关联性。

表 3-2　中、英、美三国生产性服务投入结构(三次产业占用生产性服务的比重)

国别	年份	第一产业(%)	第二产业(%)	第三产业(%)
中国	1990	7.8	61.2	31.0
	1995	9.7	59.7	30.6
	2000	7.3	54.7	37.9
英国	1992	2.9	20.7	76.4
	1995	2.4	19.2	78.4
	2000	1.5	15.8	82.8
	2002	1.4	14.9	83.7
美国	1998	2.0	25.6	72.4
	2000	1.8	23.5	74.7
	2003	1.9	21.4	76.8

资料来源：程大中：《中国生产性服务业的增长、结构变化及其影响》，《财贸经济》2006 年第 10 期。

但从目前情况看，由于受历史文化、传统观念、旧体制和不合理制度设计等因素的影响，中国服务业发展规模、结构和层次都还不高。虽然 2013 年中国第三产业的比重(46.9%)超过了第二产业(43.7%)，但仍明显低于同等收入水平的大部分国家。显然，与发达国家相比，我国服务业发展还处于较低的水平，并且从服务业结构来看，传统的服务业仍占主导。因此，中国较低的服务业发展水平限制了生产性服务的市场规模，也制约了生产性服务专业化水平的提高，服务业的循环累积发展过程和自我增强机制的发挥也受到限制。

(四) 国民经济整体发展水平是各行业对生产性服务业产生中间需求的物质基础。

根据“产业关联理论”，其他产业或部门对生产性服务“中间需求”的增强会自发地促进该行业发展。因此，通过不同产业和部门的发展状况体现出的国民经济发展整体水平会影响生产性服务业发展所面临的市场规模和空间，而市场规模的扩大以及市场需求结构的改善是生产性服务业实现报酬递增的重要前提。通过对发达国家的经验研究，Francios 认为随着经济发展水平的提高，生产性服务业的发展水平也将不断提高，经济发展所处的阶段不同，对生产性服务业发展水平提高带来的影响也会存在较大差异。① 所以，国民经济总量和整体发展水平越高，生产性服务业发展所需市场范围和市场规模就会越大，强劲的市场需求自然会诱导生产性服务的快速成长。

(五) 城市化水平会影响生产性服务业的发展。

早在 1966 年 Greenfield 首次明确提出生产性服务业的概念时，他就把生产性服务业的发展与城市化水平联系起来考察，认为生产性服务业市场需求的很大部分都与城市化发展状况紧密相连。随着城市化水平的提高，一方面市场容量变大，另一方面产业集聚也有利于促进产业间和产业内分工深化以及效率提升，从而驱动生产性服务业发展。国内外许多理论和经验研究都证实了生产性服务业发展与城市化水平提高之间存在正相关关系，我国城市化进程的推进必然会加快生产性服务业的发展。

(六) 对外开放水平影响对生产性服务业的需求。

随着经济全球化进程的推进，国家间水平化、网络化分工已经成为产业间

---

① Francois, J., Producer Services, Scale and the Division of Labor [J], Oxford Economic Papers, 1990,42(4): 715 - 729.

和产业内分工的主要形式，全球范围内的产业间和产业内合作与渗透不断加强。而全球信息通信技术的发展和广泛应用，使得国际交流与合作的趋势日益增强。随着各国经济开放度和贸易便利化程度的提高，国家间的生产性服务贸易往来更加频繁，以生产性服务贸易为主的服务贸易在一国贸易结构中所占的比重不断增加，这在发达国家的贸易结构的调整中尤为明显。一方面在工业产品的国际贸易中本身蕴含着大量生产性服务的贸易；另一方面，信息通信技术支撑下的发达国家生产性服务外包规模逐渐扩大，生产性服务的种类也愈加多样。因此，我国贸易开放度的提高不仅提升了国内市场化水平，为生产性服务业的发展开辟了更大市场，同时国外生产性服务的大量进口也通过竞争效应、学习效应和溢出效应加快了国内生产性服务业发展。但是我们也应看到，目前中国在世界贸易中还主要处在价值链的低端环节，附加值低、利润微薄，而处于价值链上下游两端的高端服务环节主要掌控在欧美发达国家手中[①]，发达国家制造业向中国转移过程中其所需的生产性服务投入也多由发达国家提供，这种发展状况必然会减少中国生产性服务业发展面对的市场机会。

二、影响中国生产性服务业发展的供给面因素

生产性服务业的发展不仅受到来自需求端因素的激励或限制，还受到供给端因素的影响。发达国家的生产性服务业发展的经验表明：市场分工深化与拓展、技术革新与通用技术的应用、专业性人才储备以及良好的营商环境等是推动生产性服务业发展的重要原因。而我国在这些方面存在的短板或瓶颈无疑将导致生产性服务业发展滞后。

（一）中国粗放型经济发展方式抑制了分工和专业化程度的提高。

从需求面来看社会分工的深化和专业化程度的提高有利于扩大生产性服务业的市场范围和市场规模，但从供给面来看，分工的拓展和专业化程度的提高导致专业技能和劳动生产效率的提高，这则有利于促进生产性服务种类、数量的增加以及服务效率的提升。这在前面理论基础部分已经详细分析了。但在我国传统计划经济体制下和粗放式经济发展模式里，企业内或企业间的专

① 杨民伟.我国服务业发展滞后的原因[J].经济研究参考，2004(15).

业化分工层次较低，“大而全、小而全”成为一种较为普遍的现象，并且制造企业里粗加工的比例较高，精加工的比例特别低，这种发展思维和发展方式在压制对生产性服务需求的同时，也明显抑制了专业技能的积累以及劳动生产率的提高，限制了专业化生产性服务的供给能力的提升。

（二）劳动者的投入数量及质量是生产性服务业发展的核心要素。

人力资本投入是影响和制约物流、信息技术等服务部门发展的重要原因。因为这些新兴服务的供给基本上与信息、知识和技术紧密相关，位于“微笑曲线”两端的生产性服务高附加值的属性是通过各种类别的高素质人才投入来实现的。因此高素质的人力资本是知识密集型服务业发展的重要保障。发达国家大型生产性服务企业的发展经验告诉我们，高素质的人才储备及专业才能的充分发挥是这些行业的核心竞争力。我国虽然具有丰富的人力资源，但要把这些人力资源转变成人力资本还需要投入大量教育经费并配以良好的教育体系。近年来，接受高等教育的人数不断增加，但在人才培养模式与人才的市场需要方面还存在不匹配的结构性问题，表现为：一方面许多高端人才相当紧缺，另一方面高校毕业生就业困难，这种状况已经成为制约我国新兴生产性服务部门成长的一个重要原因。

（三）生产性服务业的供给能力和供给效率是影响自身发展的关键原因。

一个企业或一个行业自身的供给效率会影响该企业或行业的发展。较高的供给能力和服务效率不仅能够在激烈的市场竞争中吸引更多的优质客户，还有利于与客户形成基于相互信任的稳定客户—供应商关系，这对于主要提供服务产品的企业发展是至关重要的。对于制造业以及其他的服务企业来说，对于研发、金融以及物流等生产性服务的中间需求主要基于成本驱动。这些企业在降低自身成本的压力约束下，往往更倾向于选择从外部专业的生产性服务供应商那里去获得更优质、更高效的专业化服务。而专业化生产性服务供应商自身的生产能力、服务效率以及市场口碑是能否在行业竞争中获取竞争优势的关键。生产性服务企业不断提高自身的服务质量和服务效率，一方面可以降低自身成本支出，从而为需求者提供更多价低质高的中间投入，强化其他部门对企业服务的中间需求黏性；另一方面，生产性服务业企业积累了大量客户资源以后，有利于提高自身专业化效应和规模化效应，扩大本行业的积累和投入能力，吸引更优质的要素流入本部门，这反过来又强化了自身的竞争优势，提高了核心竞争力。

近年来，我国生产性服务业发展缓慢与自身提供服务质量低、服务效率不高或守则意识不强有重要关系。相较于其他有形的物质产品，服务产品比较特殊，再加上我国服务产品市场交易的制度建设不健全，交易双方信息不对称容易造成在生产性服务交易过程中出现逆向选择或道德风险，当生产性服务企业没有或不能按合同事先约定的内容和形式提供相关服务时，这不仅给客户造成重大经济损失，还会导致生产性服务市场的萎缩，从而制约生产性服务业发展。

(四) 信息技术革新及其广泛应用是生产性服务业发展的技术基础。

现代信息通信技术（ICT）作为一种基础性通用技术，为各个部门、各个行业开启了一扇效率改进之门。信息化水平的提高将为生产性服务业发展提供强大的技术支撑，“大云平移”（大数据、云计算、平台化以及移动化）以及物联网等现代信息技术的运用，一方面使得金融、咨询、软件等大部分生产性服务业产品的虚拟化、网络化和智能化成为可能，打破传统生产性服务业与其他产业需要“面对面”交流的障碍，提高了生产性服务的“可交易”程度，也使得生产性服务产品更加多样化和高端化。另一方面，将软件、信息传输服务、计算机服务等专业化生产性服务融入制造业的价值创造流程中，提高了制造业柔性化、敏捷性以及精益化生产能力，同时激励制造业企业扩大服务采购或外包范围。① 所以，在国民经济发展中，信息化为各行各业的发展打开“绿色通道”，在提高经济增长质量和效率、促进产业结构调整和经济转型中的作用和地位变得越来越重要。

2000 年以来，我国各地区信息化水平增长速度较快，整体来看有了较大幅度提高，从表 3 - 3 可看出 2000—2012 年中国信息化总指数和各项分指数都有了较大程度的发展。但我国东部、中部、西部地区间发展不平衡，存在较大的发展差距。从表 3 - 4 可看出包括北京、上海、天津、浙江、广东、江苏共 6 个省市在内的第一类地区信息化水平较高，2012 年信息化指数（Ⅱ）平均达到 0.922，是全国平均水平的 1.22 倍，在世界主要国家的比较中处于中高水平。而以中西部地区为主的第三、第四、第五类地区信息化发展水平较低，产业技术指数和知识支撑指数低于全国平均水平。在我国信息化快速发展的同时，与世

① 张振刚等. 生产性服务业对制造业效率提升的影响研究[J]. 科研管理，2014(1).

界一些主要国家相比我国在信息化普及程度方面也存在较大差距，从表 3－5 可看出，在每千人互联网用户数方面我国与发达国家相比还比较滞后，还需要加大这方面的资金和人力投入以加快提高信息化的整体水平。现代信息通信技术发展的滞后一方面会抑制产业之间的互动和融合，制约生产性服务业自身发展；另一方面也会阻碍产业结构合理化和升级。

表 3－3　2000—2012 年中国信息化发展指数(Ⅱ)与分类指数

	2000	2005	2006	2007	2008	2009	2010	2011	2012
总指数	0.494	0.589	0.611	0.633	0.654	0.681	0.707	0.732	0.756
基础设施指数	0.179	0.309	0.335	0.354	0.359	0.389	0.417	0.450	0.479
产业技术指数	0.646	0.808	0.840	0.869	0.897	0.914	0.941	0.980	1.009
应用消费指数	0.349	0.442	0.461	0.505	0.551	0.598	0.644	0.677	0.707
知识支撑指数	0.726	0.752	0.772	0.777	0.792	0.803	0.822	0.831	0.840
发展效果指数	0.571	0.633	0.647	0.659	0.670	0.701	0.711	0.723	0.744

资料来源：国家统计局科研所《2013 年中国信息化发展指数(Ⅱ)研究报告》。

表 3－4　2012 年中国全国及五个类型地区信息化发展指数(Ⅱ)的对比

	基础设施指数	产业技术指数	应用消费指数	知识支撑指数	发展效果指数	总指数
全国合计	0.479	1.009	0.707	0.840	0.744	0.756
第一类地区	0.922	0.709	1.148	0.872	0.972	0.910
第二类地区	0.761	0.500	0.997	0.730	0.887	0.691
第三类地区	0.693	0.431	0.899	0.664	0.847	0.626
第四类地区	0.653	0.384	0.850	0.630	0.811	0.591
第五类地区	0.616	0.333	0.795	0.590	0.752	0.609

资料来源：国家统计局科研所《2013 年中国信息化发展指数(Ⅱ)研究报告》。

表 3－5　2008—2013 年世界主要国家每千人互联网用户数

国家和地区	2008	2009	2010	2011	2012	2013
世界	232.73	258.47	293.47	320.19	355.81	381.32
中国	226	289	343	383	423	458
澳大利亚	716.7	742.5	760	794.88	790	830

续　表

国家和地区	2008	2009	2010	2011	2012	2013
德国	780	790	820	812.7	823.5	839.61
日本	754	780	782.1	790.54	862.5	862.5
英国	783.9	835.6	850	853.8	874.8	898.44
美国	740	710	716.9	697.29	793	842
韩国	810	816	837	837.59	840.73	847.7
瑞典	900	910	900	927.7	931.8	947.84
芬兰	836.7	824.9	868.9	887.1	898.8	915.14

资料来源：世界银行数据库。

(五) 制度、体制等因素也是影响生产性服务业发展的重要供给面原因。

相较于工业产品的属性，服务产品由于自身的特殊性，对软性的制度环境敏感性和依赖性更高。随着市场全球化程度的提高，非人格化的市场交易成为普遍的市场行为，服务产品的高效率交易更多地依赖可靠的司法体制、良好的执法环境。没有一个公平竞争、诚实守信的市场环境和市场氛围，则会因为交易成本过高而使对软性制度环境要求较高的服务产业失去深化发展的机会，也许根本就无法扎根发展。[①]

随着市场化改革的推进，我国公平竞争市场环境和市场秩序基本建立，但由于受旧体制、以发展制造业为导向的财税政策以及传统发展思维等因素的影响，服务业尤其是关系到国计民生的关键生产性服务部门的市场准入门槛普遍比较高。过多管制导致市场化进程受阻，从而导致市场主体间的交易费用比较高等问题已经成为制约生产性服务业发展的突出障碍，不断放宽市场准入、强化服务市场的竞争、允许非国有企业进入垄断服务领域是促进生产性服务业的发展的重要内容。因而，提高市场化水平，减少体制、制度以及规则体系的扭曲现象，降低交易成本，形成良好的市场秩序是推进产业分工、促进生产性服务业发展的重要条件。

(六) 物质投入是促进生产性服务业发展的重要物质基础。

以知识资本、人力资本和信息资本密集为主要特征的生产性服务业的发

① 吴敬琏. 中国增长模式抉择(增订版)[M]. 上海：上海远东出版社，2007：175.

展需要有大量的前期物质投入。服务业通常被认为是劳动力密集型的，不需要许多物质资本的投入，其实不管是传统的交通运输、仓储和邮政等物流服务还是现代的金融保险服务、信息传输、通信技术服务等都需要大量的前期物质投入。但与制造业相比，生产性服务业增加物质投入所带来的规模报酬递增效应更加明显，企业技术研发或产品开发成功后进入生产过程几乎可以以零边际成本为企业创造大量利润。所以，增加物质投入不仅能够直接提高生产性服务业的研究开发能力、服务效率以及价值创造能力，还有利于实现产业间融合、促进产业结构优化和升级，提升经济发展整体素质，加快推进经济的转型发展。

三、影响生产性服务业发展的需求和供给因素简明图示

改革开放以来，伴随着市场对生产性服务中间需求的增加，我国生产性服务业获得了一定程度的发展，生产性服务种类不断丰富、规模不断扩大，在经济发展中的“润滑剂”“黏合剂”“推进剂”效果逐步显现，但整体来看依然发展迟滞、长期于低位徘徊，上文从需求面和供给面具体分析了影响中国生产性服务业发展的诸多因素。现实层面的各种因素，通过各种路径直接或间接地影响市场范围、市场规模、交易费用、产业结构以及制造业或其他服务业企业是否基于成本-收益考虑而将自身不具有比较优势的环节或业务外包出去，并最终影响生产性服务业的发展。这些影响因素之间的逻辑关系通过图 3-12 来表示。

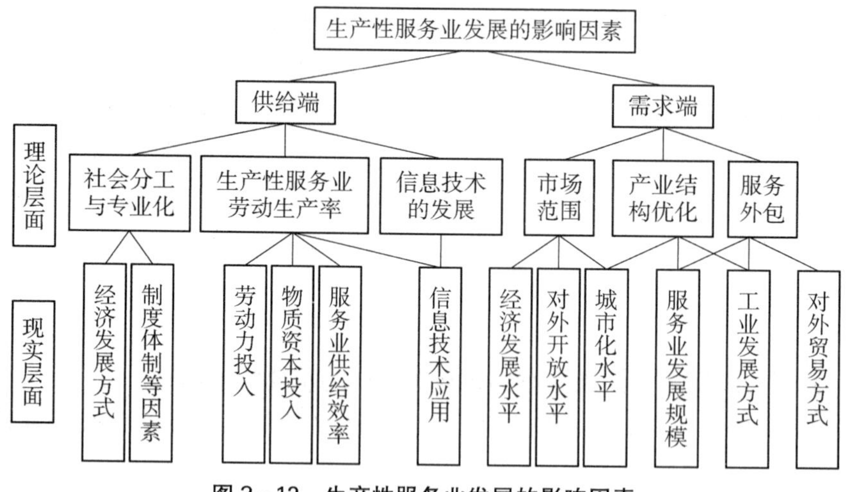

图 3-12　生产性服务业发展的影响因素

第五节　中国生产性服务业发展影响因素的实证分析

在了解了影响中国生产性服务业发展的理论和现实因素的基础上，本节对生产性服务业发展做经验分析，在实证分析基础上检验这些现实因素对生产性服务业发展的影响程度。

一、中国生产性服务业发展经验研究选取的变量说明

综合以上分析，我们通过以下指标来对生产性服务业发展的实际情况作实证分析。

（一）工业化发展程度

在工业化时期，工业各部门不断增加生产性服务产品的投入促进了生产性服务业发展，工业是促成生产性服务业发展壮大的重要产业根基，工业部门对中间服务需求的快速增长为生产性服务业发展开拓出巨大的市场空间。转变单纯依靠要素投入驱动工业发展的粗放式发展路径，提高工业发展的质量和效率，发展先进制造业和高新技术产业需要大量生产性服务作为中间投入，这将为生产性服务业发展提供强大的市场需求和广阔的市场空间。所以在中国经济持续发展进程中，工业化程度越高，越有利于带动生产性服务业的发展。可用各地区工业增加值占国内生产总值比重来表示工业化程度。

（二）服务业的规模

伴随着工业化进程的推进，产业结构不断调整和优化，国民经济中服务业的规模不断扩大。服务业内部的各部门基于市场竞争的压力也会选择将一部分业务外包出去，这将为生产性服务业带来更大的市场需求。用国民经济中第三产业占比来反映服务业规模对生产性服务业发展的影响。

（三）生产性服务业的服务效率

从微观视角来看，不同市场主体生产效率的高低决定了该行业或部门发展的快慢。所以生产性服务业各部门的服务供给质量、水平和服务效率决定

各部门发展的快慢，也决定了行业的内部结构。因为各种生产性服务作为工业生产的重要中间投入，较高的供给效率不仅可以降低工业企业的生产成本和组织成本、强化工业企业的成本优势、提高企业运行效率和增强企业的核心竞争力，还有利于增强自身专业化和规模化发展能力。因此，生产性服务业提升自身的服务效率有利于改进自身的发展水平。可用各地区生产性服务业增加值占总增加值比重除以各地区生产性服务业就业人数占就业总数比重来体现服务效率。

（四）物质投入

任何产业的发展都离不开一定的物质投入。生产性服务业的发展也需要大量的物质投入，这是提高自身发展水平、发展能力和市场竞争力的重要基础。可用生产性服务业固定资产投资占固定资产投资比重来表示生产性服务业物质资本投入状况。

（五）人力投入

发达国家产业结构的不断优化：一方面表现为生产性服务业的快速崛起，另一方面体现为生产性服务业吸纳的就业人数持续增加。发展生产性服务业需要大量的劳动力投入特别是丰富的人力资本的投入。可用各地区生产性服务业就业人数表示劳动力投入状况。另外还可用各地区大专及以上学历人口占就业人数比重作为控制变量来体现各地区人力资本发展水平对生产性服务业发展的影响。

（六）专业化程度

通过前面的分析我们可看出社会分工的细化和生产专业化程度的提高既从需求面也从供给面影响生产性服务业发展。因为分工拓展和专业化程度提高，一方面有利于提高劳动生产效率、扩大市场范围，另一方面也有利于促进其他企业或部门把自身不擅长的环节外包出去，从而扩大市场规模。可用各地区生产性服务业就业人数占就业总人数比重表示专业化程度。

（七）信息化水平

信息通信技术的广泛应用为生产性服务业发展提供了重要技术基础，有利于解决传统生产性服务在提供过程中面临的诸多障碍和难题，提高生产性服务的供给种类、质量及效率。可用各地区互联网上网人数来表示各地区的信息化水平。

(八) 人均地区生产总值

人均地区生产总值的高低不仅反映了产业规模及市场规模的大小，还体现了各地区居民生活水平，蕴含着驱动产业结构升级的内在动力。因此，人均地区生产总值会影响生产性服务业的发展水平。

(九) 政府规模

政府规模在一定程度上反映了市场化发展程度或政府对市场的干预程度，用政府消费占最终消费的比重来体现政府规模对生产性服务业发展的影响。

另外，通过前文的分析我们知道各地区的对外开放水平、城市化率会从整体上影响市场范围、市场规模和劳动分工与专业化程度，进而影响不同产业的发展和壮大。可用各地区进出口总额占地区国民生产总值的比重来反映各地区对外开放水平，用各地区城镇人口占地区总人口的比重来体现城市化发展水平。各变量的详细说明见表 3 - 6。

表 3 - 6　　变量说明

变量	符号	变量含义	单位
生产性服务业发展水平	$Ps_{i,t}$	各地区生产性服务业增加值/地区生产总值	%
工业化发展程度	Ind	各地区工业增加值/地区生产总值	%
服务业规模	$Serv$	第三产业占比	%
生产性服务业服务效率	$Effi$	各地区生产性服务业增加值占总增加值比重除以各地区生产性服务业就业人数占就业总数比重	—
物质资本的投入	Ks	生产性服务业固定资产投资/固定资产投资	%
生产性服务业劳动力投入	Ls	各地区生产性服务业就业人数	万人
专业化程度	Div	各地区生产性服务业就业人数/就业总人数	%

续 表

变量	符号	变量含义	单位
人力资本水平	*HC*	各地区大专及以上学历人口/就业人数	%
信息化水平	*Inf*	各地区互联网上网人数	万人
人均地区生产总值	*Pergdp*	各地区国民生产总值/地区总人口	元
政府规模	*Org*	政府消费/最终消费	%
对外开放水平	*Open*	各地区进出口总额/地区国民生产总值	%
城市化水平	*Urb*	各地区城镇人口/地区总人口	%

二、模型设定

本研究涉及的生产性服务业主要包括：交通运输、仓储和邮政业，信息传输、计算机服务和软件业，金融业，租赁和商务服务业以及科学研究、技术服务和地质勘探业，这五个部门的增加值之和即为生产性服务业增加值。考虑到各地区生产性服务细分行业数据的可得性和一致性，本研究选取全国东中西部共 19 个省、自治区和直辖市[①] 2004—2013 年的数据做实证分析。模型的被解释变量是生产性服务业发展水平(Ps)，解释变量包括体现需求端影响的工业化发展程度(Ind)、服务业规模(Serv)、人均地区生产总值(Pergdp)、城市化水平(Urb)、对外开放水平(Open)，体现供给端影响的生产性服务业服务效率(Effi)、物质资本的投入(Ks)、生产性服务业劳动力投入(Ls)、人力资本水平(HC)、政府规模(Org)、信息化水平(Inf)、专业化程度(Div)，当然解释变量中的有关供给和需求因素的分析不是绝对的，有的因素既会影响需求也会影响供给。其中主要解释变量为：工业化发展程度、服务业规模、信息化水平、人均地区生产总值、生产性服务业服务效率、物质资本的投入、生产性服务业劳动力投入、专业化程度，控制变量为：城市化水平、对外开放水平、人力资本水平、政府规模。这些因素综合解释了分工与专业化、市场规模、交易费用、经济

① 东部地区：北京、天津、上海、江苏、浙江、山东、广东、海南、福建；中部地区：山西、内蒙古、吉林、安徽、河南、湖南；西部地区：重庆、青海、宁夏、新疆。

发展阶段等方面对生产性服务业发展水平的影响。

基本的计量模型初步设定如下：

$$Ps_{i,t}=\alpha_0+\alpha_1 Ind_{i,t}+\alpha_2 Serv_{i,t}+\alpha_3 Effi_{i,t}+\alpha_4 K_{si,t}+\alpha_5 L_{si,t}+\alpha_6 Div_{i,t}+\alpha_7 Inf_{i,t}+\alpha_8 Pergdp_{i,t}+\delta X_{i,t}+\varepsilon_{i,t}$$

本研究采用的是2004—2013年中国19个省、自治区和直辖市的面板数据进行分析，生产性服务业就业数据来自国研网数据库，其他资料来源为历年《中国统计年鉴》以及各省、自治区和直辖市的历年《统计年鉴》。

三、回归结果与经验分析

对中国19个省、自治区和直辖市的相关数据利用Eviews8.0软件进行了回归分析。通过初步的回归分析，发现物质资本的投入(K_s)、人均地区生产总值(Pergdp)以及信息化水平(Inf)与生产性服务业发展水平(Ps)明显不相关，这可能是由于数据选取不当，在以下分析中剔除了这几个变量，最终使用的计量模型设定为：

$$Ps_{i,t}=\alpha_0+\alpha_1 Ind_{i,t}+\alpha_2 Serv_{i,t}+\alpha_3 Effi_{i,t}+\alpha_4 L_{si,t}+\alpha_5 Div_{i,t}+\delta X_{i,t}+\varepsilon_{i,t}$$

另外，为了消除异方差以及数据的波动性对数据 Ps、Ind、$Serv$、$Effi$、Ls 等做了对数化处理。利用全国数据所做的回归分析进行了Hausman检验，Hausman检验值为41.082 3，P值为0.000 0，检验结果显示拒绝随机效应模型，并且在1%的显著性水平下接受固定效应检验，所以采用固定效应模型。而对东部地区和中西部地区而言，由于截面数较少，所以也都采用了固定效应模型。另外，按生产性服务业的层次进行结构分析①，并进行了Hausman检验，高端生产性服务业和低端生产性服务业的Hausman检验值分别是16.77、41.08，P值分别是0.052 4、0.000 0，检验结果显示对高端生产性服务业来说在10%显著性水平下拒绝随机效应模型，而对低端生产性服务业来说在1%显著性水平下拒绝随机效应模型，且都在1%显著性水平下接受固定效应检验，因此采用固定效应模型。

① 高端生产性服务业包括：信息传输、计算机服务和软件业，租赁和商务服务业，科学研究、技术服务和地质勘探业；低端生产性服务业包括：交通运输、仓储和邮政业，金融业。

具体回归结果如表 3－7 所示。

表 3－7　中国按地区和结构区分的生产性服务业影响因素回归分析结果

解释变量	被解释变量				
	全国	东部地区	中西部地区	低端生产性服务业	高端生产性服务业
Ind	0.101 3**	0.144 5**	0.025 9	0.135 6	0.103 3
	(0.047 9)	(0.020 9)	(0.250 6)	(0.326 8)	(0.488 2)
serv	0.134**	0.441 2***	−0.020 9	0.479 9***	0.411 3**
	(0.024 9)	(0.000 2)	0.444 3	(0.004 8)	(0.026 2)
effi	0.880 3***	0.779 6***	0.996 7***	0.684***	0.581 7***
	(0.000 0)	(0.000 0)	(0.000 0)	(0.000 0)	(0.000 0)
l_s	0.068 3***	0.022 97	0.036 5***	0.096 8*	−0.01
	(0.000 6)	(0.400 2)	(0.000 9)	(0.067 9)	(0.886 2)
Div	0.045 7***	0.037 8***	0.071 2***	0.029 3***	0.029***
	(0.000 0)	(0.000 0)	(0.000 0)	(0.000 0)	(0.000 0)
hc	−0.003 4***	−0.002 8	0.000 1	−0.005 7***	−0.002 8
	(0.001)	(0.005 7)	(0.888 7)	(0.015 4)	(0.291 8)
org	−0.001	−0.004 1**	0.000 2	−0.002 2	−0.001 9
	(0.171 7)	(0.038 8)	(0.585 8)	(0.443 7)	(0.535 4)
Open	−0.000 4*	−0.000 4*	−0.000 7***	0.000 1	−0.001*
	(0.090 5)	(0.064 8)	(0.000 8)	(0.869 9)	(0.089 4)
urb	−0.000 5	−0.001 5	−0.001 8***	0.001 5	−0.003 2
	(0.561 9)	(0.243 8)	(0.000 0)	(0.523 9)	(0.200 4)
c	0.775 1***	0.546 5*	1.347 2	−5.671 9	−4.555 7
	(0.002)	(0.099 4)	(0.000 0)	(0.000 0)	(0.000 0)
F 值	1 768.5	1 537.7	13 152	194.5	356.4
	(0.000 0)	(0.000 0)	(0.000 0)	(0.000 0)	(0.000 0)
R^2	0.996 7	0.997 4	0.999 7	0.970 8	0.985 4
样本量	188	87	100	186	171

注：括号内数值为 P 值。***，**，* 分别表示在 1%，5%，10%水平下显著。

回归结果表明：

第一，以制造业为主的工业化发展程度或规模与生产性服务业发展呈现正相关关系，从全国来看其系数为 0.101 3，从东部地区来看其系数为 0.144 5，两者都在 5%水平下显著，这也意味着在全国及东部地区工业化发展程度每提高1个百分点，生产性服务业发展水平将提高0.10和0.14，且东部地区较全国来看拉动效应更明显一些，但是中西部地区则没有通过显著性检验。从按结构划分的回归结果看，低端生产性服务业与工业发展关系更密切，但两者都没有通过显著性检验。以上回归结果表明现阶段中国的工业特别是制造业的发展虽然对生产性服务业的需求规模和需求层次还比较低，但依然是推动生产性服务业发展特别是低端生产性服务业发展的主要需求侧因素。随着市场化改革的推进、市场交易环境的改善，越来越多的制造业企业会将一些自身不擅长的生产性服务业务或环节外包给专业化的生产性服务供应商，而随着制造业转型发展步伐的加快，将需要更多高端生产性服务作为中间投入。因此，在将来的一段时期内，工业特别是制造业的发展必将对生产性服务业产生较大的市场需求。

第二，服务业的发展规模与生产性服务业发展正相关，这与理论分析一致。从全国来看其系数为0.134，且在5%水平下显著，从东部地区来看其系数为0.441 2，且在1%水平下显著，但中西部地区没通过显著性检验。从按结构划分的回归结果来看，服务业发展的整体规模的扩大将显著地促进低端和高端生产性服务业的发展，且相关度较高。这一结果表明，从整体上看，服务业发展规模的壮大有利于促进生产性服务业的发展，因为服务业市场规模的扩张以及服务业内部分工的深化和细化为生产性服务业发展提供强大的市场需求，这也与发达国家的发展经验相吻合。分地区来看，东部地区由于工业化进程较快，服务业整体规模较大、发展水平较高，该地区服务业发展对生产性服务业发展的促进作用更明显，而中西部地区则由于工业化程度较低、服务业规模较小以及发展水平较低，对生产性服务业发展的影响并不明显。

第三，生产性服务业的供给效率与自身的发展呈现正相关关系。从全国及东部地区和中西部地区来看，在1%显著性水平下，生产性服务供给效率每提高1个点，生产性服务业发展水平分别提高0.88、0.78、0.997，这也表明随着生产性服务业自身专业化和规模化程度的提高，其提供的服务数量、质量和效率是影响自身发展的关键因素。同时分地区来看中西部地区的促进作用较东部地区来说更明显，这可能是因为中西部地区最初的生产性服务业总量和规模都比较小，而随着对其需求的增加，自身服务效率提高对促进生产性服务业发展水平作用空间比较大。另外，不管是对于低端的生产性服务业还是高端的生产性服务业来说，生产性服务业提高自身的供给效率都会对产业发展发挥至关重要的作用。

第四，生产性服务业劳动力投入与自身发展也是呈现同向变动的趋势，这与经验判断一致。从回归结果来看，虽然生产性服务业的劳动力投入增加促进了自身发展，但影响强度还较小，在全国及中西部地区，就业人数增加 1%，生产性服务业发展水平分别提高 0.06 和 0.03，而在东部地区虽然影响强度较大，但是没有通过 10%水平下的显著性检验。通过观察发达国家生产性服务业的发展经验，我们可发现承载了大量显性与隐性知识以及信息和技术的人才涌入到生产性服务业中就业，能够显著地提高这些生产性服务供应商的供给能力和服务效率，大大提高生产性服务业的发展水平。通过观察就业结构的变化，我们可看到服务业吸纳的就业人数不断增加，其中生产性服务业不仅就业吸纳能力强，而且还是高端人才就业的主要领域。在我国，随着工业特别是制造业资本有机构成的提高，其可吸纳的就业人数必将出现下降，未来服务业特别是生产性服务业将会成为吸纳就业尤其是高端人才就业的主要领域。但从目前来看，由于生产性服务业自身发展层次不高、规模不大、种类不全，吸纳的高端人才还比较有限。因而以人力资本密集为主要特征的生产性服务业，特别是高端生产性服务业，若能吸引大量高素质的人才流动到该行业就业，将会极大地提升其发展水平和核心竞争优势。

第五，专业化分工的深化和细化有利于提高生产性服务业的发展水平。理论分析显示分工深化可以扩大生产性服务业的市场范围，促进服务多样化和差异化，推动服务业内部专业化和规模化发展；与此同时，分工深化和泛化还有利于提高生产性服务企业的服务效率，为制造业和其他服务业企业提供更加优质和高效的服务供给，这又将增强其他企业对生产性服务中间需求的强度。从经验分析来看，在 1%的显著性水平下，全国、东部和中西部地区分工水平每提高 1 个点，生产性服务业发展水平将提高 0.046、0.038、0.071，且中西部地区分工深化促进生产性服务业发展更明显一些。

第六，从四个控制变量来看，除政府规模与预期变动方向一致外，人力资本、对外开放水平和城市化水平与预期变动方向不一致。通常来看，高素质人才比重的增加将会促进生产性服务业的发展，因为许多生产性服务具有知识、信息和技术密集的特点，因此需要投入较多的高素质专业型及复合型人才，而经验分析与理论分析存在方向性差别，这可能与所选取数据不当有关，也可能与目前生产性服务业发展的规模和层次有关，以至于两者缺乏显著性相关关系。另外，对外开放水平的提高并没有显著地促进生产性服务业发展，这可能源于我国对外开放更多体现在制造业领域，且制造业的发展方式一方面以粗放型为主，另一方面又以加工贸易和代工生产为主，这种粗放式和外向型制造业发展方式不利于形成生产性服务业和制造业产业关联，也降低了制造业对生产性服务业的市场需求，最终导致生产性服务业因缺乏有效市场需求而发展滞后。而城市化水平的提高也并没有像理论分析的那样有利于提高生产性服务业的发展水平，经验分析显示二者方向不一致，这可能是由于我国城市化发展水平差距较大，或目前城市化还没有实现真正意义上的人的城市化，而仅是统计学意义上的城市化。虽然政府规模的变化与生产性服务业的发展相关关系符合分析的预期方向，即政府规模相对缩减有利于加快市场化进程，从而有利于促进生产性服务业发展，但二者的相关系数较小，且从全国和中西部地区来看并没有通过10%的显著性水平检验，这可能源于选取政府规模来衡量体制、制度或市场交易环境和秩序对生产性服务业发展的重要意义并不恰当。

四、基本结论和政策建议

通过以上对回归结果的经验分析，我们可得到现阶段影响或制约我国生产性服务业发展的主要因素：(1)工业特别是制造业的发展水平和发展方式。工业化程度的提高本来有利于扩大对生产性服务业的市场需求，而传统的粗放式的制造业发展方式以及"两头在外"的制造业发展格局严重抑制了二者之间的产业关联和互动，所以通过制造业发展转型，提高先进制造业的发展规模和发展水平将会为生产性服务业发展拓展出巨大空间。(2)在社会分工和专业化程度不断拓展的过程中，国民经济中服务业比重的提高——种类增加、规模扩大、能级提升，也将在更大程度上推动生产性服务业的发展。在市场竞争日趋白热化的背景下，服务业中的其他企业为增强自身的竞争优势，将会选择把自身不擅长的环节和业务外包给专业性的生产性服务企业。发达国家生产性服务业成长历程和发展事实已经充分显现了服务业发展壮大对加快生产性服务业发展的影响力。(3)生产性服务业自身的供给效率是影响其发展的决定性因素。具有较高供给效率的生产性服务业企业能够提供差异化和高质量的服务产品，这不仅有利于增加自身的产出水平和获利空间，还有利于降低制造业和其他服务业企业的成本、提升市场竞争优势，从而有助于实现产业内或产业间的良性互动，促进经济发展整体效率的提升。(4)产业间或产业内专业化分工程度的提高是促进生产性服务业发展的重要动因。不管是理论分析还是经济发展中的经验事实都凸显了分工深化是影响生产性服务业发展的重要因素，这里无需赘言。另外从对回归结果的经验分析来看，目前我国的人力资本积累、对外开放水平以及城市化水平的提高对生产性服务业发展水平提升的影响力不大，这可能与现阶段的产业结构、就业结构、城市化发展质量等有关系。随着产业结构的优化升级、就业结构的调整以及真正意义上城市化水平的提高，生产性服务业将会迎来更多的发展契机和更大的发展空间。

因此，针对目前我国生产性服务业发展还处于初级阶段的情形来看，我们要从供给和需求两方面来促进和提高其发展能力。一方面，从供给侧为生产性服务业发展提供强大支持：(1)加快服务业领域的财政和税收政策改革，诱导更多的物质资本和人力资本流动到生产性服务业。(2)加大市场化改革力度，为生产性服务业的发展消除有形或无形的壁垒和障碍。只有在一个公平的市场竞争中、较低的交易费用环境下，理性的企业才会在降低成本和增加收益的逐利动机驱动下将部分业务和环节外包出去，从而促进企业间或产业间的网络化分工的深化以及专业化程度的提高，为生产性服务业的发展开拓出更广阔的市场空间。(3)继续推进和加快信息通信技术(ICT)的发展。虽然经验分析部分最终去除了信息化这一指标，但经济发展的经验和客观事实表明信息通信技术向其他行业渗透能够显著降低各行业经济活动和社会活动的信息成本，提升产业深度融合能力和业务协同创新水平。因而，全社会信息化程度的提高将大大加快生产性服务业的发展步伐，提升其服务供给能力和供给效率。另一方面，从需求侧为生产性服务业的发展创造更大的市场空间和需求规模：(1)通过市场交易环境的优化来增强产业关联。在产业结构调整升级过程中，提高生产性服务业与农业和制造业的产业关联度，促进产业间实现良性互动。特别是目前制造业不仅在国民经济中仍占有较大的比重，而且在新常态下其转型升级也迫在眉睫，所以制造业仍是生产性服务业的重要需求者。政府应通过政策调整以及市场交易环境的优化和交易环节的简化，通过相应的制度安排降低企业服务外包的市场风险，鼓励制造业企业将一部分生产性服务外包出去，从而推动生产性服务业的规模化和专业化发展，优化其内部结构，提升服务质量和效率。(2)充分重视来自服务业内部的生产性服务需求。随着产业结构的升级，服务业所占的比重将会进一步上升，内部分工也会深化，对专业性的生产性服务需求将会不断增强，因此，通过制度变革和体制调整，强化生产性服务业与服务业中其他部门的“循环累积发展”效应，实现生产性服务业的“自我增强”。(3)在扩大对外开放过程中，一方面加强外资制造业和本土生产性服务业的经济往来，避免“体外循环”——即外资制造业更大程度上使用外资提供地生产性服务，而很少使用本土生产性服务商供给的生产性服务，另一方面在本土制造业“走出去”的过程中，生产性服务业企业也要积极拓展海外市场，从而不断拓展其生存发展的市场范围和空间。

在供给端和需求端的协同作用下，通过“一推一拉”加快生产性服务业的成长和壮大，为制造业升级、产业结构优化以及整个经济发展质量的提高提供必要和充足的知识资本、信息资本和人力资本支撑，提升产业协调发展的能力。

第六节　小　结

本章主要从理论和现实层面分析了影响生产性服务业发展的需求面和供给面因素，通过分析发现在理论层面上制造业对生产性服务业较强的中间需求是拉动生产性服务业发展的重要需求端力量，而从现实层面看现阶段中国制造业的发展对拉动生产性服务业发展也存在较强的关联性。除此之外，在实际经济运行过程中还有一些其他的因素也是影响或制约生产性服务业发展的重要原因。

第一节主要从理论视角探讨了影响生产性服务业发展的供给和需求因素。从供给端来看，社会分工的深化和细化是驱使生产性服务业发展的最深刻动因，生产性服务业劳动生产率的提高则直接推动了其供给能力的提升，而信息通信技术革新及其广泛应用为生产性服务业发展提供了强大的技术支持。从需求面来看，市场范围的拓展、企业发展环境的变化促使企业服务业务外包趋势的增强以及需求结构的变化，这为生产性服务业专业化和规模化发展提供了必要的市场空间。

第二节则是借助理论模型形式化地分析了社会分工与专业化发展以及交易费用的高低对生产性服务业发展的影响。形式化分析显示了劳动分工的拓展从供给和需求两个层面影响生产性服务业的发展，而与社会分工相伴随的交易费用的存在则又在一定程度上制约该产业的发展，只有在分工深化带来的边际收益超过边际成本时，企业才会将本来自己提供的业务转变为从外部市场采购。因此，适宜的市场环境和交易秩序对生产性服务业与其他产业形成“合作共赢”的发展局面至关重要。

第三节利用相关数据展现了中国生产性服务业发展的特征事实。通过对该产业发展特征事实的分解，我们可看到中国生产性服务业发展还处于较低阶段，总量较低、规模较小、发展迟滞，且其种类、质量和效率与经济发展的现实所需不匹配，特别是知识密集的高端生产性服务业发展严重不足，这将成为制约制造业发展方式转变和产业素质提升的短板。

第四节和第五节则是结合经济发展的传统和现实剖析了制约或抑制我国生产性服务业发展的供给端和需求端因素，在深挖现实原因的基础上利用相关数据进行实证分析。分析显示，传统的工业化发展模式、对外贸易方式，以及基于工业化发展而制定的制度和体制环境等制约割裂了生产性服务业与其他产业的关联效应及自增强效应的发挥，不利于扩大对生产性服务的市场化需求，也抑制了生产性服务业发展水平、发展能力以及市场竞争力的提升。

第四章　中国生产性服务业和制造业发展困境及现实选择

改革开放以来，中国制造业发展取得举世瞩目的成就，为改变中国贫困落后的面貌及在全球崛起奠定了坚实的物质基础。同时，在市场化改革不断深入推进以及中国资源配置和要素使用效率不断提高的背景下，产业结构亦不断优化升级，服务业得到恢复性增长，生产性服务部门也得以较快地成长和壮大，新兴产业和部门逐渐成为国民经济发展的重要支撑力量。但是，在三十多年的经济发展中，制造业粗放式发展模式的延续使其在新时期面临的转型压力愈加严峻，而生产性服务业的发展由于受到体制政策和产业发展等因素的制约，亦存在规模化、专业化和产业化发展程度不高以及缺乏竞争力等问题。因此，发现和解决制造业与生产性服务业联动发展存在的障碍是促进中国产业健康持续发展的重要内容，也是促进相关产业乃至整个中国经济转型发展的重要方向。

第一节　中国生产性服务业发展的历史进程和新特征

随着市场化改革进程不断深入推进，经济管制逐渐放松，民营经济开始崛起，国有企业改革也获得较大进展，在此背景下中国生产性服务业开始不断成长起来。经过三十多年的发展，生产性服务业逐渐成为国民经济发展的重要增长点和支撑力量，成为促进制造业乃至整个产业结构的合理化和高级化的重要驱动力。进入新世纪，中国生产性服务业发展开始步入新的征程，其发展也呈现出新特征。

一、改革开放前的思想观念和认识误区导致中国服务业畸形发展

亚当·斯密一类的古典经济学家通常把提供服务产品的劳动看做是非生

产性劳动，以至后来一些经济学家延续了这种看法，仅把创造有形物质财富的劳动看作是生产性的。产生这种偏见既与经济发展的阶段和发展水平有关，更与人们对商品本身属性缺乏深入理解以至于不能充分认识到服务业发展的重要意义有关。事实上，服务这种无形产品也是具有生产性的，比如生产性服务就是促进制造业和其他产业发展、提升产业竞争力的重要支撑，也是整个国民经济发展的重要动力之源。

改革开放之前，受到工业优先发展战略和高度集中的计划经济体制的影响，从中央到地方各级政府对无形服务产品的认识严重不足，甚至还存在偏见。当时领导层深受苏联发展模式的影响，把现代化的发展目标片面单纯地理解为工业化，大力发展工业特别是重化工业是当时最重要目标和最迫切的任务，这严重抑制了服务业的发展，导致中国服务业发展严重滞后于其他产业的发展。从图 4－1 可看出，中华人民共和国成立后至 1961 年左右，中国服务业经历了恢复性发展，但随后其在国民经济中的占比不仅没有上升，反而持续处于低位发展状态，从 1952 年的 28.2%下降到 1978 年的 23.4%（服务业的就业占比也仅在 10%左右），而以制造业为主的第二产业占比则持续上升。因此，第三产业如此的发展现状既与重工业优先发展的战略思想是一致的，也与当时片面强调和偏好公有制经济并过度限制私营经济发展有关，因为第三产业中的许多与百姓生活密切相关的商业形态多具有门类广泛且规模不大的特征。

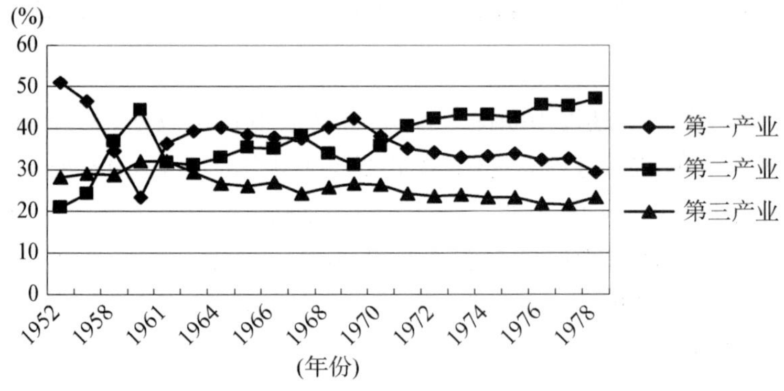

图 4－1　改革开放前中国国民经济中三大产业构成状况

由于改革开放前服务业的整体规模较小，且包含的服务门类基本上都是与生活性服务供给相关，加之制造业企业多是"大而全、小而全"的国营企业，所以以满足企业中间需求为主的生产性服务业发展的土壤基本不存在，其在国民经济中所占的比重微乎其微。

二、改革开放后中国生产性服务业的发展进程

改革开放后，第三产业总体上呈上升趋势。大致来看，20 世纪 90 年代以前，第三产业得到"恢复性"发展，90 年代经历了短暂下降后又表现出继续上升趋势，进入 21 世纪后第三产业占比增长缓慢，直到 2012 年，第三产业的占比才稍微超过了第二产业的比重。作为第三产业重要组成内容的生产性服务业的发展在改革开放以后基本经历了从无到有，再到不断成长壮大的发展历程，也大致可分为三个发展阶段：1978 年至 20 世纪 90 年代初期、20 世纪 90 年代初期至 2004 年、2004 年至今。

(一) 从 1978 年至 20 世纪 90 年代初期，生产性服务业经历了从无到有的过程

改革开放初期，经济发展面临重重困境，为了改变经济发展的困局以及解决大量回城"知识青年"的就业问题，从中央到部分地方政府对经济管制的程度开始有所降低，服务业部门得到了恢复性发展。再加上处于"边缘地带"的民营经济以及乡镇企业在沿海地区发展壮大，这些新的经济成分在发展过程中对生产性服务产生一定需求，生产性服务业的市场空间由此得到拓展，像物流、金融以及相关市场中介服务等部门不断发展壮大。

(二) 20 世纪 90 年代初期至 2004 年，生产性服务业较快成长壮大，新兴业态开始发展

20 世纪 90 年代开始，企业类型不断多元化，企业规模亦不断扩大，加之国有企业改制的深入开展，越来越多的国有企业被推向市场，整个工业化进程持续推进，而这恰为生产性服务业的充分发展奠定了需求基础。同时，伴随着国内外市场竞争日益激烈，为了增强自身的灵活性和提高运营效率，越来越多的制造业企业开始剥离非核心业务，转而使用外部供给的相关专业性服务。所以，相比于以往，在这一发展阶段，生产性服务的市场需求增强、业态开始多元化，新的部门不断成长为经济发展的新增长点，也为制造业企业注入了新的发展活力和动力。

但整体来看，由于这一阶段工业化水平不高，制造业企业多停留在简单的加工制造和组装生产层面，产业层次较低，对生产性服务的需求也多以交通运输、物流和传统的金融服务为主，而对研发设计、品牌经营以及其他知识性较强的专业化商务服务需求较少。所以，传统的工业化发展路径和模式不仅限制了对外部生产性服务的需求强度以及需求层次，也导致生产性服务业市场规模化程度、专业化水平以及运营效率得不到较快提高。

（三）2004年至今，生产性服务业平稳增长，现代服务部门对经济增长的影响力不断增强

2004年以后，中国工业化进程进一步加快，高端或先进制造业发展较快，加之信息化对制造业各部门的渗透越来越广泛，企业价值链重构的机会增多，这也使得更多的生产性服务从制造业母体中分离出来成为独立发展的部门。工业化水平的提高也使得制造业企业对高级生产性服务需求增强，特别在经济发达地区，服务外包和产业聚集不仅促进了生产性服务新业态的成长壮大，也进一步促使面临诸多竞争的生产性服务供应商的服务专业化水平和服务效率不断提高，这些新兴的生产性服务部门的较快发展也成为促进经济转型发展的重要力量和支撑。

三、中国生产性服务业发展的新特征

改革开放以来，中国生产性服务业保持了比较好的发展趋势，在国民经济和服务业中其增加值所占的比重均呈现持续上升态势，吸纳就业的能力也有所增强，生产性服务业逐渐成为支撑国民经济健康发展的重要力量。服务外包等新兴业态增长迅速，市场对生产性服务的中间需求增强，产业间的互动融合发展趋势开始凸显，生产性服务业新兴部门的崛起为中国经济发展提供了新的增长点。

（一）生产性服务业为国民经济平稳较快增长作出了重要贡献

近年来，国民经济中第三产业的增加值占比呈现明显的上升势头，特别是2012年以来在国民经济中第三产业占比开始超过第二产业，至2014年年底第三产业的占比超过第二产业5.4个百分点。而随着对外开放深度和广度的拓展、市场软硬基础设施的改善和产业间交流和互动的增强，在第三产业内部，

生产性服务业所占的比重开始上升，金融服务、信息咨询服务、工业研发设计服务以及其他专业性较强的商务服务等市场生存空间不断拓展，自身服务质量和服务效率有了较大提升，为整个国民经济的平稳健康发展作出了重要贡献。

（二）产业间或产业内专业化分工深化，制造业企业剥离生产性服务初见成效

由于生产性服务最初主要是作为制造业中间投入而产生和发展起来的，所以生产性服务业的发展和壮大离不开制造业这个重要母体。而随着信息技术在各产业应用范围的拓展，企业生产组织模式也随之发生了根本性变革，原先垂直一体化的组织管理方式逐渐走向分解，取而代之的是能够更加灵活适应市场变动和满足需求变化的弹性生产、柔性生产或精益制造模式。从发达国家生产性服务业的发展历程和基本特征也可以看出，随着市场竞争环境的改变，为了更好地适应市场竞争的需要和培育或形成企业更具优势的核心竞争力，制造企业的组织管理模式正在或已经进行了重大调整，制造业服务化发展趋势日益清晰，原先内置于制造业中的生产性服务部门逐渐从母体中分化出来，实现了规模化、专业化、知识化和产业化发展。

随着中国市场体系建设的逐步完善和市场秩序的改善，通过市场交易产生的交易成本不断降低，这将推动中国制造企业分化或外包更多的生产性服务，并且部分在服务供给环节有优势的制造业企业可能出现服务化转型发展，这本身也有利于促使原先置于制造业内部的研发设计、信息服务、物流以及其他的专业服务转向规模化、专业化，而制造业企业则可以更加专注于核心竞争优势的培育，有效释放辅业生产能力，优化企业的要素使用效率，降低制造业企业的经营成本；同时，分化出来独立发展的生产性服务部门在市场机会增加和市场空间拓展以及市场竞争加剧的背景下，也将较快形成比较完善的生产性服务供给体系，为制造业企业运营效率和发展层次的提高提供有力保障。

（三）服务外包等新兴业态增势迅猛

进入新世纪以来，由于信息通信技术的发展和广泛应用，使得远距离提供部分生产性服务成为现实，发达国家的一些企业为了降低企业的生产和运营成本，将软件编程、后台的信息服务等生产性服务业大规模转移到发展中国家，这为我国生产性服务企业发展提供了广阔的市场空间和良好的市场机遇。

近年来，我国生产性服务业较快成长，不断涌现出一批发展速度快、有市

场前景和潜力的新兴产业，呈现出“小产业、大市场”的特征，成为国民经济发展新的增长点。近几年，我国服务外包产业规模迅速扩大，结构亦不断优化。2015 年 1 月《国务院关于促进服务外包产业加快发展的意见》指出，经过 3 年努力，力争实现国际服务外包业务规模年均增长 25%以上，服务外包企业的专业服务能力和水平显著提高，服务外包业务结构进一步优化，服务外包示范城市的辐射带动作用进一步增强。①

从中国生产性服务业发展的历程，我们可看到虽然生产性服务业发展取得了较大进展，但客观上来看，由于存在“先天不足”，生产性服务业发展缺乏产业充分发展演化所供给的有效滋养，同时面临诸多制度、体制以及政策上的约束，所以相对于西方生产性服务业发展水平来看，其产业结构和产业层次仍然处于较低水平。生产性服务业产业总体规模化、标准化、产业化、国际化程度低，服务的质量、层次和技术含量以及服务供给效率偏低，产业竞争力较弱，在国内外缺乏有影响力的品牌和明星企业。

第二节　中国生产性服务业和制造业发展困境及现实出路

随着社会分工的泛化以及信息技术变革的加速，生产过程的迂回程度大大提高，企业的组织方式和营利模式发生了巨大变化，控制价值链两端成为企业增强价值链治理能力和提高盈利能力的关键举措。从整个产业发展演化的过程来看，经济服务化的趋势明显增强，产业间以及产业内网络经济特征明显。反观中国产业发展的历程，我们可看到由于历史及现实经济运行中的体制政策等原因，产业之间的互动融合动机不强、动力也就明显不足，从而造成生产性服务业与制造业发展面临诸多矛盾和困境。

一、中国生产性服务业发展存在的问题

经过四十多年的市场化改革和发展，生产服务业特别是发达地区的生产

① 国务院关于促进服务外包产业加快发展的意见(国发〔2014〕67 号)[EB/OL]. http://www.gov.cn/zhengce/content/2015-01/16/content_9402.htm.

性服务业正以较快的速度成长起来，逐渐成为我国现代服务业的核心，对我国产业结构优化升级和经济发展发挥着重要的支撑和引领作用。但相对于发达国家的生产性服务业发展水平来看，我国生产性服务业尚处于起步阶段，在总的经济体量中亦只占有较小的份额，经济规模不大且结构不合理，缺乏高水平且有国际竞争力的品牌企业，生产性服务业与制造业互动发展不够，生产性服务行业的管制较多，以至于缺乏充分的市场竞争动力和压力、缺乏高质量专业人才的支撑等。

（一）生产性服务业规模不大，结构不合理

由于中国生产性服务业发展起步较晚，从 20 世纪八九十年代开始发展至现在，生产性服务业的规模相对于经济总量来看仍然较小，2013 年生产性服务业[①]在 GDP 中的占比仅为 17.66%，在第三产业中的占比也仅为 37.63%。所以，相对于经济需求来说，生产性服务业的总量明显不足、发展滞后、供给明显跟不上经济发展的需要，并且供给质量和效率不高，以至于在市场竞争中缺乏竞争力。另一方面，从生产性服务业细分行业的结构来看，传统的生产性服务业态仍占明显优势，比如交通运输及仓储邮政业增加值占第三产业的比重为 9.44%，金融业占比 14.93%，而代表了新兴业态的信息服务、专业性商务服务以及科学研究和技术服务的增加值占第三产业增加值的比重仅为 8.49%。所以传统生产性服务部门依然是生产性服务业的主导产业且存在过度竞争的现象，而知识、信息和人力资本密集的高端知识型及技术型生产性服务发展明显不足且业务供给范围较窄，而这些高端生产性服务的供给恰恰是提升制造业以及相关服务业企业效率和盈利能力的关键内容，也是促进经济转型发展的重要环节。

（二）对外开放程度不高，缺乏高水平且有国际竞争力的品牌企业

通常来说，哪个领域开放得较早，哪个领域的竞争程度就较强，哪个领域的发展也就较快。中国生产性服务业乃至服务业发展相对滞后，在很大程度上与该领域的开放程度低有关。因为一个领域越是封闭式发展，就越具有完全垄断的市场特征，在缺乏外部竞争者充分有效“搅局”的情况下，越容易致使这些领域缺乏改善或改进服务质量、提高服务效率的压力和动力，从而使得该

---

① 包括细分行业同第三章的实证分析部分。

领域长期陷入服务质量差、经济效率低的状况。改革开放以来，服务业对外开放度不断提高，开放度已经接近发达国家水平，涵盖了《服务贸易总协定》12个服务大类中的10个，有将近100个服务贸易部门已向外资全部开放，占服务部门总数的62.5%。[①] 但综合来看，中国服务业的对外开放程度远低于制造业。在国际市场上，吸引对外直接投资的数额远低于制造业，且外资进入服务业领域还要受到诸多条件的制约，比如外资准入资格、业务类型、股权比例等，所以生产性服务业乃至服务业对外开放的力度、水平和范围仍有待于进一步提高。

缺乏外部竞争者的进入致使中国生产性服务企业的服务质量、服务效率和服务水平得不到有效提升，也使得生产性服务业领域很难形成高水平、有核心竞争力和国际竞争优势的品牌企业，这反过来又使得企业在面临较好的市场机会不能有效把握。在大量外资企业或国内高层次制造业向市场采购相关生产性服务时，多优先考虑使用有资质、服务效率和服务水平高的生产性服务跨国公司，这显然会影响国内生产性服务企业的发展空间。

（三）生产性服务业与制造业互动层次较低、融合发展程度不高

从生产性服务业的发展来看，其本身大多数是从制造业中独立分化出来的，所以制造业是生产性服务业的重要"母体"，而独立出来的生产性服务部门经过专业化和规模化发展之后再投入到制造业的生产过程中去又有利于提升制造业生产、运营效率，提高制造业企业的市场竞争力。所以，在社会分工日益深化的背景下，生产性服务业和制造业之间互补性融合的演化趋势将更加凸显。

但是，从我国生产性服务业发展的现有情况来看，生产性服务业驱动制造业效率提升的作用还没有得到充分发挥，二者之间的良性循环格局还远没有形成。这主要表现在两个方面。一方面为生产性服务业促进制造业发展作用发挥不明显。由于生产性服务业发展起步较晚，专业化分工不够细，且提供的生产性服务异质化特征不明显，以至于服务的质量和效率不高，导致生产性服务企业普遍规模小、创新能力弱，服务产品的知识含量较低、缺乏核心竞争力和品牌效应，所以生产性服务企业供给的生产性服务产品不能完全满足制造业企业对异质化服务的专业性需求，特别是满足不了制造业企业或其他市场

---

① 夏杰长.中国服务业三十年：发展历程、经验总结与改革措施[J].首都经济贸易大学学报，2008(6).

主体对中高端服务的中间需求。与此同时，缺乏专业化、规模化和产业化支撑的生产性服务本身标准化程度不高、服务质量也参差不齐，服务价格相对较高，这也会抑制其他企业外购生产性服务的需求。另一方面，制造业企业对生产性服务业的需求拉动不足。在我国制造业中占主导地位的是劳动密集型制造业，资本尤其是技术密集型企业比重不高，以至于我国制造业企业发展整体层次不高。很多企业是“两头在外”，主要从事“三来一补”的加工贸易型产品生产，在整个价值链上多属于加工装配制造环节，而从事高端或高品质产品制造的企业比例不高，以至于整体上制造业企业对研发设计服务、市场营销、信息服务以及其他专业性商务服务的中间支出比例很小，这严重压缩了生产性服务业的发展空间，不利于生产性服务企业的专业化、规模化和产业化水平的提高。还有一些企业，尤其是国有大中型企业依然延续传统的“大而全、小而全”的封闭式组织模式，通过服务外包来降低企业运营成本、提高生产效率的观念淡薄，亦或对外部市场供给的服务产品缺乏信任，这事实上也抑制了生产性服务市场秩序的自然扩展，减少了生产性服务市场的中间需求。另外，有特色和优势的制造业产业集群尚未形成，这也制约了生产性服务业的辐射功能的发挥，从而间接地抑制了生产性服务企业服务能力和服务效率的提升。

(四) 生产性服务行业管制较多以至于该行业缺乏充分的市场竞争动力和压力

生产性服务业的对外开放不仅需强调对外资开放，同时也应强调对内开放。近年来，虽然服务业的体制束缚的坚冰已逐渐打破，但要真正为服务业的发展创设一个公平、公正、透明、有序的市场秩序还任重而道远。目前我国生产性服务业内行业垄断现象仍然比较普遍，市场准入限制较多、门槛较高，这进而导致了行业内的竞争不充分，市场充分竞争带来的“鲶鱼效应”不明显。尤其是一些发展潜力较大如金融、通信、交通等行业仍存在进入限制或存在较大的行业垄断势力，既得利益难以打破，行政垄断的现象仍然比较严重，而长期受体制政策保护的生产性服务行业内的各主体既没有不断提升自己服务质量、服务水平以及供给更优质的创新型产品的动力，也缺乏市场竞争带来的“生于忧患”的无形压力，极易出现“死于安乐”的现象，这显然极大地抑制了生产性服务业的健康持续发展的能力。

党的十八届五中全会通过的《中共中央关于制定国民经济和社会发展第

十三个五年规划建议》提出要"放宽市场准入，促进服务业优质高效发展。推动生产性服务业向专业化和价值链高端延伸、生活性服务业向精细和高品质转变，推动制造业由生产型向生产服务型转变"。这些意见为我国"十三五"时期加快服务业转型升级，开创现代服务业发展新格局指明了方向和思路，也是"十三五"时期发展现代服务业的行动纲领。[①]

（五）缺乏高素质的专业性人才支持

发展生产性服务业需要大量的专业性人才投入，因为只有具有高水平的服务团队，才能给客户提供更多优质的高标准的异质性、个性化服务产品，也才能在行业内积累起更多的企业声誉和客户群体，所以，高素质的人才储备是生产性服务企业形成核心竞争优势和打造过硬的服务能力的关键法宝。由于我国在经济发展中长期受"重制造、轻服务"观念的浸染和熏陶，以至于在人才的培养上长期重视生产制造型人才的培养而对专业性服务业人才的培养重视不够，这也导致生产性服务业专业较强的人才储备明显不足、人才供给结构与人才的市场需求结构脱节的不合理现象。尤其是生产性服务业复合型高级专业人才的短缺，已经成为制约我国生产性服务业发展的一个瓶颈。

二、中国制造业发展的基本特征

中华人民共和国成立以来，我国已经建成了门类齐全、独立完整的工业体系，这有力地推动我国工业化和现代化进程的加快、显著增强了综合国力、夯实了我国世界大国地位的物质基础。然而，不可否认的是我国制造业在自主创新能力、资源能源利用效率、产品质量效益等方面，还较大程度地落后于发达国家，制造业转型升级和实现跨越式发展的担子还很重。具体来看，本研究将中国制造业在成长过程中形成的基本特征归纳如下。

（一）制造业形成了门类齐全、独立完整的产业体系，综合配套能力增强，整体发展水平和生产效率不断提高

我国经过工业化进程的逐步推进，已经形成了完整的工业体系，制造业作

---

① 中共中央关于制定国民经济和社会发展第十三个五年规划的建议[EB/OL]. http://www.cs.com.cn/xwzx/hg/201511/t20151103_4831983.html.

为工业的最主要构成部分，也已经形成了齐全的制造业门类，且各门类之间的综合配套能力显著提升，上下游产业配套能力较强，基本能够满足国内外市场多层次的需求。在国内外市场竞争压力和企业家追求利润动机的双重刺激下，制造业产业发展的整体水平有了较大提高，除了生产规模显著扩大外，产品的质量标准亦不断提高。制造业的生产效率和生产能力也不断提高，多个制造业门类的产量居世界前列，为世界各国提供了物美价廉的产品。

（二）利用本土丰富的资源和要素，中国制造业的低成本优势明显

改革开放后，中国制造业快速成长的一个重要原因是在市场逐渐放开的前提下，中国丰富的资源被有效地动员起来，并投入到经济建设的大潮中。在要素市场价格体系不健全的情况下，许多要素低成本甚至是超低成本地投放到制造业生产中去，在增加制造业产出规模的同时，也为制造业企业创造了低成本的竞争优势，物美价廉成为中国产品在世界市场上的主要形象，低价竞争也成为制造业企业参与市场竞争的一把“利器”。

虽然近年来劳动力等生产要素价格上涨导致企业生产成本提高，但中国劳动力资源仍然相对比较丰富，相较于发达国家，劳动力成本还是比较低的。同时，中国国内市场比较广阔，制造业的国内产业梯度转移空间很大，沿海地区的制造业通过向中西部地区进行梯度转移，仍可以获得持续的低成本优势。

（三）在全球产业链中中国制造还处于中下游

尽管很多工业产品的生产数量居世界前列，但产品附加值较低，具有自主知识产权的产品比重不高，自主创新能力不足，国际竞争力不强，这严重影响中国制造业发展的整体素质和市场竞争地位。很多制造业企业仍停留在加工装配的阶段，主要利用国内生产要素成本较低的优势进行代加工或贴牌生产，在两头挤压下利润空间非常狭小，可赚取的利润很低，所以也缺乏足够的资本积累支持其向产业链的两端延伸，低端锁定的风险相对较高。由于许多制造业企业所在行业的外资所占比例偏高，在自身缺乏研发和服务能力的情况下，生产率与国外同行业的制造业企业相比也就没有任何优势。破除“微笑陷阱”的束缚，向产业链的高端延伸和拓展是中国制造业今后努力的方向，也是“中国制造 2025”的主要目标。

(四) 传统的"三高一低"生产模式仍在延续，产品构成存在结构性矛盾

在传统的工业化模式下，受传统工业发展观念的影响，为促进和鼓励缺乏效率的重化工业项目的快速推进，通常把要素价格压得很低，造成要素价格体系严重扭曲，从而形成高资源和资本投入、低效率企业营利的假象。[①] 在1978年以后，虽然随着市场化改革的推进，市场价格体系逐步建立、价格信号逐渐成为引导企业配置资源的主要手段，但要素特别是资源性要素价格的市场化改革明显滞后，同时受到各地区过度注重工业化的速度这一落后观念影响，致使制造业企业在发展过程中经常出现高投入、高消耗、高污染、而产出低效率的情形。照目前的制造业发展模式继续发展下去的话，中国能源、资源和环境的供给能力明显不可持续。若不能有效改善我国能源消耗水平，我国GDP要达到美国水平，全世界的石油和煤炭都用来支持中国经济发展估计还不够消耗。[②]

在低水平重复建设和数量扩张过程中，整个产业发展质量和层次受到很大抑制，导致中国虽然是一个制造业大国，却不是一个制造业强国，高精尖产品的供给与生产厂商或老百姓需求层次不断提高之间结构性矛盾凸显。比如在存在相关产品产能严重过剩的同时，高科技、高性能和高附加值的产品却很稀缺，这一方面导致许多先进制造业生产中所需的中间投入品不得不依靠从国际市场进口，另一方面也致使老百姓去其他国家抢购马桶盖、抢购奶粉等情况的出现。2015年底，中央经济工作会议提出的近期工作重点——着力推进供给侧结构性改革，就是力图扭转和改变中国制造业发展中存在的诸多结构性矛盾。

(五) 中国制造存在重生产、轻服务的传统和倾向

多年来，许多制造业企业重视产品的生产规模，却忽视产品上所附加的服务成分。在市场供不应求的情况下，凡生产出来的产品基本上都能销售出去。但随着市场由卖方市场转向买方市场以及消费者收入水平的提高，消费者就会根据自己的喜好选择更富有个性化或异质性的产品，而个性化或异质性产品往往附加着更多的服务成分，能够给消费者的消费带来更多的舒适、便利和

---

① 林毅夫、蔡昉、李周. 中国的奇迹：发展战略和经济改革(增订版)[M]. 上海：上海人民出版社、上海三联书店，1999：28—66.

② 洪银兴、孙宁华. 中国经济发展：理论、实践、趋势[M]. 南京：南京大学出版社，2015：153.

价值增值。所以，伴随着市场需求层次和结构的变化，制造业企业的生产理念也要适时地改变，从传统的只重视生产转向重视生产的同时融入更多的服务以满足消费者个性化和多样化的需求。

三、中国制造业发展面临的困境

中华人民共和国成立以来特别是改革开放以来，制造业在中国经济发展中承担了重要角色。在集聚各种生产要素的过程中，制造业创造了巨大的国民财富，为中国、为世界提供了日益丰富的产品，使中国一跃成为活跃在世界舞台上的制造业大国。2010 年中国制造业占世界制造业的比重为 19.8%，以微弱的优势超过美国（19.4%）成为“世界第一”，确实成为全球制造业大国。在看到中国制造业发展取得喜人成绩的同时，也要看到发展中面临的困境：一方面制造业发展依然在很大程度上延续着“三高一低”的粗放发展方式，工业能耗占全国能耗比重超过 70%，诸多工业产品的单位能耗远远高于国际平均水平；另一方面正如学者金碚指出的“中国制造”面临资源环境和要素成本上升的巨大压力，产业利润率明显偏低，同时还受到高端制造业向发达国家回流和低端制造业向低成本国家转移的双重挤压，所以中国制造业发展正面临着各种“内忧外患”的发展困境，面临着在诸多不确定因素下如何实现产业转型升级的关键抉择。因此，中国制造业自身存在的附加值偏低、发展方式粗放、产能过剩、制造业整体效率不高以及创新能力亟待提高等问题成为中国制造业乃至整个经济发展所面临的主要困境和突出障碍，所以中国制造业发展和前行道路上遇到的困难仍需要通过不懈努力来克服和超越。

（一）制造业“大而不强”现象突出

1. 人均制造业增加值偏低

中国作为世界“制造工厂”，为世界各国人民提供了丰富多样的质优价廉的产品，制造业增加值总量颇高，占有国际市场份额最大，但人均制造业增加值并不高。2000—2014 年中国人均制造业增加值以年均 9.26%的增长速度快速提高，与新兴市场国家相比，我国人均增加值还不算低。但与发达国家特别是以往的制造业强国相比，我国人均制造业增加值明显偏低，2014 年我国人均制造业增加值只相当于美国的 22.09%，日本的 15.41%、德国的 15.75%（见表 4-1）。

表 4-1 中国与世界其他主要制造业国家的制造业增加值情况 （单位：美元）

国别 \ MVA状况	2012MVA占世界比（%）	MVA pc 2000	MVA pc 2005	MVA pc 2007	MVA pc 2010	MVA pc 2012	MVA pc 2014
中国	17.42	352.8	914.4	732.3	967.01	1 147.1	1 219.0
俄罗斯	1.52	607.5	868.9	958.0	867.22	947.0	978.2[a]
巴西	1.7	680.5	774.1	769.5	775.31	764.4	726
印度	2.31	81.4	155.7	126.5	149.27	163.4	168.4
南非	0.52	782.3	863.4	932.4	878.9	910.9	891.4
美国	20.5	5 299.9	5 164.8	6 131.0	5 681.25	5 785.8	5 519.7[a]
日本	10.91	7 134.7	7 821.9	8 323.7	7 665.98	7 692.8	7 912.7[a]
英国	2.63	4 657.6	3 739.9	4 513.1	3 979.19	3 731.0	3 687.2
德国	6.51	6 531.1	7 027.5	7 688.9	6 760.31	7 074.6	7 737.5
法国	2.71	4 035.8	1 049.0	4 190.9	3 892.31	3 810.4	1 004
意大利	2.66	5 373.8	4 403.3	5 236.2	4 300.13	3 884.8	4 069.2[a]

注：中国数据不包括港澳台数据，a 表示估计值。

资料来源：UNIDO Statistics，2000－2013，UNIDO Statistics，2014。转引自：孙理军、严良：《全球价值链上中国制造业转型升级绩效的国际比较》，《宏观经济研究》2016 年第 1 期。

2. 制造业整体附加值偏低，劳动生产率不高。

多年来，中国制造业的“野蛮生长”主要依靠较低的生产要素成本和较宽松的资源环境约束，这也是制造业企业参与国际市场竞争、获得市场竞争优势的主要法宝，以核心技术、品牌、标准为代表的高端竞争优势尚未形成，这导致了制造业附加值总体偏低。与此同时，大量低廉的劳动力涌入到制造业中带来低成本优势在一定程度上又被制造业企业较低的劳动生产率抵消了，导致中国制造业劳动生产率仅相当于美国的 13.25%、日本的 13.92%和德国的 22.64%①。

3. 中国制造业产业结构不合理

在中国制造业发展中，我们会看到存在不少结构不合理问题，最明显的就表现为高端装备制造业发展不足、而技术含量低的制造产品严重过剩。一方面，由于核心技术研发能力比较欠缺，装备制造业尤其是高端装备制造业发展严重滞后，而高技术装备制造业的发展水平和层次恰恰体现了一国制造业的

① 数据参见：刘军、程中华、李廉水．中国制造业发展：现状、困境与趋势[J]．阅江学刊，2015(4)．

核心竞争优势，也是撑起一国经济发展的"钢筋铁骨"，核心技术的短缺也导致装备制造业的发展严重依赖进口的情形。另一方面，低端的劳动密集型制造业占比较大，由于行业进入门槛较低，在这些制造业部门存在严重的重复建设和产能过剩现象，这也成为制造业结构失衡的重要方面，不仅导致能源资源的高消耗、生态环境的严重破坏，还致使要素配置效率严重受损。

4. 制造业企业营利能力有待提高

虽然制造业企业的规模增加了，但整体来看，企业的营利水平还比较低。通过比较 2015 年财富 500 强中居前 10 位的世界制造业企业和进入世界 500 强的中国大陆制造业企业中前 10 家的净利率和资产收益率(见表 4－2、表 4－3)，我们可看到中国制造业企业虽然营业收入很高，但是其获利能力还有待进一步提升。中国制造企业在全球产业链条中始终处于加工制造的低端领域，在前后两端的挤压下，其获利空间较小和获利能力较低也决定了中国制造业行业整体发展质量不高。现有资料表明，目前中国制造业的增加值率仅为 26.23%，与美国、日本及德国相比分别低 22.99、22.12 及 11.69 个百分点。

表 4－2　　2015 年财富 500 强中居前 10 位的世界制造业企业

2015 排名	2014 排名	公司名称	营业收入/百万美元	利润/百万美元	净利率(%)	资产收益率(%)	所属国家或地区
8	8	大众公司	268 566.6	14 571.9	5.4	3.4	德国
9	9	丰田汽车	80 194.5	4 248.3	8.0	5.0	日本
12	12	雪佛龙	78 978.6	1 600.4	9.4	7.2	美国
13	13	三星电子	195 845.3	21 922.7	11.2	10.5	韩国
17	20	戴姆勒股份公司	172 279.1	9 235.3	5.4	4.0	美国
21	21	通用汽车公司	155 929	3 949	2.5	2.2	美国
26	17	福特汽车公司	144 077	3 187	2.2	1.5	美国
31	32	鸿海精密工业股份有限公司	139 039.4	4 307.8	3.1	5.5	中国台湾
44	45	本田汽车	121 221.5	4 633.4	3.8	3.0	日本
56	68	宝马集团	106 654.3	7 691.2	7.2.	4.1	德国

资料来源：2015 年财富世界 500 强排行榜。

表 4-3　2015 年进入财富 500 强排名前 10 位的中国制造业企业

2015 排名	2014 排名	公司名称	营业收入/百万美元	利润/百万美元	净利率（%）	资产收益率（%）
60	85	上海汽车集团有限公司	102 248.6	4 540.1	4.4	6.8
107	111	中国第一汽车集团公司	80 194.5	4 248.3	5.3	8.0
109	113	东风汽车公司	78 978.6	1 600.4	2.0	3.0
144	152	中国兵器工业集团有限公司	65 615.1	727.5	1.1	1.4
207	248	北京汽车集团	50 566	819.9	1.6	1.9
218	211	宝钢集团有限公司	48 323.4	952.9	2.0	1.1
231	286	联想集团	46 295.2	828.7	1.8	3.1
234	279	山东威桥创业集团公司	45 757.1	1 150.3	2.5	4.9
239	271	河北钢铁集团	45 543.7	−186.6	−0.4	−0.4
240	227	中国铝业公司	45 445	−1 758.2	−3.9	−2.2

资料来源：2015 年财富世界 500 强排行榜。

(二) 中国制造业企业的科技创新还不足以支撑制造业的产业升级

改革开放以来，中国的研发投入强度不断提高，1978 年研发强度为 0.65%，到了 2015 年，研发投入经费总量达 1.4 万亿元，在经费投入总量上仅次于美国，研发投入强度上升至 2.10%。但横向来看，与美国、日本、德国、韩国等发达国家相比还存在一定差距，2013 年美日德韩四国的研发投入强度分别为 2.79%[①]、3.49%、2.94%、9.26%。在研发经费的使用上，我国与发达国家相比也存在较大差别。一方面，中国制造业的研发经费投向高技术产业和装备制造业比较少、投向资金密集型制造业则比较多，而能够彰显一个国家制造业参与国际竞争实力的恰恰是这些驱动技术进步的高新技术产业和先进制造业。如 2014 年中国高技术产业 R&D 经费占工业增加值的比例仅为 0.08%，而 2009 年美国的这一比重高达 19.74%。另一方面，中国制造业的研发经费主要用于降低成本的工艺开发，而用于原创技术研发的则比较少。而产业发展的事实证明，自主创新能力的缺乏已经成为制造业核心竞争力和持续创造高附加值能力提高的短板，也是遏制“中国制造”走向“中国智造”和“中

① 美国数据是 2012 年的。

国创造"的关键原因。更为重要的是,这种不合理的经费使用结构和低效的使用效率使得制造业转型升级缺乏必要的原动力。

(三) 产能过剩成为阻碍中国制造业发展的顽疾

在利好的中央和地方政策、廉价的劳动力、过低的土地价格以及扭曲的资源和环境价格等刺激之下,制造业的投资率一直居高不下,多年来制造业的固定资产投资率年均增长速度在20%左右,且地区之间产业结构同构现象严重。各地区高投资积淀了制造业较高的生产潜力,在国内外市场需求逐渐饱和的情况下,相关行业的产能过剩越演越烈。通常来看,当企业产能利用率不足90%且持续下降时,表明企业设备闲置严重,最终必然形成产能过剩。统计资料显示,目前我国制造业的平均产能利用率约为60%,不仅低于美国等发达国家当前工业利用率78.9%的水平,也低于全球制造业71.6%的平均水平。① 除了传统的钢铁行业、汽车行业、家电行业等行业产能严重过剩外,新兴产业中的风电设备、太阳能光伏发电用多晶硅等部分行业也暴露出产能过剩隐患。另外,金融危机和欧债危机让欧美等国重新认识以制造业为主的实体经济的重要性,这必然对以出口导向为主要特征的中国制造业形成强硬的结构性制约。即便在"一带一路"建设的利好形势下,中国制造业试图借助于外部市场来消化过剩产能也将面临诸多变数和风险。

因此,原来地区间的重复投资和恶性竞争不仅导致制造业自身资源利用效率不高、经济效益低下,由此所导致的产能过剩问题更是成为严重抑制我国工业和国民经济持续健康发展的硬伤。2015年年底中央经济工作会议上提出2016年的经济工作重点之一就是"去产能",努力解决"僵尸企业"问题,协调好去产能、促发展和稳就业之间的关系,可见产能过剩问题不仅已经产生严重经济后果,而且在较长时间内会成为制约中国制造业乃至整个经济发展的棘手难题,实现制造业整体发展素质和生产运行效率的提高必须要翻越消解产能过剩这座"高山"。

(四) 制造业面临的资源环境约束趋强

中国传统制造业发展多属于典型的"三高一低"的粗放式发展模式,资源和能源的消耗率高、利用率低,而高负荷的污染物排放给资源环境造成巨大压

---

① 中国制造业深陷转型之困[EB/OL]. http//: roll. soho. com/20120928/n354109058. shtml.

力，资源和环境的承载力明显下降，资源和环境面临日益严重的压力对制造业发展的瓶颈效应越来越明显，经济发展的可持续性受到巨大挑战。具体来看，主要表现在以下几个方面：(1)中国的单位 GDP 平均能源消耗高于世界平均水平。通过比较中国与其他国家的能源供应量/GDP(吨标准油/千美元)可看出中国能源消耗较高，2014 年，中国这一比值是 0.62，世界平均水平是 0.24、美国是 0.15、日本是 0.10、德国是 0.1、韩国为 0.22。(2)能源投入结构不合理。中国的电力主要通过煤炭转化而来，清洁型发电如水力和风力发电、核电所占比重较小。所以制造业使用的大量电力主要消耗煤炭，而这种能源消耗构成是导致中国环境污染日趋严重的主要源头。(3)环境污染日趋严重。近年来雾霾现象严重，二氧化碳的排放量激增与制造业的高能源消耗以及产生的污染物无序排放有着密切关系。中国水体有机污染物生化需氧量(BOD)排放 2006 年就达到 8 823.75 t/天，是美国的 4.77 倍；氮氧化物排放量 2010 年达到 5.5 亿立方吨二氧化碳当量，排放量世界第一，是美国的 1.81 倍。[①] 以上数据比较体现了中国制造业发展方式的粗放，虽然纵向来看，制造业产值的单位能耗和污染物排放在下降，但横向与发达国家相比，中国制造业的生产效率、整体发展水平还比较落后。伴随着生态环境承载极限的逼近，制造业转型升级势在必行。

另外，中国对国际社会承诺的碳减排计划也使得制造业发展面临的环境约束趋紧。比如，中国政府承诺至 2020 年单位 GDP 二氧化碳排放比 2005 年下降 40%—45%；2014 年 11 月的《中美气候变化联合声明》进一步提出，中国计划 2030 年左右二氧化碳排放达到峰值且将努力早日达峰，并计划到 2030 年非化石能源占一次能源消费的比重提高到 20%左右。[②] 节能减排、低碳经济、绿色经济首先要求生产主体特别是制造业企业身体力行地去研发和应用新的节能环保技术，只有这样国家对国际社会的庄严承诺和发展转型才能落到实处。

从以上生产性服务业和制造业发展中存在的问题以及当前发展面临的困境，我们可看到其根源主要在于产业之间在需求供给双方不能形成有效的联动机制，一方面生产性服务业的发展缺乏制造业以及其他服务业中间需求支撑，另一方面制造业发展因缺乏专业化低成本的生产性服务业的支持而难以

① 李平、李晓华. 中国制造业发展的成就、经验与问题研究[J]. 中国工程科学，2015(7).

② 中美气候变化联合声明[EB/OL]. http://news.xinhuanet.com/2014-11/12/c_1113221744.htm.

突破传统的发展方式，从而致使制造业生产运营效率不高且产品供给结构和供给质量不适应市场需求结构的变化，出现这样的发展状况既有历史层面的原因，又有现实原因。

四、中国制造业发展的未来趋势

工业尤其制造业犹如大国之“筋骨”，拥有“钢筋铁骨”，国家方可屹立。[①]世界制造业发展演变的历程，一方面表明了制造业作为实体经济的重要支撑对各国特别是大国经济社会发展的重要意义，这也是金融危机后发达国家提出“再工业化”的重要原因；另一方面也生动体现了制造业简单而复杂的生存之道，那就是不断进行“创造性破坏”。所以，工业转型或制造业发展的实质就是技术进化过程中的一次突变和创新“涌现”。[②] 反观中国制造业发展面临的困境和瓶颈，我们可看到中国制造业发展能否实现“由大转强”、打破“资源魔咒”、消解过剩产能的沉重包袱以及克服价值链“低端锁定”的风险，出路就在于能否把创新驱动落到实处，切实实现自身的发展转型和升级。所以，未来中国制造业发展要实现四个转变：由要素驱动向创新驱动转变，由粗放制造向绿色制造转变，由生产型制造向服务型制造转变，由低端制造向高端制造转变。[③]

（一）创新是未来制造业发展的主要驱动力

创新是相关市场主体对正激励或者获利机会的一种正常反应，而企业创新的最大外在动力源于充分的市场竞争，通过营造均等的竞争机会可以激发和诱导企业进行原始创新的积极性。因此，在经济新常态下，营造“公平—效率”的新常态关系，是实现“从要素驱动、投资驱动转向创新驱动”的关键。[④]

对于现阶段的中国制造业来说，各种生产要素的成本不断上升、产品的市场需求基本饱和、企业利润空间被不断挤压，制造业企业要想在残酷的市场竞争中存活并发展下去就必须跳出原来的生存发展思维和路径依赖，从依赖低价格的资源要素投入、低标准的环境保护和低水平的劳动报酬等转向依靠技

①② 金碚. 工业的使命和价值——中国产业转型升级的理论逻辑[J]. 中国工业经济，2014(9).
③ 刘军等. 中国制造业发展：现状、困境与趋势[J]. 阅江学刊，2015(4).
④ 金碚. 中国经济发展新常态研究[J]. 中国工业经济，2015(1).

术创新、商业模式创新和制度优势，真正让创新成为企业生存和发展的生命之源。

在中国政府实施制造强国战略第一个十年的行动纲领《中国制造 2025》中明确提出要坚持“创新驱动、质量为先、绿色发展、结构优化、人才为本”的基本方针，可见创新驱动不仅是当下和未来中国制造业重新焕发生命活力的最根本驱动力，也是制造业创造新的比较优势、提高国际市场竞争力的根本途径。在当下信息技术革新和应用不断泛化的背景下，不管是传统制造业的转型升级，还是新兴制造行业的迅速崛起都离不开科学技术创新、模式创新和制度创新。发达国家提出的制造业回归或再工业化战略也主要集中在高端化、智能化制造业方向，而中国制造业要想在高端制造业领域取得国际竞争优势，强大的原始科技创新能力是必不可少的，因为这些领域的核心技术是不可能从其他国家直接购买的，只能依靠自主创新。而自主创新不仅能够进入高附加值产业，获取更高收益率，还有助于获得低成本和低价格优势，在技术水平相当的情况下，低成本优势无疑是获得竞争优势的一把利器。在工业生产中不断进行技术创新，就可以加快科学发明转化为大众产品的进程：即不断地将昨日的奢侈品变成今日的高端产品、把今日的高端产品又变成明日的大众消费品，这也是工业发展的主旋律。[①] 所以，创新是未来中国制造业生存和发展的根本之道。

（二）绿色制造是未来制造业发展的主要方向

目前，中国虽然是一个制造业大国，但不是制造业强国，一个重要原因就是制造业的发展模式依然没有摆脱“三高一低”[②]的粗放式发展。这种粗放的发展模式在生产众多物质产品、创造巨大社会财富的同时，对资源环境产生了巨大的压力，付出了庞大的社会成本。如前文所提到的经过多年的制造业粗放发展，中国资源和环境的承载能力基本饱和，环境污染带来的负面效应凸显、隐性成本支出激增，未来制造业发展必须实现向绿色制造转型。正是基于当前的发展现状，2015 年中国制造业发展的纲领性文件《中国制造 2025》提出要把绿色发展作为主要方向之一。在该文件中指出：全面推行绿色制造，加大先进节能环保技术、工艺和装备的研发力度，加快制造业绿色改造升级；积

---

① 金碚. 中国工业的转型升级[J]. 中国工业经济，2011(7).

② 高投入、高消耗、高排放、低效益。

极推行低碳化、循环化和集约化，提高制造业资源利用效率；强化产品全生命周期绿色管理，努力构建高效、清洁、低碳、循环的绿色制造体系。[①] 世界发达国家如美国、德国、日本等已经陆续推出了制造业绿色发展计划，较大程度地提高了资源能源利用效率、降低了制造业发展对资源环境造成的负面影响，较好地保护了生态环境。所以，制造业绿色发展是突破资源环境约束的唯一出路。

（三）服务型制造是未来制造业发展的主要趋势

《中国制造 2025》指出：加快制造与服务的协同发展，推动商业模式创新和业态创新，促进生产型制造向服务型制造转变；引导和支持制造业企业延伸服务链条，从主要提供产品向提供产品和服务转变；鼓励制造业企业增加服务环节投入，发展个性化定制服务、全生命周期管理以及在线支持服务等。[②] 从发达国家制造业发展历程可看出，凡是能在国内和国际市场竞争中拔得头筹的大型企业多是实现了由生产型制造向服务型制造的转变，制造与高端服务的融合是这些企业培育核心竞争力、获得市场竞争优势的杀手锏。随着企业生存环境的变化，制造企业如果还是固守原来的生产环节营利模式，势必被市场所淘汰。因为从现实来看，企业高附加值的创造主要源于研发、工业设计以及营销等服务环节，生产环节的利润空间不断被两端挤压，获利机会不大。所以，鼓励和支持优势制造业企业通过业务流程再造、商业模式创新，向其他企业提供优质的专业化服务是制造业企业发展转型的主要抓手和趋势。国际上一些大型跨国公司如 IBM、GE、NIKE 等成功地实现了从生产型制造转变成服务型制造，可见服务型制造是制造业拓展获利空间、增强竞争优势的主要渠道，促进有优势的制造业向服务业延伸的二三产业融合战略代表了未来制造业发展的主要趋势，也是制造业实现高级化的重要标志。

（四）高端制造业是未来制造业发展的主要抓手

在新的时代条件下，信息化、智能化是工业发展的必然逻辑，制造业新业态和新模式的出现也是工业化发展的必然结果。在中国制造业未来发展的征程中，通过重点培育新一代信息技术、高端装备制造等产业，引导优质资源向

①② 国务院关于印发《中国制造 2025》的通知（国发〔2015〕28 号）[EB/OL]. http://www.gov.cn/zhengce/content/2015-05/19/.

这些产业聚集，有助于加快形成先导性、战略型、支柱性产业集群，这也是提升制造业发展水平的关键环节。发达国家提出的“再工业化”“制造业回归”等发展战略和发展计划所指的制造业绝不是一般意义上的制造业，而是指高端制造业或制造环节。美国已正式启动的高端制造业发展计划、德国提出的工业4.0计划等都是发达国家试图进一步掌控全球高端制造市场的最优选择。高端制造业的发展不仅是参与国际竞争、提升国际竞争力的关键，通过高端制造业的产业关联以及自身的服务化趋势，还是引领国内制造业升级和改造的关键。当下中国制造业要想改变国际社会对中国制造的原先认知，推动“中国制造”转向“中国智造”“中国创造”，发展高端制造业是一个重要抓手。

以上几个方面体现了未来中国制造业发展的出路和趋势，但要真正实现发展转型，提升发展效率和质量、创造更高附加值产业、俘获高附加值产业链环节，并获得市场竞争优势绝没有坦途可走。借用马克思说过的话：中国制造业转型升级没有平坦的大路可走，只有在激烈市场竞争的反复打磨中不畏劳苦、勇于创新和善于把握商机的企业才有希望到达光辉的顶点，成为行业中的佼佼者和国内外激烈市场竞争中的强者。

五、加快推进生产性服务业和制造业融合是突破困境、实现产业转型发展的现实选择

通过对发达国家制造业和生产性服务业发展演变过程、中国制造业和生产性服务业发展现状以及新时期新的发展趋势的梳理和分析，我们可看到当下要提高制造业生产运营效率，拓展生产性服务业发展的市场空间，乃至提高整个实体经济的绩效，提升发展实体经济的积极性和信心，必须在推进供给侧改革的背景下，切实清除抑制和阻碍产业协调、联动发展的各种障碍，提升专业化分工水平和层次，促进整个经济运行效率的提高。

（一）促进制造业转型升级，实现绿色制造、加快制造服务化发展都离不开知识密集型生产性服务业的鼎力相助

首先，传统制造业的转型发展不一定都要走高端或智能化途径，在合理利用外部服务投入的情况下，依然可以灵敏地适应市场变化，提高自身赢利能力。

由于制造业供给市场的产品本身种类多样，其可选择的生产和经营模式本身就存在多样性，所以制造业转型主要指的是经营模式的转变，通过不断创新促使企业提供的产品质量和产品结构适时地适应市场需求结构和层次的变化。对于许多传统行业的创新不一定都去寻求应用高科技，企业经营模式、流程的梳理和优化、商业模式等方面的创新都可能给企业发展创造更丰富的商业契机和拓展出更多的赢利空间。另外制造业企业长期地耕耘在某个行业，则容易积累起丰富的经验，也就容易形成企业产品的特色或某些核心竞争优势，从而更易于去创造和把握商机。比如优衣库这个日本企业主要从事服装行业——这当然属于传统行业，但优衣库的老板可以做到日本首富，该企业经营成功的关键不在于快速更新、而在于企业通过与大学等研究机构的长期面料研发合作，使优衣库的服装面料穿起来更舒适更温暖，成为青年人的最爱。所以，在当前的社会分工日益细化的环境下，每个制造业企业必须要学会充分灵活地利用外部优质资源，力求扬长避短。因此将自身不具有成本优势的生产性服务外包给市场中能够以更低价格提供更高质量服务的供应商不失为一条捷径，从而使自身能够为消费者长期提供可信赖、有特色的产品。

其次，对于部分先进制造业部门的改造升级则更加需要“外脑”的支持。

《中国制造 2025》中指出：要大力支持服务于制造业的信息技术发展，提高重点行业信息应用集成能力。鼓励互联网等企业不断拓展新业务和新模式以帮助和实现对制造业企业的信息化改造。加快发展研发设计、科技咨询等科技服务业，发展壮大第三方物流平台、融资租赁等生产性服务业，提升对制造业转型升级的支撑能力。[①] 在社会分工不断细化和泛化的情况下，制造业企业的组织方式、营利模式和管理理念要进行大变革，必须要突破传统的“大而全、小而全”、“肥水不流外人田”等狭隘观念，通过与外部专业化和规模化水平较高的生产性服务供应商携手合作，或通过自身优势的“裂变”向价值链两端延伸来完成服务化转变，无疑是中国制造业摆脱当前资源环境约束，跳出“低端陷阱”，培育和增强市场竞争优势并焕发生机和活力的现实选择。

因此，在新的发展征程里，中国制造业特别是东部沿海地区的制造业必须

---

① 国务院关于印发《中国制造 2025》的通知（国发〔2015〕28 号）[EB/OL]. http://www.gov.cn/zhengce/content/2015-05/19/.

扬弃"世界加工厂"的发展模式，在发展"世界花园工厂"（先进制造业）的基础上建设"世界办公室"（现代服务业）和"世界公园"（环境友好）。[①] 成功实现制造业转型发展，关键在于发展现代服务业特别是高端生产性服务业，并通过良好体制机制环境的创设，切实发挥生产性服务业对制造业改造升级的引领和支撑作用。

（二）发展生产性服务业亦离不开制造业部门的中间需求的支持

生产性服务业发展中存在的问题，既有体制上的原因，而更主要的则是产业发展演变过程中没有形成良性产业互动的结果。生产性服务业本身就是从制造业部门或其他服务部门中分离出来的，而作为其他产业的中间投入是生产性服务最主要特征之一，所以离开了其他产业需求的支撑，生产性服务的市场范围和市场空间就会显著萎缩，这将进一步限制该行业的发展。所以随着制造业企业组织形式和管理方式的变化以及市场交易费用的降低，在未来将会有越来越多的企业选择专注于去做自己最擅长的业务，而将自身不擅长的环节外包出去，这必将使生产性服务市场的范围和规模进一步扩大。与此同时，随着生产性服务市场开放程度的提高，越来越多的生产性服务供应商之间的竞争也会更加激烈，这也将进一步诱导优势资源向更富有竞争力的企业去集中，从而促进行业内部分企业在更大程度上实现专业化、规模化和产业化，为客户提供更优质的具有个性化特征的服务产品。

当然，突破制造业和生产性服务业当前发展的困境，促进行业发展之间的互动还受到现实经济生活中诸多因素的制约，需要社会各方为产业发展创设一个良好的市场环境，为各市场主体特别是企业部门提供适当的激励。作为理性的经济主体，企业对投资机会异常敏感，一定会对市场激励做出适当的反应。在积极推进供给侧结构性改革的背景下，政府部门在提供优质公共服务的同时，要尽可能地限制和约束自己对市场主体过多的或不必要的干预，改善和提高要素供给的质量和运行效率，为产业之间互动融合提供一个运行良好的市场秩序和市场环境。

---

① 刘志彪.为什么我国发达地区的服务业比重反而较低？[J].南京大学学报(哲学.人文科学.社会科学)，2011(3).

第三节　小　结

本章首先梳理了中国生产性服务业发展的简要历程和新的发展特征，接着分析了生产性服务业发展中存在的问题以及新时期制造业发展遭遇的困境及未来发展的趋势。在新的经济发展环境下，生产性服务业和制造业的发展影响甚至决定了中国产业升级和整个经济发展方式转变的未来趋势，促进生产性服务业的繁荣和兴旺离不开制造业的需求支持，而制造业发展绩效的提高以及转型发展的成功又离不开现代生产性服务业"助推剂"作用的发挥，所以推动生产性服务业与制造业的良性互动是实现产业结构优化升级和经济转型发展的现实路径。

第一节介绍了中国生产性服务业发展的历程和新特征。从中华人民共和国成立到改革开放前，在重工业优先发展的战略以及对服务业认识产生误区和存在偏差的情况下，中国服务业发展严重滞后，生产性服务业基本没得到发展。改革开放以后中国生产性服务业的发展大致经历了三个阶段，生产性服务业发展基本从"零"开始，经历了 40 多年的发展，其规模不断扩大、种类不断增加、新业态不断涌现。新的发展环境里，生产性服务业的发展亦呈现出诸多新的特征，为国民经济的稳定发展提供了重要支撑。

第二节主要分析了中国生产性服务业发展中存在的问题以及制造业发展的困境、趋势以及未来产业发展的现实选择。首先从以下几方面概括了近年来中国生产性服务业发展存在的不足：生产性服务业规模不大，结构不合理；对外开放程度不高，缺乏高水平且有国际竞争力的品牌企业；与制造业互动融合发展不够；管制较多、垄断程度较高，以至于生产性服务业缺乏充分的市场竞争动力和压力，以及生产性服务业的发展缺乏高质量人才支撑等问题。这些问题成为未来生产性服务业进一步发展的主要制约因素。另外本节还分析了中国制造业发展面临的困境，如制造业"大而不强"现象突出，制造业发展面临的资源环境约束趋紧，产能过剩成为阻碍中国制造业发展的顽疾，中国制造业企业的科技创新还不足以支撑制造业的产业升级，以上制造业发展中存在的问题正在"倒逼"中国制造业的发展转型和结构升级。同时结合国内外制造业发展的历程客观地分析中国制造业未来发展的趋势，各级政府和微观市场主体要切实转变发展观念和发展方式，各方齐心协力，努力实现中国制造业发展的四个转变——由要素驱动向创新驱动转变、由粗放制造向绿色制造转变、由生产型制造向服务型制造转变、由低端制造向高端制造转变，这样中国制造业的发展将会迎来又一个“春天”。

而生产性服务业和制造业要冲破发展的困局，一个重要的发展路径就是努力打通生产性服务业与制造业产业互动的通道，消除生产性服务业与制造业中间存在的“梗阻”现象，在二者之间建立顺畅通达的传导通道。在社会各界努力推进供给侧结构性改革的过程中，发挥生产性服务业对制造业提质增效、转型发展的引领作用，不断增强制造业对生产性服务的中间需求无疑是今后深化改革和制定产业政策的重要内容。

第五章　生产性服务业提升制造业效率的理论与实证分析

至2015年，中国制造业产值在全球制造业产值中的比重超过20%，这是中国改革开放四十多年以来取得举世瞩目成就的坚实基石。实体经济的发展不仅是推动我国经济发展的重要力量，也是推进我国参与世界分工的重要内容和基础。但中国制造业在快速生长和发展过程中也存在诸多困境和亟待解决的难题，随着人力成本、材料成本的上升，环境承载容量和能力下降等发展环境的变化，原来“野蛮生长”的模式势必不能适应现实的变化。因此，实现制造业产业升级，迫切需要改变制造业传统的发展思路和模式，加快实现我国由“制造业大国”向“制造业强国”的转变。而在2015年年底的中央经济工作会议上提出2016年乃至“十三五”期间要着力推进供给侧结构性改革，努力完成“去产能、去库存、去杠杆、降成本、补短板”五大任务，提高整个供给体系质量和效率，在加快培育经济发展新动能的同时，改造提升传统比较优势，改善我国经济发展的整体绩效。从中央的这一工作思路和工作安排中，我们可看到制造业发展面临许多亟待克服和解决的难题（如部分制造业部门产能过剩、库存压力大、成本不断上升、企业发展存在短板效应、资源或要素配置扭曲），而改变和解决这一发展困境的方向或途径就是要切实提高供给体系的质量和效率，培育新的经济增长点以带动传统部门和传统产业的转型升级。快速发展的生产性服务业若能与制造业发展形成动态匹配将有利于提高制造业的运行效率，提升制造业的发展质量和水平，改变中国制造业发展困境，实现制造业升级，也有利于解决经济发展过程中积累的其他结构性问题。本章一方面从理论上着重分析生产性服务业提升制造业效率的内在机制，另一方面从经验上检验近年来生产性服务业发展对制造业效率提升的效果。

第一节　生产性服务业提升制造业效率的内在机制和实现路径

在制造业结构转型过程中，其对中间服务性投入的需求也越来越多。发达国家制造业结构升级证实并凸显知识、人力等要素密集的生产性服务业是提高制造业劳动生产率的重要前提和基础，是制造业创造差异化垄断优势、提升核心竞争力的关键，因为增加知识密集的生产性服务投入有助于提高制造业生产知识含量，在提高制造业效率的同时推动制造业升级。

一、制造业发展中生产性服务业作用的演变

20 世纪 50 年代以来，生产性服务业在提高制造业发展质量和发展水平中所发挥的作用经历了一个不断演变的动态过程（见表 5－1）。

表 5－1　生产性服务业在制造业中作用的演变

辅助管理功能（“润滑剂”作用，20 世纪 50 年代至 70 年代）	管理支持功能（“生产力”作用 20 世纪 70 年代至 90 年代）	战略导向功能（“推进器”作用，20 世纪 90 年代以来）
财务	物流服务	信息和信息科技
总量控制	管理咨询	创新和设计
存货管理	金融服务	供应链管理
证券交易	市场营销	全球金融中介
	房地产服务	国际性大项目融资服务

资料来源：李江帆：《三次产业结构演变与服务经济前沿问题研究》，北京：人民出版社 2008 年版第 203 页。

（一）生产性服务的辅助管理功能

在工业化早期和中期，制造业虽然是引领经济增长的重要基础，是创造国民财富的主要渠道，但由于经济发展水平和市场化程度比较低、市场范围和市场规模较小以及市场交易费用较高，制造业企业的组织结构主要采取垂直一体化的福特主义生产模式。生产中所需的生产性服务——如企业财务管理、

存货管理、质量控制、总量调节等主要置于企业内部，对制造业效率的改进主要发挥辅助管理的功能，使企业各部门、各环节有效协调，提高企业内部的组织管理效能、运行效率以及提高要素使用效率。

（二）生产性服务的管理支持效能

随着经济规模的扩大，市场范围和市场容量也不断扩展，加之市场化程度的提高以及市场交易效率的改进，经济系统中开始涌现出许多专门提供诸如物流、会计、金融、研发、营销等服务的专业化市场主体。外部市场环境的变化使得制造业企业的组织模式也悄然发生了变化，原先的企业内垂直化分工模式（福特主义）逐渐瓦解，取而代之的是与信息技术革命紧密相连的温特尔主义，以前标准化和规模化生产逐步转向定制生产，再到大规模定制和精益生产。制造业企业为提升自身的竞争优势，逐渐把企业内部提供不具有比较优势的业务单元或生产环节外包出去。生产性服务市场供给能力的提升和制造业中间服务外包趋势增强恰好形成良性互动的供需关系。在这一阶段，物流、金融、市场营销以及管理咨询等专业化生产性服务对制造业发展发挥了管理支持功能，使得制造业内部的组织、管理模式可以迅速灵活地调整，使制造业快速适应外部市场需求和竞争环境的变化，促进了制造业效率提升和结构优化，因此生产性服务在制造业发展中直接或间接地发挥了“生产力”作用。

（三）生产性服务的战略导向功能

20 世纪 90 年代以来，电子信息技术、互联网乃至物联网技术的快速发展将人类带入了信息化社会和知识经济时代。全球间要素的流动性增强，技术进步的速度越来越快，资本的富余程度提高，而知识、信息以及创新等新的要素逐渐取代资本、土地和劳动力成为影响企业尤其是先进制造业企业发展的决定性要素。另外，随着市场化程度的进一步提高以及制度性交易成本的下降，企业间分工合作已经成为一个普遍的市场行为，生产性服务业的专业化和规模化水平也越来越高，供给效率和供给能力不断增强。因此，在柔性的知识技术主导型生产体系中，作为这些新型生产要素“集合体”的高端生产性服务（Advanced Producer Services），无论是作为制造业“内置装置”还是独立的企业，通过进行专业化生产、提高劳动生产率、降低交易成本等途径成为制造业腾飞和扩张的“心脏和翅膀”，在制造业发展中发挥了战略导向功能。如信息科技、创新和设计、供应链管理以及现代融资服务等成为制造业创新和获利的源泉，大量具有异质性和互补性的专业化知识要素的投入有助于制造业企业"降成本、补短板"，提升产品增值获利能力和核心竞争优势，推动制造业转型升级。

在经济发展中，一方面制造业产品的生产需要许多生产性服务来作为中间投入，制造业为生产性服务业的发展提供了广阔市场。另一方面，在市场环境不断变动的背景下，生产性服务逐渐从制造业中分离出来成为独立的市场主体，其专业化、规模化和产业化程度日益提高。在全球市场竞争日趋激烈的环境里，大量投入具有"异质性"特征的生产性服务成为制造业企业获得市场垄断竞争优势的关键。20 世纪 50 年代以来，发达国家生产性服务业的兴起对制造业特别是先进制造业发展作用的演变过程生动地体现和证实了二者之间存在密切协作关系。

二、生产性服务业提升制造业效率的内在机制

随着社会分工的深化和细化以及信息通信技术的飞速发展，一方面生产性服务业逐渐从制造业中独立分化出来成为促进和加快经济社会快速发展的新兴行业和部门；另一方面以中间投入为主要特征的生产性服务业又越来越多地融入制造业企业的生产和组织中去，通过不同渠道渗透到制造业价值链上的各个环节，并显著地提高制造业生产和运行效率，提升产品价值。Eswarn 和 Kotwal(2001)认为生产性服务业是制造业生产率得以提高的前提和基础，没有发达的生产性服务业，就不可能形成具有较强竞争力的制造业部门。① Guerrieri 和 Meliciani 使用 OECD 国家 20 世纪 90 年代的投入产出表研究 FCB 服务(Financial, Communication, Business Services)的国际竞争力和专业化的影响因素，发现各国的 FCB 服务用于中间投入的比重增长很快，制造业和服务业的需求以及信息通信技术(ICT)是影响 FCB 服务国际竞争力和专业化的战略性因素。② Francois (2008)通过对 OECD(1994—2004)面板数据的分析也发现商务服务业的离岸贸易提升了技能和技术密集型制造企业的竞

① Eswarn M, Kotwal A. The Role of the Service Sector in the Process of Industrialization [J]. Journal of Development Economics, 2002,68(2): 401-420.

② Guerrieri P, Meliciani V. Technology and International Competitiveness: The Independence between Manufacturing and Producer Services [J]. Structural Change and Economic Dynamics, 2005,16(4): 489-502.

争力，而对非服务投入密集型企业的影响为负面。① 具体来看，本研究主要从以下几个方面来剖析生产性服务业提升制造业效率和促进制造业升级的内在机制。

（一）基于社会分工理论的分析

随着经济规模的扩大，市场范围和市场容量也随之拓展，社会分工和专业化程度也逐渐深化。因此，生产性服务业从制造业中分化出来成为独立的部门是劳动分工的结果。劳动分工的扩展为生产性服务业的发展提供了广阔的市场空间，有利于增强生产性服务的差异化程度，促进其规模化和专业化程度的提高。但生产性服务是通过市场化模式满足其他生产单位活动的中间需求，而不是用来满足最终需求的，作为过程产业的生产性服务业在获得独立化发展的同时，还要与其他产业和部门结合起来才能维持其生存和发展。在工业化阶段，制造业无疑是生产性服务的重要客户。而在企业国际化程度越来越高以及竞争压力越来越大的背景下，制造业企业的转型升级无疑也需要越来越多的高端生产性服务要素的投入，二者的融合化发展趋势日益凸显。

1．生产性服务业从制造业中独立出来，不仅降低了制造业企业的内置成本，还提高了制造业企业适应市场的灵活性和市场竞争力

在工业福特主义盛行的工业化阶段，制造业企业往往采取垂直化管理模式，服务环节置于制造业企业内部可能是企业的较优选择。但是随着市场交易环境的变化以及生产技术和基础性信息通信技术的快速发展，水平型网络化或模块化分工逐渐成为发达国家企业间分工合作主要方式。在变化的竞争环境下，对于制造业而言，若依然将服务环节全部置于企业内部，这种内置成本无疑会很高。因此，将企业本身不擅长提供或使用频率不高的服务环节外包给专业化和规模化程度较高的服务业企业来供给的话，有助于企业将一部分固定成本转化为可变成本，提升企业的要素使用效率和运行效率。特别在制造业企业的生产过程复杂性日益提高的背景下，与专业化的高端生产性服务提供商形成长期合作关系，将有利于实现彼此的良性发展。从发达国家的制造业企业发展经验和发展趋势来看，许多大型的制造业企业之所以能够在激烈的国际竞争中拔得头筹，多是将自身不擅长的非核心服务环节（如金融服

① Francois J, Woerz J. Producer Services, Manufacturing Linkages, and Trade [J]. Journal of Industry, Competition and Trade, 2008, 8(3): 199 - 229.

务、法律服务、运输服务等）外部化，而专注于有利于增强企业生存和发展能力的核心业务和环节（如核心技术的研发、关键环节的制造业务以及部分营销业务）。

另外，部分制造业逐渐将制造环节外包出去，而在技术研发环节和市场营销环节投入大量人力和物力，牢牢地将这部分创造价值的高端活动控制在手中，从而使企业逐渐转变为专业化的服务提供商。如美国的GE，IBM等企业就是在生存环境发生变化的背景下适时地将制造业务外包或直接剥离，而专注于研发、营销活动，是成功地实现了企业发展转型的突出典型。

2. 社会分工深化有助于实现规模经济效应和专业化效应，促进产业间良性互动

随着时代的发展，市场需求结构发生了很大变化，消费者需求越来越多样化和个性化，企业间的市场竞争也日益激烈，追求专业化而不是范围经济，成为企业的重要战略选择。原先置于企业内部的研发、设计、物流、会计、金融和营销等活动不断从制造业中分离出来，演变为提供专业化服务的独立市场主体。从整个市场来看，分工越来越细化，一方面生产性服务业的专业化程度越来越高，通过“干中学”效应和规模经济效应，生产性服务的供给也越来越富有弹性和效率。将服务活动转化为可编码的、标准化的服务可以提高这类服务的供给效率，在降低服务企业自身成本的同时，也有助于降低制造业中间投入的成本，提高制造业的获利空间。因此，为了降低成本和提高企业产品差异化程度，越来越多的企业愿意通过外部市场采购专业化的市场服务。迈克尔·波特指出，高端制造业的发展，需要专业化高级生产要素的投入，即需要有高端的生产性服务业与之匹配，而高端生产性服务业的发展，反过来也取决于高端制造业对其需求程度，这也反映了生产性服务业和制造业之间的产业关联性。①

所以，社会分工的深化，一方面促使生产性服务业从制造业中独立分化出来，另一方面其他部门和产业对生产性服务中间需求的持续增长又使得生产性服务业的专业化水平和规模化效应日益明显，促使了生产性服务业供给效率和服务质量提高、服务种类和数量增加、生产成本下降。而这些能够专业化和规模化供给的高端生产性服务作为制造业的中间投入，一方面通过技术嵌入、技能提升和知识经验的积累有助于制造业企业乃至产业集群快速获取和

① 迈克尔·波特. 竞争论[M]. 北京：中信出版社，2003.

积累更加先进的生产经验和知识，并集中资源和精力聚焦于企业的核心技术的研发，突破内部范围不经济性①；另一方面通过把专业性的商务咨询、金融服务和营销服务导入到制造业企业生产的不同环节，使企业能够更加便捷地建立与市场的联系，获取更多的外部专业知识和市场信息与资源，适应外部市场的变化②。因此，对生产性服务中间投入的增加不仅直接或间接地降低了制造业的生产成本和运营成本，提高企业的生产效率，还有利于制造业企业培育核心竞争优势，增强市场核心竞争力，加快推动制造业发展转型。基于社会分工理论的生产性服务业提升制造业效率的影响机理如图 5－1 所示。

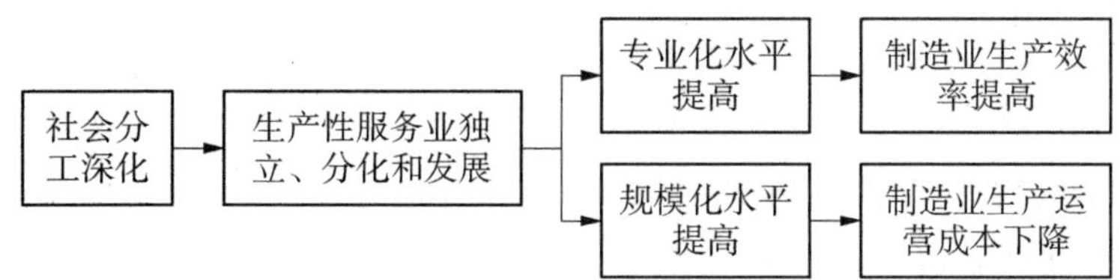

图 5－1　基于社会分工理论的生产性服务业提升制造业效率的影响机制

（二）基于交易成本理论的分析

交易成本理论认为：虽然社会分工深化是促使生产性服务业从制造业中独立分化出来的重要原因，但通过市场交换获得外部专业化服务所带来的成本节约大于由此产生的交易费用，才是生产性服务业独立化运作的内在动力。只有当生产性服务独立发展产生的外部交易成本低于制造业内部生产带来的组织成本时，内置于制造业内部的服务环节才会外包出去，从而获得独立化发展的市场机会。交易成本也是影响生产性服务业与制造业产业互动融合的关键变量。一般来说，随着社会分工越来越细化，制造业内部生产迂回程度会增加，部门之间需要交换的产品或服务的种类和数量也会增加，随之产生的交易成本也将呈现上升趋势。而生产性服务业可以通过范围经济、规模经济和专业化经济等途径降低制造业企业的信息搜寻成本等相关交易费用，进而帮助

---

① MacPherson A, The Role of Producer Service Outsourcing in the innovation of New York State Manufacturing Firms [J], Annals of the Association of American Geographers, 1997,87(1): 52－71

② 张振刚，陈志明等. 生产性服务业对制造业效率提升的影响研究[J]. 科研管理，2014(1).

制造业企业降低成本、提升企业的获利能力。具体来看，市场交易成本主要通过以下三方面影响制造业效率。

1. 生产性服务业的快速成长和壮大有利于降低制造业交易成本

制造业的生产成本主要包括制造成本和交易成本两部分。随着先进生产技术和通用的基础性技术的进步，制造业企业生产规模化和专业化水平不断提高，制造业生产过程中的显性成本或会计成本大大降低，制造业企业的生产效率大大提高。但是随着生产迂回性增加，交易成本也如影相随，呈现不断上升的趋势。在制造业企业面临的市场竞争日益激烈的现实经济中，相比于直接的制造成本来看，企业总成本中交易成本所占的比重则不断提高。诺斯(D. North)指出，在 20 世纪 80 年代美国的国民收入里有近一半是用于交易的，冯国经在《供应链管理——香港利丰集团的实践》一书中也指出，在综合物流业从原料到消费的整个价值链中，制造环节的价值只占 1/4，而 3/4 都是交换环节产生的，而后者也最具有降低成本的空间，被称为能够提供价值增值的“软三元”。[①] 宣烨研究发现具有空间集聚特征的生产性服务业发展通过竞争效应、学习效应、专业化效应以及外部性等途径降低制造业企业的交易成本。[②] 一般来说，一个地区如果具有良好的制度环境，市场中介组织的发展也较为充分，制造业企业业务外包的市场风险则会较小，这将促使企业更多地选择服务外包。而对于服务经济不发达的地区，由于市场交易成本往往比较高，这将给新兴部门的发展、企业间的协同创新带来较多的限制和约束。因而，生产性服务业的发展和繁荣有利于缓解交易成本上升对制造业企业带来的不利影响，特别是专业性较强的商务服务业如金融保险、法律、会计以及营销等服务的广泛使用将有利于降低制造业企业的交易成本，便于企业将更多的资源和要素用于核心业务的发展，提高企业的运行效率和市场竞争力。

2. 发展生产性服务业有利于增加制造业企业智力资本的投入

市场交易成本的下降首先有利于促进生产性服务业的专业化和规模化发展。而知识、信息和人力资本密集的商务服务业不断与制造业企业结合起来进入生产环节无疑为制造业发展提供必要的智力投入，增强制造业企业的差异化竞争优势。因为知识密集型生产性服务的提供往往具有规模报酬递增的

---

① 转引自：吴敬琏. 中国经济增长抉择(增订版)[M]. 上海：上海远东出版社，2009：76—77.

② 宣烨. 生产性服务业空间集聚与制造业效率提升——基于空间外溢效应的实证研究[J]. 财贸经济，2012(4).

特征，即获得这些知识首先需要长期高额投资，但这些知识一旦获得就可以以较低的价格提供给其他部门，只要市场足够大，就可以持续获得高额回报。因而对于制造业企业来说，低成本投入这些外部专业化的生产性服务相较于自营模式可以降低大量的成本支出，而且有利于制造业企业提高技术水平、增加知识积累、提高企业运行效率。① 另外，在长期的业务交往中，买卖双方容易建立相互信任的长期伙伴关系（即客户—供应商关系），这在降低彼此交易成本的同时，又有助于形成企业间不断增强的正反馈机制，实现了企业间互利共赢的良性发展格局。基于面板数据，顾乃华等人进行经验分析发现在市场化程度较高的东部地区，那些制造业企业自身无法提供或不便提供的生产性服务对制造业竞争力提高的带动效应更为明显。② 因此，大量专业性较强的生产性服务有助于提高制造业企业生产的发展水平和运行效率。

3. 生产性服务业信息化程度的提高有利于提升制造业效率

随着大数据、云计算、移动互联网以及物联网等信息技术的发展和广泛运用，平台经济快速成长和壮大，而生产性服务业信息化程度的提高以及平台经济的兴起和发展，通过缓解信息不对称程度，较大地降低了市场交易的风险和不确定性，进而显著地降低了交易双方的交易费用、提高了市场交易效率。如现代信息技术在生产性服务业中的运用，一方面使得金融、软件、咨询等服务产品的供给呈现网络化、虚拟化和智能化趋势，突破了传统生产性服务业向制造业供给生产性服务必须“面对面”交流的限制，提高了生产性服务的“可交易”水平，也提高了生产性服务的多样性和供给效率。另一方面，随着软件、计算机服务、信息传输、信息咨询和科研服务等知识密集型生产性服务不断融入制造业的生产过程中，制造业企业的敏捷制造、个性化定制生产、办公自动化等信息化管理水平显著提高，同时使得制造企业服务采购或外包的范围和空间不断扩大。③ MacPherson 研究发现，20 世纪 90 年代中期以来，由于互联网的快速发展，纽约州西部、北部以及市区三大核心地区的生产性服务业的应用水平大大提升，这些地方的制造业企业大大增加了对异地生产性服务的采购，

---

① 乔均等. 生产性服务业与制造业联动发展研究——来自江苏省生产性服务业与制造业发展的报告[M]. 北京：中国物资出版社，2011：72.

② 顾乃华等. 中国转型期生产性服务业发展与制造业竞争力关系研究[J]. 中国工业经济，2006(9).

③ 张振刚等. 生产性服务业对制造业效率提升的影响研究[J]. 科研管理，2014(1).

选择的地理范围拓展到世界各国。[①] 因此，信息技术在生产性服务业中的广泛应用显著地降低了制造企业使用和外购生产性服务所受的多方面市场限制和障碍，扩大了市场采购的范围，提高了外包或外购的交易效率，进而促进了制造企业生产和运行效率的提升。基于交易成本理论的生产性服务业提升制造业效率的影响机制如图5-2所示。

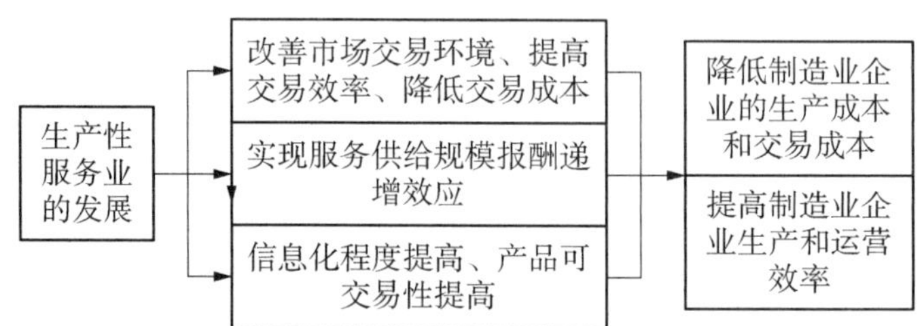

图5-2 基于交易成本理论的生产性服务业提升制造业效率的影响机制

（三）基于价值链理论的分析

波特认为在企业价值创造的链条上，并非每个环节都创造相等的价值，实际上企业的价值创造只是来自价值链上的某些特定业务环节。因此，不同价值链的差异奠定了产品差异化的基础，也是企业形成差异化竞争优势的关键环节。随着国际市场竞争的加剧，制造业企业要想获得更多的竞争优势，对生产性服务环节的依赖性必然增强，而对制造加工环节的依赖性则逐渐减弱。相对于早期价值创造活动集中在企业内部完成不同，现在企业价值链上的某些环节逐渐从企业内部分离出来成为独立经营的单位，生产性服务的外部化趋势明显。而不管是在早期还是现在的企业价值创造活动中，生产性服务都是企业创造价值的主要源泉，尤其在现代的社会化大生产中，新产品的研发、工业产品和流程的设计、市场开发等环节都是企业实现价值增值的重要节点，并且在企业新创造价值中所占的比重也越来越大。

1. *发展生产性服务业有利于提高制造业的资源配置效率和运营效率*

制造业企业价值链上基本活动的外包使得独立后的生产性服务企业获得规模经济，而制造业企业通过从市场购入这些生产性服务则可以间接地分享

① MacPherson A. Producer Service Linkages and Industrial Innovation: Results of a Twelve-Year Tracking Study of New York State Manufacturers [J], Growth and Change, 2008, 39(1): 1-23.

外部生产性服务企业的规模经济好处，增强本企业的产品竞争力。而支持性活动的外包则有助于生产性服务企业实现专业化效果。比如管理咨询、人力资源管理等服务活动依靠自身专业化技能和知识积累水平的提高可以帮助制造业企业提高人力资本存量，提高企业的专业化生产能力，从而改善和提升企业资源配置的效率。而生产性服务业与制造业在长期的业务往来中容易形成良好的信任和合作关系，在降低交易费用的前提下可以获得报酬递增带来的好处。所以，随着制造业发展环境的变化，生产性服务业由内部化逐渐走向外部化的过程中，通过深化社会分工、实现报酬递增效应、降低市场运行的交易成本，提高了制造业的资源配置效率和运行效率，激励制造业企业将自身不擅长的业务外包，从而更加专注于核心能力的培育。

在市场范围不断拓展的情形下，通过市场的累积因果循环，生产性服务的规模化和专业化水平愈加显著，其人力资本水平和服务供给效率得以快速提高，实现制造业资源配置效率的提高和专业技能知识的积累，形成新的比较优势，进而提高制造业的竞争力和竞争优势，进一步支持和推动制造业升级。

2. 发展生产性服务业可以帮助制造企业分担风险

面对国内市场和国际市场的激烈竞争，制造业企业需要将主要的资源和能力集中在发展核心业务和创造核心竞争力方面，如果企业价值链过长，各个环节都要占有一定的资源和要素，当市场环境发生巨大变化时企业就很难及时进行调整以应对市场的这种不确定性带来的风险。

在现代制造技术日趋复杂、产品个性化愈加重要的背景下，现代制造业企业要想抢得市场竞争先机就必须集中资源和精力专注于培育和增强核心竞争力。而将价值链上的非核心或自身提供缺乏效率的生产性服务外包给专业化和规模化水平较高的企业来提供，这无疑是企业提升发展能力的明智选择，因为这样的选择有利于分担企业面临的市场风险，而将人力、物力和财力集中在关键部门和核心业务上，又有利于增强企业的灵活性和运行效率。发达国家高端制造业的发展历程也印证了这一看法，为了培育和增强在国际市场中的核心竞争优势，发达国家的高端制造业不断将价值链上某些环节和业务外包给其他供给效率较高的专业厂商来提供，从而实现降低成本、分散风险、提高生产率、打造核心竞争优势的战略目的，这与第二次世界大战后发达国家生产性服务业快速成长壮大的历史进程相一致。

3. 生产性服务业有助于制造企业获取和积累更多知识资本

在生产要素全球流动日益便利的背景下，制造业企业要想在全球市场竞争中拔得头筹，就必须不断吸引和聚集市场上优秀的人才和关联企业“加盟”到企业的价值创造中去，为企业的发展提供各种专业化的技术和服务支撑，通过不断嵌入全球价值链并增强价值链的治理能力来实现企业在激烈的国际市场竞争中成长和壮大。制造业对人力资本和知识资本的强劲需求主要表现在以下几个方面：第一，现代制造业要真正走进和实现“现代智造”，就必须大量采用现代信息通信技术（ICT），而制造企业运用ICT技术不仅要大量的资本投入，更需要大量的富有知识和技能储备的专业性人才来处理和解决生产管理过程中遇到的疑难问题，因此需要与信息服务业结合起来；第二，在产品的生产特征上，柔性生产将会被更多地采用，这使得产品设计更强调个性化，生产过程的组织也更灵活，企业的生产规划和管理的复杂性更高，因而生产中对各类专业性人才的需求也更迫切；第三，在产品投放市场的过程中需要更多地与客户接触，因为产品的精细化程度更高，其涉及的售后服务内容也会日益增加，所以需要更多的具有专业知识的营销人员和售后服务人员。

无论从制造业企业对基础性技术的使用、产品的生产组织还是产品的售后服务，我们可以看到现代制造业企业的生产管理面临的复杂性程度大大增加。而专业化和规模化程度较高的生产性服务企业嵌入到制造企业生产过程的不同环节实际上就是将人力资本、知识资本和信息资本不断嵌入到制造企业产品生产和创造中去的过程，而与此同时还在较大程度上降低了制造业的成本支出，帮助企业获得了差异化竞争优势。基于价值链理论的生产性服务业对制造业效率提升的影响机制如图5-3所示。

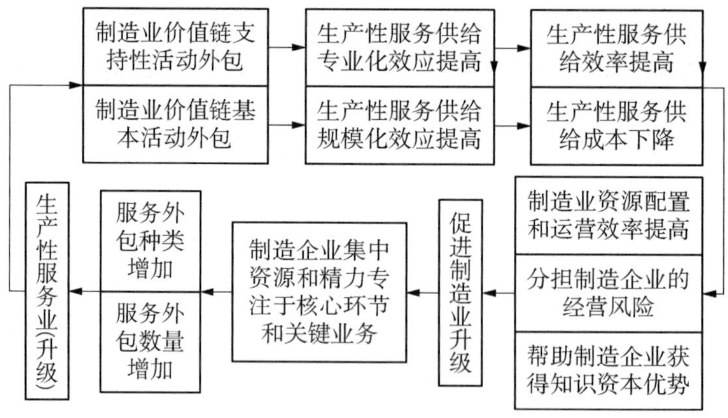

图5-3 基于价值链理论的生产性服务业提升制造业效率的影响机制

从以上基于社会分工理论、交易成本理论和价值链理论的分析来看，在社会分工日益深化和细化、市场交易成本下降和交易效率提高以及全球价值链不断分解和重组的背景下，生产性服务业种类越来越齐全、数量越来越大，其专业化水平和规模化效果日益凸显。作为以中间投入为产品基本属性的生产性服务产业的发展正从多渠道介入到制造产品的价值创造流程中去，一方面低成本地为制造企业"输入"知识资本和人力资本，使企业有能力去适应复杂多变的技术变革和市场变化，培育和积累企业的差异化竞争优势，增强企业的市场竞争力；另一方面也使制造业企业在剥离自身不具有比较优势的业务和环节时有了更多更好的"外购"选择，提高企业的要素使用效率、降低企业的制造成本和交易成本、分担企业的市场风险，从而提升制造企业的生产效率和运营效率。

从发达国家产业经济的发展实践来看，基于分工经济的网络效应越来越明显，各个企业乃至整个经济效率提高越来越取决于在不同生产活动中建立起来的关系网络，而不仅仅是某个企业的自身组织效率。所以，随着社会分工的深化和交易成本的增加，加快发展生产性服务业不仅能够有效降低制造业企业的成本支出、提升制造业效率，而且成为整个社会经济效率提高的基本条件。

三、生产性服务业提升制造业效率的实现路径

从生产性服务业发展的历史来看，作为中间投入的生产性服务是社会分工深化的结果。无论在工业化早期还是在工业化的中后期，生产性服务（业）的成长和壮大与制造业都有着天然的产业联系。总体来看，经历了分化、互动和融合三个阶段：首先，外部生产服务市场尚未健全，生产性服务内置于制造业内部为其提供相关服务；其次，在社会分工不断深化、外部市场交易效率不断提高以及制造业企业内部提供相关生产性服务的成本支出不断增加的情形下，制造业开始将部分生产性服务外包出去，外部生产性服务市场逐渐形成和发展，生产性服务业对制造业的中间需求也不断上升，二者之间的互动发展趋势明显；最后，在信息通信技术的推动下，生产性服务的可运输性、可交易性逐渐增强，专业化水平和规模化效应不断提高，制造业对生产性服务的需求层次进一步提升，二者之间的产业边界越来越模糊，融合发展的趋势日益增强。发达国家产业发展演变的历史和事实也清晰地表明了生产性服务业的发展历程及其对制造业转型升级的现实意义，二者之间关系演变的历史也使我们更清

楚地看到生产性服务业发展离不开制造业这一强大的需求基础，同时，也得知制造业的劳动生产率和产品附加值的提高离不开有效率的生产性服务业的有力支撑。有资料表明，产品价值构成中，有高达75%—85%与生产者服务活动有关，计算机市场上增值部分的60%—70%来自软件和维护服务。①

服务业部门的扩张促使专业化分工进一步深化，有利于降低制造业部门的服务使用成本，进而促进劳动生产率的提高。具体来看，根据生产性服务是否直接作用于制造业的生产过程，可从两方面来看生产性服务业提升制造业效率、促进制造业升级的路径。

（一）生产性服务通过关系性和结构性两种方式直接嵌入到制造业生产的不同生产环节来提高制造业效率

生产性服务业促进制造业效率提升可以通过直接嵌入制造业生产过程的不同价值创造环节的方式来实现。G. 格鲁伯和 A. 沃克认为生产者服务是将社会中日益专业化的人力资本、知识资本导入商品和服务生产过程的传送体，它在相当程度上构成了把这些资本引入生产过程的主要途径之一，它促进了生产过程的迂回性、专业化和资本深化来提高劳动和其他生产要素的生产率，并同时增加其产出价值。②

根据波特的价值链理论，价值链上的基本活动通过"外部化"关系性嵌入制造业生产过程的相关环节，可以帮助采购服务活动的企业获得规模化外部服务带来的报酬递增效果，提高该企业的生产运营效率。因为基本活动关系性嵌入制造业生产过程中可以使合作企业连续地、低成本地获得那些通过市场交换可能无法猎取的信息和知识，实现企业间的资源和要素更好的匹配和融合。如外部生产性服务公司提供的高效物流服务、售后服务等在生产中起到辅助和润滑作用，不仅可以降低制造企业的直接生产成本和交易成本，还可以提高企业的知名度、增强产品的市场控制能力。

价值链上的支持性活动"外部化"后有利于提高这些生产性服务的专业化水平，而这些专业化程度较高的生产性服务通过结构性嵌入制造业企业的价值创造过程，可以帮助企业提高人力资本水平，提高专业化水平，进而改善企

---

① 陈宪，黄建锋. 分工、互动与融合：服务业与制造业关系演进的实证研究[J]. 中国软科学，2004(10).

② H. G. 格鲁伯，M. A. 沃克. 服务业的增长——原因与影响[M]. 陈彪如，译. 上海：上海三联书店，1993：219—228.

业资源配置的效率，最终增加产出。结构性嵌入则是多维嵌入到企业的社会网络中，呈现网络结构。如果该网络形成了良好的信任、合作关系，企业间的关系就转化为“社会实施”的、“多次性”的信任博弈，从而可以在降低交易费用的前提下获得报酬递增的经济效果。① 如管理咨询、人事管理、金融融资服务、研发服务以及创意服务等结构性嵌入制造企业价值创造中，进而形成专业化的企业网络，实现不同企业技术和知识创新的优势互补，在企业间业务实现良性互动前提下，这些生产性服务依靠自身的专业化技能和知识整合创新能力可以直接提高企业的生产能力和生产效率，增强企业的市场势力和产品差异化竞争优势。

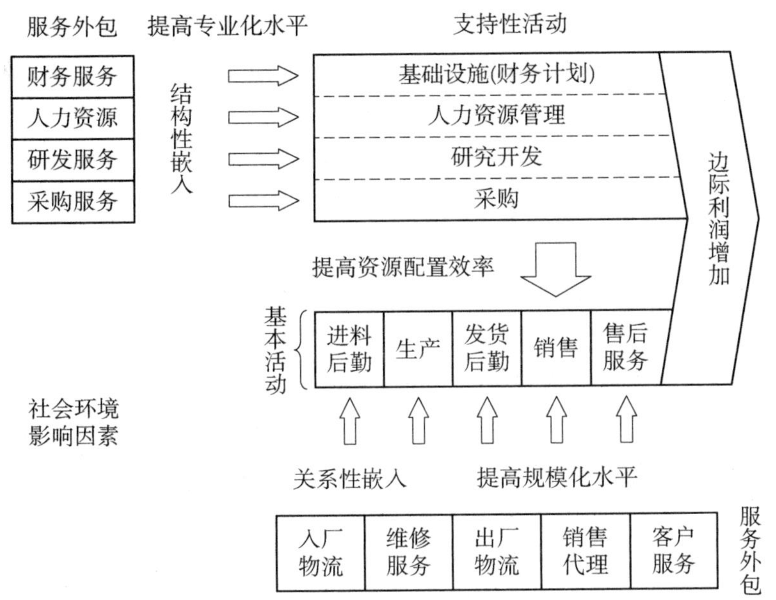

图 5－4 生产性服务业嵌入制造业价值链关系

资料来源：刘明宇等：《生产性服务价值链嵌入与制造业升级的协同演进关系研究》，《中国工业经济》2010 年第 8 期。

所以，制造业企业可以通过从外部采购价值链上产前、产中和产后不同阶段的生产性服务投入企业的财富生产和价值创造，利用外部的专业化经济、规

① 刘明宇，芮明杰，姚凯．生产性服务价值链嵌入与制造业升级的协同演进关系研究[J]．中国工业经济，2010(8)．

模化效应来降低成本支出，增强获利能力，并促进制造业转型升级。

（二）生产性服务业通过间接渠道提升制造业效率

生产性服务业不仅通过直接途径提升制造业生产运行效率，还通过自身的知识和技术溢出效应及扩散效应、促进制造业企业良性循环，以及实现与制造业企业协同创新等间接渠道来促进制造业的发展。

1. 通过知识和信息的共享促进制造业企业创新能力提升

随着信息技术的深入发展和广泛应用，制造业生产系统的复杂性越来越高，而这些复杂性问题本身可能牵涉到企业生产制造的关键环节或核心技术，而且也可能正是企业创造较大附加值的关键部分。制造企业将这部分业务完全外包出去不太现实，而以一己之力又很难解决此类复杂性难题。如果企业能寻求到适宜的合作伙伴，彼此之间通过合作实现知识以及有效信息的分享，就可以加快知识创新的速度。而生产性服务业在技术特征上主要以信息和组织管理技术为主，相应技术的知识特征以隐性知识居多，知识的共性化程度高，知识相对不易积累和传递。① 所以，通过与生产性服务供应商之间的交流和沟通，制造业企业思维方式和经营理念将会受到潜移默化的影响，实现知识和技术的溢出与扩散，间接地提高制造业企业的组织能力和管理水平，促进制造业发展水平的提升。

2. 通过促进制造业的良性循环来间接提高制造业效率

生产性服务业不仅通过自身专业化效应和规模经济效应直接降低制造业成本，提高企业的生产效率，还通过促成制造业自身的良性循环间接地提升制造业效率。从产业或经济循环的角度看，制造业在其劳动生产率提高的基础上，将会进一步把稀缺的资源和要素投放到企业核心业务的发展上，提高自身的专业化生产能力，进而扩大市场占有率，形成较强的市场竞争力和控制力，实现规模经济效应，再次提高自身的生产效率。通过产业间的战略合作不仅提高了专业化水平，而且通过增强产业后向联系提高了制造企业的内生发展能力，间接地促进了制造业的发展壮大。

3. 制造业通过与生产性服务业协同匹配来提高自身效率

因为生产性服务业与制造业之间存在着投入—产出关系，二者基于成本和需求关系在业务往来的过程中容易形成匹配程度较高的客户—供应商关

---

① 徐力行，高伟凯. 生产性服务业与制造业的协同创新[J]. 现代经济探讨，2008(12).

系，这种关系使二者在空间布局上存在着错综复杂的联系，生产性服务业在制造业周边集聚有利于降低制造业投入生产性服务的交易成本和协调成本。Hansen 指出生产性服务业的发展的确促进了劳动分工的拓展、生产率以及人均收入的提高，而生产性服务业和区域生产率差异的关系与生产性服务业和制造业地理上的联系紧密程度有关。① Marshall 认为生产性服务业在制造业周边集聚会从三个方面对制造业发展产生积极影响：第一，知识溢出。由于地理上毗邻、非正式接触机会较多以及劳动力流动较强，企业间和员工间在进行知识交流和沟通时会产生知识溢出。第二，劳动力池。专业化的当地劳动力市场便于企业获得优秀的技术工人，从而避免劳动力短缺对企业生产带来不良影响。第三，中间投入品共享。在地理集中的市场区域内企业可以共享到相关支持行业供应的优质服务和其他生产要素。② 因此，生产性服务业在制造业周边聚集，不仅有利于降低制造业投入生产性服务产生的交易费用和协调成本，还通过协同发展提高生产性服务业与制造业的知识、技能等匹配程度、提高制造业协同创新能力。

第二节　生产性服务业提升制造业效率的理论模型

以上我们从社会分工、交易成本以及价值链理论等层面论述了生产性服务业提升制造业效率、促进制造业升级的内在机制以及实现途径，以下通过模型来分析生产性服务业规模化、专业化发展对提升制造业运行效率产生的影响。下面借鉴江静等提出的模型来探讨投入生产性服务对提升制造业企业效率的内在影响。③

在制造业投入函数中，投入的要素除了劳动力和资本以外还包括生产性服务，并用劳动投入的数量来衡量生产性服务。使用 D－S 垄断竞争分析框架来分析生产性服务业，用 S 代表各种中间投入的组合，即：

---

① Hansen N. Do Producer Services Induce Regional Development? [J], Journal of Regional Science, 1990, 30(4): 465－476

② Marshall A. Principles of Economics [M], London: Macmillan, 2012.

③ 江静，刘志彪，于明超. 生产性服务业发展与制造业效率提升：基于地区和行业层面面板数据的经验分析[J]. 世界经济，2007(8).

$$S=\left\{\int_{0}^{n}[x(i)]^{1-1/\sigma}di\right\}^{1/(1-1/\sigma)} \tag{5-1}$$

令 σ 代表不同生产性服务之间的替代弹性，且 $\sigma>1$，n 代表制造业生产中投入的不同生产性服务。令生产函数为柯布-道格拉斯函数：

$$F(L, S, K)=A(L^{\beta}S^{1-\beta})^{\alpha}K^{1-\alpha} \tag{5-2}$$

式 5-2 中劳动力投入 L 有两种用途：一是用来生产最终产品，二是用来提供作为中间投入的生产性服务。

在标准的 D-S 模型中，处于垄断竞争状态的生产性服务企业参照边际成本来定价，并且在市场自由进入和自由退出机制的作用下，企业的均衡利润恰好等于零。因此，处于均衡状态时各种生产性服务的边际成本之和等于弹性的倒数，生产性服务的价格 $P=\dfrac{mc}{1-1/\sigma}$，其中 mc 为生产性服务的边际成本。假设生产 x 单位的生产性服务需要$(ax+v)$单位的劳动投入，其中 a 是反映技术进步等引起服务效率提高的参数，v 相当于以劳动投入衡量的从事生产性服务供给产生的固定成本，假设单位劳动报酬为 w，边际成本 mc 就等于 aw，则单个生产性服务企业的利润函数为 $\pi=px-w(ax+v)$，在市场可以自由进出的情况下，均衡时利润为：

$$\pi=px-w(ax+v)=\frac{1}{\sigma-1}wax-wv=0 \tag{5-3}$$

$$即\ x=\frac{v(\sigma-1)}{a} \tag{5-4}$$

根据式 5-2 的生产函数，在最终产出中分给劳动的份额为 α，其中分配给直接从事最终产品生产的劳动份额为 $\alpha\beta$，即 $wL=\alpha\beta \mathrm{f}(L, S, K)$，分配给资本的份额为 $1-\alpha$。假定最终产出除了分给资本的份额外都分配给了劳动，如果生产中所有的劳动投入为 N，则 $wN=\alpha f(L, S, K)$，而 $L=\beta N$，那么从事生产性服务 S 的劳动为$(1-\beta)N$，投入制造业企业的生产性服务种类：

$$n=\frac{(1-\beta)N}{ax+v} \tag{5-5}$$

将式 5-4 代入式 5-5 可知：

$$n=\frac{(1-\beta)}{\sigma}\frac{N}{v} \tag{5-6}$$

从上式可看出，当不同的生产性服务之间替代弹性 $\sigma>1$ 时，生产性服务劳动投入数量 N 的增加会导致生产性服务种类 n 的增加，生产性服务的生产专业化程度以及投入的平均生产率也将随之提高，而生产性服务的规模化水平也越高。因而在劳动分工深化的情形下，专业化生产会带来规模收益递增。

假设所有生产性服务都具有对称性，则根据式 5－1 可知：

$$S=n^{1/(1-1/\sigma)}x \tag{5-7}$$

如果每种生产性服务投入 ax 单位的劳动，共有 n 种生产性服务，则劳动总投入为 nax，则生产性服务的劳动生产率 R_s 为：

$$R_s=S/nax=n^{\left[\frac{1}{\sigma-1}\right]}/a \tag{5-8}$$

因为 $\sigma>1$，所以 $\frac{\partial R_s}{\partial n}>0$。因而从上式可看出：一方面，教育、人力资本以及技术进步等因素可以通过促使参数 a 下降来直接影响生产性服务业，从而提高其效率；另一方面，随着市场空间的不断扩展，生产性服务的市场规模（比如生产性服务种类更加丰富）也会不断扩大，这有利于生产性服务企业通过规模报酬递增来提高自身的产出效率。

提高生产性服务业规模化和专业化程度对提升制造业效率的影响可通过观察制造业投入生产性服务后导致单位制造成本的下降情况来分析。假定单位最终产品所需的资本投入数量不变，且资本价格外生给定，这样就只需要考虑劳动投入和生产性服务投入。则单位最终产出的成本由劳动者工资 w 和生产性服务投入成本 p 两部分构成，即：

$$F(L,\ S)=L^{\beta}S^{1-\beta} \tag{5-9}$$

$$\begin{gathered}\mathrm{Min}C(w,\ P)=wL+pS\\ s.t.\ F(L,\ S)=1\end{gathered} \tag{5-10}$$

根据一阶最优条件，由式 5－9 和 5－10 可推导出成本函数为：

$$C(w,\ P)=\frac{1}{\beta}\left(\frac{1-\beta}{\beta}\right)^{\beta-1}w^{\beta}P^{1-\beta} \tag{5-11}$$

令 p_i 为某种生产性服务的价格，根据对称性以及前文的分析，处于均衡状态时某种生产性服务的价格就为 $p=\mu \mathrm{w}$，生产性服务总的价格指数为：

$$P(n,\ p)=(\mathrm{n}p^{1-\sigma})^{1/(1-\sigma)}=n^{1/1-\sigma}p=n^{1/1-\sigma}\ \frac{aw}{1-1/\sigma} \tag{5-12}$$

将其代入式 5 - 11 可得成本函数为：

$$C(w,\ P)=\frac{1}{\beta}\left[\frac{\beta\sigma}{(1-\beta)(\sigma-1)}\right]^{1-\beta}\mathrm{n}^{-\left(\frac{1-\beta}{1-\sigma}\right)}w \tag{5-13}$$

对式 5 - 13 的 n 求偏导，可得：

$$\frac{\partial C(w,\ P)}{\partial n}=\frac{1-\beta}{n(1-\sigma)}C(w,\ P) \tag{5-14}$$

由于 $\sigma>1$，$\beta<1$，所以

$$\frac{\partial C(w,\ P)}{\partial n}<0 \tag{5-15}$$

由式 5 - 15 可知，作为投入到制造业生产中的生产性服务种类越多样，也就是说生产性服务业的规模越大，生产性服务的单位成本也就越低。随着生产性服务规模（种类或多样性）的扩大，将其作为中间投入的制造业单位的生产成本也将随之下降，而制造业的效率和市场竞争力将得到有效提升。

通过模型我们可知，虽然通常来说专业化和规模化程度较高的生产性服务业发展有利于降低制造业单位产品的成本支出，但是生产性服务业到底能在多大程度上降低制造业企业的单位生产成本则还要取决于生产性服务业的替代弹性 σ 和生产性服务业就业人数占总就业人数的比重 $(1-\beta)$。各种生产性服务之间的替代弹性 σ 与制造业单位成本的降低呈现负相关，即替代弹性 σ 越大，表明各种生产性服务的替代性越强，而 σ 越趋近于 0，意味着生产性服务之间的互补性更强，则生产性服务业的种类也就更多，这也更可能实现生产性服务业规模扩大带来的规模递增效应，而不同的具有互补性的生产性服务联合投入到制造业中也更有利于降低制造业的单位成本。另外，生产性服务业就业人数占总就业人数的比重越大，这在一定程度上体现了生产性服务业的分工也就越细，越有利于降低制造业的成本，如果生产性服务业就业人数在制造业中只占较小的比重，对制造业成本降低的作用也就微乎其微。

因此，在经济发展的现实活动中，一方面要为生产性服务业的发展创设良好的体制环境，加快生产性服务业的集聚发展，促进和实现生产性服务业种类和数量（规模）的扩大，提高生产性服务业的专业化水平和效率；另一方面，引

导和激励制造业企业不断增加生产性服务尤其是知识密集型生产性服务的中间投入，这不仅有利于降低制造业企业的生产和组织成本、帮助制造业企业实现规模收益递增效应，还有利于制造业企业利用异质性特征较强的生产性服务来创造市场垄断竞争优势，增强其市场定价和议价能力，进而提高企业的市场竞争实力。

第三节　生产性服务业提升制造业效率的实证分析

制造业是国民经济的主体，是立国之本、兴国之器、强国之基。人类的生存和发展须臾不能离开制造业所生产的物质产品。而随着移动技术、云计算、物联网、大数据等新技术的迅速发展和广泛应用，生产性服务业作为人力资本、信息资本和知识资本聚集地，在制造企业投入生产性服务的同时也就将信息、知识和技能嵌入到制造业产品的制造过程中去了。强化制造业与生产性服务业的深度互动和融合，将有助于进一步发挥生产性服务业对实体经济的强有力支撑作用，提高制造业创造高附加值的能力和市场竞争力，推动制造业信息化、服务化、智能化和绿色化，推进“中国制造 2025”发展战略，加快实现“中国制造”向“中国智造”和“中国创造”的转型和升级。本节主要运用实证方法对有关统计数据进行计量分析来看生产性服务业对制造业效率提升的影响和效果。

一、指标选取、计量模型和资料来源

（一）指标选取

不同的实证研究和计量分析对制造业效率指标的选取存在较大差异。国外研究常用指标有制造业的增加值率（增加值/总产值）、效率指数（制造业行业产出占 GDP 比重与该行业劳动投入数量占全国总劳动投入数量的比值）或劳动生产率（行业总产值/该行业就业总人数）等。

基于本研究分析的需要以及数据的可得性和一致性，在全国层面的分析中，本研究选取各地区规模以上工业企业的利润总量来近似衡量制造业企业的效率或获利能力，在行业层面的分析中以规模以上工业企业中的主要制造业的利润总量来衡量制造业效率和发展能力。而在该经验分析中，生产性服

务业是主要解释变量，基于前文的理论分析以及经济发展的现实，主要选取全国及各地区生产性服务业的劳动投入即各生产性服务细分行业的就业人数占总就业人数的比重作为重要解释变量来体现生产性服务的种类、规模和发展水平对提升制造业发展效率产生的影响。[①] 在现实的统计分析中，对生产性服务业的行业划分和界定本来就存在较大争议，因为有的服务业既为其他行业提供中间投入也满足终端需求，并不完全是为了满足中间需求而提供服务。结合前文分析，生产性服务业主要选取交通运输、存储和邮政业等 5 个细分行业[②]。在全国层面和地区层面的分析中，考虑到数据的可得性和完整性主要选取 19 个省份[③]的生产性服务业中这 5 个细分行业的就业数据；在行业层面的分析中，主要选取全国的生产性服务业中这 5 个细分行业的就业数据。另外，考虑到不同的生产性服务业对制造业的影响不同，将生产性服务业分为高端生产性服务业（信息传输、计算机服务和软件业，租赁和商务服务业，科学研究、技术服务和地质勘探业）和低端生产性服务业（交通运输、仓储和邮政业，金融业）。同时，考虑到资本投入、行业内及行业间竞争也是影响制造业效率的重要因素，本研究的解释变量还包括各地区规模以上工业企业的固定资产年平均余额和企业单位数，另考虑制造业及生产性服务业从业人员的教育程度、科研经费和人员的投入以及城市化水平也是影响产业发展的重要因素，本研究还选取了教育程度、R&D 投入强度和城市化率作为控制变量。各指标的具体意义见表 5－2。

表 5－2　　变量定义及说明

变　量	符号	单位	定　义
利润总量	*pro*	亿元	规模以上工业企业(制造业)利润总量
生产性服务业就业比重	*ps*	%	生产性服务业就业人数占总就业人数比重
低端生产性服务业就业比重	*lps*	%	低端生产性服务业就业比重
高端生产性服务业就业比重	*hps*	%	高端生产性服务业就业比重

① 发达国家在实现向“服务经济”转型发展的进程中就伴随着生产性服务业的就业人数占总就业人数的比重持续上升的特征。

② 同第三章实证部分分析所包含的 5 个服务业细分行业。

③ 东部地区包括：北京、天津、上海、江苏、浙江、山东、广东、福建、海南；中部地区包括：内蒙古、山西、安徽、河南、湖南、吉林；西部地区包括：重庆、宁夏、青海、新疆。

续　表

变　量	符号	单位	定　义
制造业资本有机构成	*capi*	亿元	企业固定资产年平均余额[①]
企业单位数	*comp*	个	规模以上工业企业单位数
教育程度	*edu*	%	大专及以上学历就业者占总就业人数比重
R&D 经费投入强度	*rd*[②]	%	R&D 经费投入占 GDP 比重
城市化水平	*city*	%	城镇人口占比

(二) 计量模型

1. 地区层面的计量模型

为了分析生产性服务业对制造业效率提升的影响，本研究将地区层面计量模型设定如下：

模型Ⅰ　$Pro_{it}=\alpha_0+\alpha_1 PS_{i,t}+\alpha_2 Comp_{i,t}+\alpha_3 Capi_{i,t}+\alpha_4 Edu_{i,t}+\alpha_5 RD_{i,t-1}+\alpha_6 City_{i,t}+\varepsilon_{i,t}$

其中，i 和 t 分别表示地区和年份，α_0 为常数项，ε 为随机扰动项。为了消除异方差以及数据的波动性，对以上各数据进行了对数化处理。*Pro* 为各地区规模以上工业企业的利润额，是本模型的被解释变量，近似体现制造业发展效率和发展程度；*PS* 为主要解释变量，以各地区各年份生产性服务业细分行业的就业人数占总就业人数比重来表示，该比重越高表明该地区生产性服务专业化分工越细、发展水平越高、规模越大，预期回归系数的符号为正。*Comp* 体现了制造业行业竞争的程度，一般来说，某个制造业行业企业单位数越多表明该行业竞争越充分，越能促进行业的专业化发展，但企业数量过多也可能导致企业间恶性竞争，这样将会对该行业发展产生负面影响，所以回归系数的符号不确定。*Capi* 体现了制造业的资本投入或资本有机构成状况，该值越大表明该行业资本有机构成越高，而资本有机构成往往与劳动生产率的提高呈现同向变动的关系，预期的回归系数符号为正。控制变量中的 *Edu* 反映从业者的教育程度会对产业发展产生积极作用，一般来看，不管是制造业还是生产性

① 2012 和 2013 年用固定资产净值来近似代替。

② 制造业行业层面的 R&D 主要指规模以上工业企业的 R&D 人员全时当量(单位：人年)。

服务业从业者的教育程度都将影响从业者的素质和技能水平，从而直接或间接地影响制造业劳动生产率的提高，因此预期该回归系数为正。*RD* 是各地区科研经费的投入占地区 *GDP* 的比重，反映科研投入强度，通常来看，科研投入具有较强的外溢效应，经费投入的增加有利于提高各产业特别是制造业的技术研发水平和层次，考虑到研发投入产生作用具有滞后性，故使用滞后一期的 *RD* 投入来分析其对制造业发展的影响，预期回归系数的符号为正。*City* 代表城市化水平，通常城市化率越高，市场空间和市场容量就越大、市场竞争效应越强，也就越能促进产业集聚发展和促进产业内和产业间的互动和融合，更有利于发挥生产性服务业对制造业效率的作用，所以预期该回归系数为正。

另外，考虑到不同类型生产性服务业对提升制造业效率的影响程度和作用路径不一样，故将生产性服务业又分为低端生产性服务和高端生产性服务。模型设定如下：

模型Ⅱ　$\ln Pro_{i,t} = \alpha_0 + \alpha_2 LPS_{i,t} + \alpha_3 HPS_{i,t} + \alpha_4 Comp_{i,t} + \alpha_5 Capi_{i,t} + \alpha_6 Edu_{i,t} + \alpha_7 RD_{i,t-1} + \alpha_8 City_{i,t} + \varepsilon_{i,t}$

2. 行业层面的模型

为了进一步分析生产性服务业对提升不同类型制造业效率的影响程度，本研究将规模以上工业企业[①]分为劳动密集型制造业、资本密集型制造业和技术密集型制造业。劳动密集型制造业主要有：农副食品加工业，食品制造业，酒、饮料和精制茶制造业，纺织业，纺织服装、服饰业，皮革、皮毛羽毛及制品和制鞋业，木材加工及木材藤棕草制品业，家具制造业，造纸及纸制品业，印刷品和记录媒介复制业，文教、工美、体育和娱乐用品制造业，橡胶和塑料制品业共 12 个行业；资本密集型制造业包括：石油加工、炼焦及核燃料加工业，非金属矿物制品业，黑色金属冶炼及压延加工业，有色金属冶炼及压延加工业，金属制品业，通用设备制造业，专用设备制造业共 7 个行业；技术密集型制造业包括：化学原料及化学制品制造业，化学纤维制造业，医药制造业，铁路、船舶、航空航天及其他运输设备制造业，电气机械及器材制造业，计算机、通信及其他电子设备制造业共 6 个行业。设定如下两个模型：

模型Ⅰ　$Pro_{i,t} = \alpha_0 + \alpha_1 PS_t + \alpha_2 Comp_{i,t} + \alpha_3 Capi_{i,t} + \alpha_4 RD_{i,t-1} + \alpha_5 Edu_t + \alpha_6 City_t + \varepsilon_{i,t}$

---

① 在此处的规模以上工业企业的数据中剔除了矿产开采类工业企业、烟草制品业、其他制造业、废弃资源综合利用业以及电力、热力生产和供应业等工业企业。

其中，i 表示以上选定的不同的制造业行业，t 表示不同的年份，α_0 为常数项。为了消除异方差以及数据的波动性，也对以上各数据进行了对数化处理。Pro 表示不同制造业行业不同年份的利润；PS 是不同年份全国生产性服务业就业人数在全国总就业人数中的占比，没有下标 i 表示对不同制造业细分行业的影响是一样的；$Comp$、$Capi$ 分别表示各制造业行业在不同年份的企业单位数和固定资本年平均余额；RD 表示的制造业各细分行业 R&D 人员全时当量，考虑到科研投入对制造业发展产生影响可能具有滞后性，所以采用滞后一期的数据；Edu、$City$ 是两个控制变量，分别表示就业人员的教育程度和城市化发展状况对制造业发展产生的影响。

为进一步分析不同层次的生产性服务业对制造业细分行业产生的影响，本研究还设定了：

模型Ⅱ $Pro_{i,t}=\alpha_0+\alpha_1 LPS_t+\alpha_2 HPS_t+\alpha_3 Comp_{i,t}+\alpha_4 Capi_{i,t}+\alpha_5 RD_{i,t-1}+\alpha_6 Edu_t+\alpha_7 City_t+\varepsilon_{i,t}$

(三) 资料来源

本研究使用的面板数据主要是 2004—2013 年期间的，地区层面的分析中考虑到数据的完整性主要选取了中国共 19 个省份，行业层面的分析中主要选取了 25 个规模以上国有及非国有制造业细分行业的数据。全国和地区层面的生产性服务业数据主要选取了：交通运输、仓储及邮政业，信息传输、软件及信息技术服务业，金融业，租赁和商务服务业，科学研究和技术服务业这 5 类服务业的数据。所有数据均来自《中国统计年鉴》(2005—2014)、《中国工业经济统计年鉴》(2005—2012)、《中国工业统计年鉴》(2013—2014)《中国科技统计年鉴》(2005—2014)以及国研网的“就业与人口统计数据库”(2004—2013)。

二、地区层面的经验分析

本研究利用 Eviews8.0 软件对 2004—2013 年的地区面板数据进行了计量分析，并作了 Hausman 检验，从检验结果来看，全国及东部地区的模型Ⅰ和Ⅱ都拒绝虚拟假设，并在 1%显著性水平下接受固定效应，而对于中西部地区的模型Ⅰ和Ⅱ，在 10%显著性水平下都不能拒绝虚拟假设，故采用随机效应模型。且从 R^2 来看，选择的模型具有较好的拟合度。具体结果如表 5－3 所示。

表 5-3 全国和地区层面制造业实证分析

解释变量	全国		东部地区		中西部地区	
	Ⅰ	Ⅱ	Ⅰ	Ⅱ	Ⅰ	Ⅱ
ps	0.080 1 (0.818 9)		0.280 4 (0.650 1)		0.136 (0.806 4)	
hps		−0.622 2** (0.047 3)		−0.668 3* (0.065 3)		1.198 9*** (0.000 1)
lps		0.808 1*** (0.000 9)		0.502 5 (0.330 4)		−1.416 5*** (0.000 3)
comp	0.501 6*** (0.000 2)	0.012 4 (0.924 3)	−0.220 2 (0.295 2)	−0.072 6 (0.740 0)	0.463 4*** (0.005 4)	0.313 7** (0.012 2)
capi	0.271 3*** (0.001)	0.252 0 (0.001 1)	0.003 3 (0.974 8)	−0.068 7 (0.486 7)	0.989 4*** (0.000 0)	1.024 6*** (0.000 0)
edu	0.392 3*** (0.006 1)	0.238 0* (0.072 5)	0.013 2 (0.965 1)	−0.046 1 (0.882 3)	0.269 1* (0.079 8)	0.227 0* (0.094 1)
RD(−1)	0.378 6*** (0.008 1)	0.290 1** (0.030 3)	0.540 1*** (0.008 6)	0.651 7* (0.001 7)	−0.515 6*** (0.002 3)	−0.382 9 (0.007 2)
city	2.350 3*** (0.003 6)	1.643 8** (0.027 5)	−7.075 2*** (0.000 2)	8.169 1*** (0.000 0)	0.812 5 (0.270 7)	0.299 3 (0.548 9)
C_0	−10.999*** (0.000 0)	0.977 8 (0.675 1)	−22.189 1*** (0.000 4)	−26.634 2 (0.000 1)	−9.211 2*** (0.002 8)	−4.826 4*** (0.006 9)
Hausman 检验(P)	34.284 2 (0.000 0)	32.953 5 (0.000 0)	45.851 1 (0.000 0)	78.170 9 (0.000 0)	5.05 (0.537 4)	9.749 2 (0.203 2)
F 值	134.5	34.2	37.89	36.9	96.9	110.1
R^2	0.95	0.85	0.89	0.89	0.87	0.90
样本量	171	171	81	81	90	90

注：括号内数值为 P 值。***，**，* 分别表示在 1%,5%,10%水平下显著。使用 Eviews8.0 完成。

（一）从目前情况看，生产性服务业促进制造业发展、提升制造业效率作用不明显

从模型Ⅰ来看，不管是全国层面还是地区层面，生产性服务业影响制造业发展的实证检验虽然回归系数的符号和预期相一致，但是都没有通过10%的显著性水平的检验。从模型Ⅱ来看，在全国层面，低端生产性服务业促进了制造业发展，在1%显著性水平下，低端生产性服务劳动投入每提高1个百分点，制造业效率提高0.808 1个百分点。分地区来看，在东部地区虽然该项回归系数为正，但没有通过显著性水平检验，而在中西部地区，虽然经过了显著性水平检验，但是与预期的方向相反。高端生产性服务虽然都通过了10%以下的显著性水平检验，但是全国层面和东部地区的回归系数与预期方向相反。而在中西部地区，生产性服务在较高的水平上促进了中西部地区制造业效率的提高，这似乎和通常认识正好相反。

除了制造业指标选择可能不恰当外，也说明受到多重因素的影响，目前生产性服务业提升制造业效率、促进制造业发展的效果并不明显。虽然从理论分析来看，生产性服务分工越细、种类越多，其作为制造业中间投入就能够通过更多的通道把各种知识、信息和人力资本密集的要素导入到制造业中去，从而增加制造业产品的多样性和个性化，利用生产性服务包含着的有利于增强核心竞争优势的隐性知识，提高制造业企业的市场竞争力、市场定价能力以及市场势力，强化其获利能力，从而促进制造业升级。但事实上，生产性服务业提升制造业生产和运营效率的具体效果还受到经济发展所处阶段和发展环境的制约。从当前情况来看，一方面，中国生产性服务业专业化和规模化发展水平还不高，其本身在国民经济中的增加值占比和就业比重还较低，对其他产业或行业发展的影响力和感应度都比较小，特别是在经济发展水平较低的地区更是如此；另一方面，传统制造业发展方式还没有根本转变，限于市场交易环境和交易秩序并不完善，交易成本较高，制造业企业外包生产性服务的意愿并不强烈，"大而全、小而全"的发展模式还比较常见，许多生产性服务仍内置于企业内部，导致生产性服务业的市场规模化效应和专业化效应无法充分发挥出来，从而限制了制造业效率的提升。与此同时，加工贸易为主的制造业发展模式以及生产性服务外包倾向于选择国际上较大的生产性服务供应商等原因也使得国内生产性服务业与制造业之间的互动和循环被割裂，抑制了国内生产性服务业整体素质和水平的提高，这反过来又制约了制造业整体发展能力的改善和提高。但从发展的趋势来看，随着市场商业环境以及体制政策环境

的优化，比如信用体系的完善、营改增的全面推行，企业间的专业化分工必将不断细化和深化，生产性服务业发展的市场规模将不断提高、市场空间也将变得更加广阔，其专业化和规模化效应将不断凸显，而制造业企业为了在市场竞争中获得更明显的竞争优势，也会在市场交易环境更加优化的背景下将自身不擅长的一些生产性服务外包出去，以充分利用外部专业化和规模化程度更高的生产性服务带来的诸多益处。

（二）制造业企业数量的增加有助于提高制造业效率

一般来说，制造业行业内企业数量的多寡，一方面体现了制造业行业规模的大小，另一方面也表明了企业间竞争程度。同一行业内企业数量越多，企业间竞争越激烈，越有利于激励和促使制造业企业不断提升企业的运营和管理效率。因为企业要想在激烈的市场竞争中生存下去，必须想方设法降低成本、提高企业的生产和运行效率，这必将倒逼企业将自身不擅长的一些服务外包给外部市场上专业化程度较高的供应商，转而培育自身具有比较优势或竞争优势的环节。通过企业或行业间的专业化分工来实现降低成本、提高效率、增强企业的核心竞争力和市场竞争优势的目的。

从模型Ⅰ的实证结果来看，在全国层面，规模以上制造业企业单位数每提高 1 个百分点，制造业效率提高 0.501 6 个百分点，在中西部地区情况类似，且都在 1%水平下显著，但是在东部地区，企业单位数的增加对制造业效率提高的作用恰好相反，可能是由于东部地区制造业企业数量过多导致企业间出现过度竞争甚至是恶性竞争，这反而会抑制制造业效率的提升。但整体来看，竞争的增加还是有利于促进制造业效率提升的，因此地方政府应减少对微观市场主体的过多干预，充分发挥市场机制“优胜劣汰”的筛子作用，在充分的市场竞争中实现“适者生存、劣者淘汰”。

（三）物质资本仍是影响制造业发展的重要因素

在工业化过程中，物质资本是制造业发展必不可少的重要投入，而且随着生产力发展水平的提高以及科学技术在制造业生产中的广泛应用，制造业投入的物质资本在总投入中的比重不断提高，即资本有机构成不断提高。从实证分析结果来看，在模型Ⅰ中，从全国层面看，制造业企业资本有机构成每提高 1%，制造业效率提高 0.271 3，在中西部地区制造业企业资本有机构成每提高 1%，制造业效率提高 0.989 4，且都在 1%水平下显著，但在东部地区资本有机构成提高对制造业效率的提升作用相反。出现这种现象的原因可能是，在东部沿海地区由于得天独厚的区位优势以及良好发展基础，制造业中吸纳的资金过多，资本形成过快、投资收益出现持续恶化，这反而抑制了制造业效率的提高。因为从一般的经济学意义上来看，投资的边际效率是递减的，如果出现过度投资和过度竞争，企业的技术选择就会呈现资本替代劳动的倾向，从而使企业的技术选择路径逐渐偏离要素的自然禀赋结构，资本-劳动比率会出现持续上升的势头，在加快资本深化的同时，也将导致投资收益率出现持续而显著的恶化。[①] 东部地区资本有机构成的提高没有促进制造业发展可能就是由于物质资本投入过多，人力资本的投入和技术演进不能与之形成良性匹配，反而抑制了东部地区制造业比较优势的发挥和竞争优势的形成，不利于该地区制造业效率的提高。而从全国来看，特别是中西部地区，物质资本仍是制造业发展的关键因素，所以资本有机构成的提高有助于促进制造业效率的改进。而随着生产性服务业专业化分工的深入发展，竞争的加剧将使制造业企业对技术和知识的需求更加强劲，增加对外部专业化水平更高的人力资本、知识资本和信息资本的采购，并将其不断嵌入制造业生产过程中，提高制造业企业创新能力，而制造业企业的技术进步又将导致资本有机构成不断提高，从而提升制造业效率。由此也可看出，物质资本投资效率的提高离不开高水平、专业化的生产性服务供给的增加。

另外，从业人员的教育程度会影响各产业发展，从全国层面看，从业人员教育程度每提高 1 个百分点，制造业效率提高 0.392 3，且在 1%水平下显著。所以说较多的人力资本存量一方面有利于直接地促进制造业效率的提高，另一方面教育程度较高的生产性服务业从业人员具有较丰富的知识资本和人力资本也有助于提供更多专业化、精细化和高端化的生产性服务，生产性服务的供给质量和供给效率不仅会间接地促进制造业的发展，也会形成倒逼机制，促使制造业提升制造环节的技术水平、提高附加值创造能力或迫使制造企业进行功能延伸，以适应服务环节的变化。

研发投入的强度与制造业效率提升正相关，这与理论分析一致，从实证分析的结果可看到在全国和东部地区，滞后一期的研发投入每提高 1 个百分点，制造业效率分别提高 0.378 6 和 0.540 1 个百分点，且在 1%水平下显著，但在西部地区效果相反。

---

① 张军. 增长、资本形成与技术选择：解释中国经济增长下降的长期因素[J]. 经济学季刊，2002，1(2).

城市化进程的加快，一方面为制造业生产创造更广阔的市场需求、拉动制造业整体规模的扩大以及促进制造业升级，另一方面较高的城市化水平容易形成人才、资本和技术等各种要素的集聚，便于各种专业化知识技能的传播和积累以及各种专业化企业的成长和壮大，通过竞争效应、专业化效应以及学习效应有利于强化知识、技术的外溢效应，促进制造业效率的提高，刺激和诱导制造业升级。在实证分析中，可看到城市化水平与制造业效率提升基本正相关，除中西部地区外，在5%和1%水平下显著。中西部地区特别是西部地区的城市化水平还较低，这不仅会抑制对制造业产品的市场需求，也在抑制制造业发展的同时间接地阻碍了生产性服务业对制造业发展产生的积极影响。

三、行业层面的经验分析

本研究利用 Eviews8.0 软件对 2004—2013 年的前文所提到的 25 个规模以上制造业行业的面板数据进行了计量分析，并作了 Hausman 检验，从检验结果来看，制造业全行业的模型Ⅰ和Ⅱ分别在1%和5%显著性水平下拒绝虚拟假设，接受固定效应。而劳动密集型制造业企业在10%显著性水平下不能拒绝虚拟假设，模型Ⅰ和Ⅱ采用随机效应。资本和技术密集型制造业模型Ⅰ在5%显著性水平下接受固定效应，而模型Ⅱ在10%显著性水平下不能拒绝虚拟假设，故采用随机效应模型。且从 R^2 来看，选择的模型具有较好的拟合度。具体结果如表 5-4 所示。

（一）总体来看，生产性服务业在一定程度上能够提高制造业运行效率

从模型Ⅰ回归系数的符号来看，生产性服务业对制造业效率提升的影响与预期一致，说明发展生产性服务业是有利于改善制造业效率的，但是只有劳动密集型制造业通过了10%水平下的显著性检验。从模型Ⅱ来看，高端生产性服务业对制造业效率提升的效果明显，且都通过了5%水平下的显著性检验。具体来看，高端生产性服务业每提高1个百分点，规模以上制造业全行业的效率提高1.460 8个百分点，劳动密集型制造业效率提高1.530 7个百分点，资本和技术密集型制造业效率提高0.891 7个百分点。这表明高端生产性服务业作为生产过程中的一个重要专家组，是将日益专业化的人力资本、知识资本和信息资本导入生产过程的“飞轮”和主要途径之一，有助于促进商品和服务生产过程日益增加的迂回性和专业化水平、提高运营效率、经营规模以及

表 5-4　　中国制造业全行业及细分行业层面经验分析

解释变量	制造业全行业		劳动密集型		资本和技术密集型	
	Ⅰ	Ⅱ	Ⅰ	Ⅱ	Ⅰ	Ⅱ
ps	1.162 8		0.162 5*		0.146 1	
	(0.307 2)		(0.059 8)		(0.921 2)	
lps		−5.500 1***		−4.950 6***		−3.871 5**
		(0.000 0)		(0.007 0)		(0.015 1)
hps		1.460 8***		1.530 7***		0.891 7
		(0.001 3)		(0.000 0)		(0.117 9)
comp	0.099 2**	0.077 6*	−0.134 2***	−0.304 9***	0.401 1***	0.409 2***
	(0.026 2)	(0.057 6)	(0.004 7)	(0.000 0)	(0.000 0)	(0.000 0)
capi	0.830 1***	0.714 4***	0.839 4***	0.033 6	0.902 0***	0.738 5***
	(0.000 0)	(0.000 0)	(0.000 0)	(0.409 4)	(0.000 0)	(0.000 0)
RD	0.279 9***	0.127 1***	0.370 4***	0.099 4***	0.117 1**	0.057 4
	(0.000 0)	(0.005 9)	(0.000 0)	(0.003 3)	(0.046 3)	(0.233 5)
C_0	−6.738 5**	7.765 3***	−4.389 5***	5.326 0***	−6.034 8*	2.768 4
	(0.012 5)	(0.006 9)	(0.000 0)	(0.001 4)	(0.083 1)	(0.468 9)
Hausman 检验(P)	29.11	13.79	7.233 2	1.804 4	11.152 6	6.781 3
	(0.000 0)	(0.017 0)	(0.124 1)	(0.875 5)	(0.024 9)	(0.237 4)
F 值	71.39	83.94	238.22	58.55	63.55	158.54
R^2	0.90	0.92	0.89	0.72	0.90	0.87
样本量	247	247	120	120	127	127

注：括号内数值为 P 值。***，**，* 分别表示在 1%,5%,10%水平下显著。使用 Eviews8.0 完成。

其他投入要素的生产率，并增加其产出价值。[①] 但是，低端生产性服务业的回归系数与预期的方向不一致。虽然当下交通运输、金融等传统生产性服务的发展对制造业效率的提高有较大影响，比如交通运输、邮政和仓储业的发展有利于降低制造业的物流成本、缩短生产和市场之间的距离，高效的金融服务有助于提高制造业企业资金融通的效率、改善资本短缺造成的“瓶颈效应”，但事实上当下运输和物流成本、资金使用成本高仍是遏制制造业企业发展的重要原因。[②] 通过体制机制改革，增加交通运输及邮政仓储以及金融业的市场竞争程度是提高其自身效率的重要途径，也是降低制造业成本支出、提高其生产效率的关键环节。所以，促进制造业发展转型不仅要依赖高端生产性服务业的快速成长和壮大，也离不开低端生产性服务业服务质量的提高以及效率的改善。

（二）行业竞争程度的提高有利于提高制造业企业效率

从制造业整体的模型Ⅰ回归结果来看，企业单位数每提高 1 个百分点，制造业效率提高 0.099 2 个百分点，各制造业行业企业单位数的增加提高了行业内企业间的竞争程度，有利于提高制造业企业的生产和运营效率。对于资本和技术密集型制造业企业来说，竞争的增加也有利于提高企业效率，降低资本和技术垄断带来的效率损失，从模型Ⅰ来看，资本和技术密集型制造业企业单位数每提高 1 个百分点，企业效率提高 0.409 2，远高于制造业全行业。但是对于劳动密集型制造业行业来说，行业内企业单位数的增加不仅没有提高其效率反而还造成了负面影响，这可能和劳动密集型制造企业的过度竞争甚至是恶性竞争有关，过度竞争使企业的利润率比较低，很难在生产和技术研发、产品设计上乃至有效的市场调查和市场营销上投放更多的人力、物力和财力，抑制企业竞争优势的培育，形成低水平循环。

（三）资本有机构成的提高有利于促进制造业效率改进

资本有机构成的提高有助于促进制造业整体以及细分行业效率的提升，从模型Ⅰ的回归结果来看，资本有机构成每提高 1 个百分点，制造业整体及劳

---

① H. G. 格鲁伯，M. A. 沃克. 服务业的增长——原因与影响[M]. 陈彪如，译. 上海：上海三联书店，1993：219—228.

② 对终端消费服务的满足也是这两个行业的重要传统业务，这在一定程度上会影响这两个行业作为重要的中间投入对制造业效率提升的影响。

动密集型制造业、资本和技术密集型制造业效率分别提高 0.830 1、0.839 4、0.902 个百分点，且都通过 1%水平下的显著性检验。可见，物质资本仍是影响制造业效率的重要因素，特别是对资本和技术密集型企业来说更是如此。随着社会分工的深化和专业化程度的提高，资本有机构成还将进一步地提高、资本深化的趋势愈加凸显，如何在资本深化的同时避免投资收益率下降是制造业特别是资本和技术密集型制造业企业面临和亟待解决的一个现实问题。

另外，以规模以上工业企业 R&D 人员全时当量衡量的制造业企业研发投入，与制造业整体效率以及细分行业的效率提高正相关，但对资本和技术密集型制造企业效率提升的影响并不像预期的那样强于劳动密集型制造企业，这可能与制造业样本中资本和技术密集型行业数量较少有关。事实上，正如现代经济增长理论所指出的那样，企业研发能力的提升不仅是企业实现创新驱动发展的关键，也是提高企业乃至全社会全要素生产率（TFP）的关键。所以，无论是劳动密集型制造企业还是资本和技术密集型企业都应该重视企业研发经费和人员的投入，努力从内部或外部市场获取必要的人才和技术来提升企业效率，创造和培育企业竞争优势。

四、基本结论和相应对策

本部分的实证分析部分地显示了作为制造业中间投入的生产性服务的发展有助于降低制造业的生产成本和交易成本，提高制造业生产和运营效率。在全球化竞争日益加剧的背景下，中国制造业要想规避“低端锁定”的风险、提高价值链的治理能力，实现向价值链两端的爬升，就要大力支持和鼓励生产性服务业的发展，否则落后的生产性服务将成为制约制造业乃至整个中国经济发展的“瓶颈”。

但从目前的实际情况来看，一方面中国生产性服务业规模较小，服务种类、数量以及服务质量远远适应不了市场需求，并且其专业化水平不够、服务效率低和收费不规范等问题也饱受诟病；另一方面制造业企业因为担心外购服务所产生的交易成本较高以及长期合作可能招致“承包方控制”等问题，“自我服务”的现象还比较普遍，即便这些内部提供的服务不具有比较优势，制造业企业也不愿意实现这些业务的有效剥离，这又使得生产性服务面临中间需求不足的制约，较小的市场规模和市场容量又将进一步限制生产性服务企业专业化和规模化成长与发展，致使其在提升制造业效率方面出现“梗阻”现象。

而以上问题的出现与当前中国整个市场环境和市场秩序的不完善有脱不开的干系。因此，不管是为了发挥生产性服务业对制造业乃至整个中国经济“心脏和翅膀”的引擎作用，还是为了增加生产性服务的市场需求、拓展生产性服务发展的市场空间，我们都应该加快推进市场化改革特别是服务领域的相关体制和机制改革，以此为突破口来打通生产性服务业提升制造业效率的通道，实现二者之间良性互动和循环。具体来看，可以从以下几方面入手来促进和实现生产性服务业自身充分发展的同时改善和提高制造业效率、加快实现制造业的转型和升级。

（一）推进和深化市场化改革，为各类资源和要素的高效配置营造低交易成本的市场环境

因为服务产品的特殊性，服务品交易对象往往是一些无形的“服务”或“承诺”，面临道德风险或逆向选择的机会主义行为和风险大大增加，仅仅依靠过去行之有效的商人之间双边乃至多边信用关系来保证这种非人格化的交易已经不可能了。因此，生产性服务业乃至服务业的发展对软性制度环境的敏感性和依赖性较强，只有创造和建立一个可靠的司法体制和良好的诚信与执法环境才能有效地降低服务品的交易成本、提高交易效率，进而为服务业及其他相关产业深化发展提供必要的制度和体制支持。因为在一个缺乏诚信的市场秩序里，人与人之间、企业与企业之间的信任关系就无法有效建立和维持，欺诈行为盛行、交易费用过高，这会使服务业的发展举步维艰甚至根本无法发展。[①] 许多经验研究也表明加快服务业发展必须首先创造必要的制度条件，这在当前是中国经济转型过程中极为紧迫的任务。

（二）放宽市场准入、强化服务市场竞争是推进中国生产性服务业发展重要途径

目前，中国大部分生产性服务业都存在进入管制及市场垄断，如金融、铁路运输、信息服务等行业。虽然管制或垄断的原因各异，但是客观事实是进入管制或垄断的存在抑制了生产性服务业的市场竞争带来的活力和创新机会，另外这些行业有形或无形的进入壁垒的存在还导致生产性服务业就业人员总体规模较小，导致行业内的专业化供给能力较低。所以除少数生产性服务的

---

① 吴敬琏.中国经济增长模式抉择(增订版)[M].上海：上海远东出版社，2008：177.

关键部门和环节外，应强化“非禁即入”的原则，积极打破垄断、降低进入门槛、放宽进入领域，引入竞争，并充分发挥竞争带来的“鲶鱼效应”。通过建立公开、透明、平等、规范的市场准入制度，促进生产性服务业市场的繁荣和兴盛，实现生产性服务业“自我增强”效应以及与其他产业的互动和融合。

（三）利用税收等杠杆，支持和鼓励生产性服务业发展

充分认识到发展生产性服务业的核心要素就是要依赖高素质的人力资本。在科学技术发展日新月异的背景下，人力资本面临着较高的折旧率，这在强调专业性和创新性的知识密集型商务服务业（KIBS）中表现尤为明显，因此使这些部门的从业者不断接受职业培训等继续教育也尤为重要。因此在财税制度方面如果允许甚至是鼓励生产性服务部门的人力资本折旧，并在税前扣除该成本的话就会诱导和激励生产性服务部门增加人力资本投入，这对提高生产性服务部门的人力资本存量，继而提高生产性服务的质量、层次和效率具有较强的推动作用。另外，目前正在全面推进和实施的“营改增”计划将会为服务业的发展提供一个更好的税收环境。

（四）调整财税政策，强化产业关联，实现生产性服务业与制造业互动和融合

通过财税政策的调整，鼓励和诱导企业摆脱“自我服务”的低效率方式，集中发展第三方服务①。在推进工业化进程中，制造业仍是生产性服务的主要需求方，政府通过财税政策的调整鼓励制造业企业将部分自身提供效率低下的生产性服务外包出去。特别是要弱化大型国有企业一体化的政策激励，通过合理的制度安排有效降低外购生产性服务的市场风险和不确定性，这不仅有利于制造业企业降低生产和运营成本、提高企业的生产率和对市场需求的弹性反映，也使企业能将更多的精力倾注于自身的核心业务，有助于提高企业的竞争优势和核心竞争力，以更好地适应和满足国际市场竞争的需要，同时为生产性服务业的发展创造日益扩大的市场空间。而强劲的市场需求刺激，有利于实现生产性服务业的专业化和规模化发展，也为第三方服务市场的健康发展创造必要条件。另外，在现代信息技术的支撑下，还需要通过公共信息平台

① 刘志彪．为什么我国发达地区的服务业比重反而较低？［J］．南京大学学报（哲学・人文科学・社会科学），2011(3)．

的搭建和信息化水平的提高来加快标准化设施的建设和应用，实现制造业与生产性服务业的产业发展联动。通过加快发展第三方检验检测认证服务，推广制造施工设备、运输工具、生产线等融资租赁，创新金融服务，不断提高生产性服务自身的市场供给能力和服务效率，为制造业发展提供新动力和新势能，强化生产性服务业与制造业之间内生技术经济联系，在二者之间建立顺畅通达的传导机制，增强二者之间的互动和融合，提升制造业乃至国民经济发展的整体素质和竞争力。

第四节　小　结

本章首先从理论上分析了生产性服务业促进制造业发展的内在机制和实现路径，接着借助理论模型分析了生产性服务业规模化和专业化发展对制造业效率提升的影响，最后通过实证方法检验了中国生产性服务业对制造业效率提升的实际情况，实证分析发现整体来看中国生产性服务业对制造业发展的推动作用还不太显著。

第一节重点分析了制造业发展进程中生产性服务业作用的演变以及生产性服务业提升制造业发展效率的内在机制和实现路径。通过回顾发达市场经济国家产业发展演变历程，我们可看到生产性服务业对制造业发展的影响从最初的辅助管理和管理支持功能逐步过渡到战略导向功能，在制造业发展中不仅发挥了润滑剂和黏合剂的作用，还充分发挥了推进剂作用，促进和实现了发达国家的制造业发展的战略转型。从社会分工、交易成本和价值链等理论视角分别分析了生产性服务业提升制造业效率、促进制造业发展的内在机制。随着社会分工的深化和泛化，生产性服务逐渐从“内部化”走向“外部化”，这不仅降低了制造业自身的“内置成本”，还为生产性服务业发展拓展出必要的市场空间，促使生产性服务的规模化和专业化效应充分发挥，其作为制造业的重要中间需求反过来又促进了制造业效率的提升。随着社会分工的深化，市场交易频率增加，交易成本作为相伴生现象也会随之产生。在一个运行良好的市场环境里，得益于现代信息技术支撑的生产性服务业的发展繁荣不仅能够直接降低制造业的生产运行成本，还间接地通过增加对制造业的智力支持提升制造业的效率、促进制造业升级。基于价值链的分析我们可看到生产性服务业的发展有助于增加制造业的知识资本含量、降低市场风险、提高资源配置效率。生产性服务业不仅直接通过结构性和关系性方式嵌入到制造业生产各环节来提升制造业企业的生产和运行效率，还通过间接方式如借助知识和信息的共享提高制造业企业创新能力、促成制造业自身良性循环以及通过与制造业协同定位等方式来提高制造业的生产效率和市场竞争力，促进制造业转型升级。

第二节通过模型来说明生产性服务业规模化和专业化发展如何降低制造业成本、提升制造业效率。通过模型分析得知，生产性服务业的专业化和规模化发展有利于降低制造业单位产出的成本，但是生产性服务业发展到底能在多大程度上降低制造业的单位产出成本还要取决于不同生产性服务种类之间的替代弹性 σ 和生产性服务业就业人数在总就业人数中的占比（$1-\beta$）。各种生产性服务之间的替代弹性 σ 与制造业单位成本的降低呈现负相关，而生产性服务业就业人数占总就业人数比重越大，则说明生产性服务业的市场分化越细、专业化程度越高、生产性服务市场规模越大，也越有利于降低制造业成本、提高制造业效率。

第三节主要是借助生产性服务业与制造业的地区和行业面板数据进行了经验分析。实证研究结果显示目前生产性服务业对提升制造业效率发挥了一定作用，但是效果还不是特别显著，与理论分析以及发达国家的产业发展实践还存在较大差距。这一方面与中国生产性服务业自身市场规模较小，就业人数占比较低有关；另一方面与中国当前的市场竞争环境、市场秩序不完善有关。生产性服务业本身的低效率使其不能充分提供和满足制造业所需的相关服务种类和服务质量，这会促使制造业将类似服务一体化于企业内部，反过来又使得生产性服务业的市场规模萎缩，不利于第三方服务市场的充分发展。而中国经济发展过程中存在的制度体制不完善等弊端不仅制约了生产性服务业的发展，也使得制造业在选择将内置的相关服务外包出去时面临着诸多风险和不确定性，从而抑制了制造业的外包倾向。最后提出相关政策建议，即通过体制制度的调整以及市场竞争环境、竞争秩序的优化来加快生产性服务业的发展壮大，促进生产性服务业与制造业之间形成良性互动，从而提升制造业发展效率和整体发展绩效，争取早日完成“中国制造”向“中国智造”的实质性跨越。

第六章　生产性服务业与制造业互动融合的理论基础和经验事实

20世纪五六十年代以来，发达国家的产业结构发生了巨大变化，其中一个引人注目的重要现象就是国民经济中生产性服务业快速崛起。Bayson甚至声称生产性服务业将逐步取代制造业成为经济增长的主要动力和创新源泉①。作为战后发达国家第三产业中一支蓬勃发展的产业新秀，生产性服务业不仅成为服务业发展的中坚力量，也成为整个经济中最富有创新能量和活力的组成部分。在信息技术广泛渗透和应用到各行各业的背景下，生产性服务业作为重要的中间投入，也引起了其他行业和部门组织方式、营利方式乃至发展模式的巨大变化。制造业作为生产性服务业的重要客户，对生产性服务投入的增加成为推动和促进制造业发展转型的新引擎，生产性服务业与制造业互动和融合趋势日益增强。随着中国经济结构调整和经济转型趋势的增强，正确认识生产性服务业与制造业的产业关系已经成为研究产业结构问题的各方经济学家关注的焦点之一。生产性服务业与制造业的互动和融合发展趋势不仅是全球产业升级的方向，更是我国制造业发展走出困境、实现“凤凰涅槃”、重振雄风的关键内容。本章内容主要分为三个部分：首先剖析生产性服务业与制造业的互动和融合发展的理论基础和发展趋势，其次利用投入产出分析方法对生产性服务业与制造业之间产业关联、互动和融合进行经验分析，最后剖析生产性服务业和制造业产业关联度不高的深层原因并提出相应的政策建议。

---

① Bayson J R. Business Service Firms, Service Space and the Management of Change [J], Entrepreneurship and Regional Development, 1997, 9(2): 93－112.

第一节　生产性服务业与制造业互动融合的理论基础及发展趋势

随着社会分工的深化与拓展，行业间、行业内以及企业间乃至企业内的分工与协作越来越普遍，形成了不同行业和部门交互影响的新格局。伴随着经济环境复杂化程度的提高，信息与通信技术的广泛应用以及各种经济制度的调整，经济发展环境的变化不仅使得产业或企业边界越来越模糊，也使得产业间交互外部性凸显。基于社会分工深化和专业化程度提高、信息技术的发展及其在各产业各部门的广泛渗透，产业间或企业间的互动和融合趋势更加明显、程度进一步加深，制造业服务化以及生产性服务业产业化成为今后较长时间内产业发展的新常态。制造业与生产性服务业之间出现的越来越明显的融合趋势，不仅是全球产业结构调整升级的结果，更是我国推进和实现产业结构合理化和高度化的必经之路。

一、生产性服务业与制造业互动融合的背景

20 世纪五六十年代以来，生产性服务业快速发展，这一方面表现为其增加值在国民经济中比重持续增加以及生产性服务业就业人数持续提高；另一方面就表现为生产性服务对制造业和其他行业中间投入持续增加。作为生产性服务的主要需求对象的制造业部门为生产性服务业的发展提供了广阔的市场空间，而信息技术的发展及其对各产业部门的广泛渗透不仅提高了生产性服务业的服务质量和效率，也为制造业和生产性服务业之间的融合互动提供了强有力的技术支撑。另外，在金融危机发生后发达国家纷纷推出“再工业化”的同时，一些发展中国家则逐渐制定和实施了“去工业化”举措，这也成为我们重新梳理制造业与服务业特别是生产性服务业产业关系的现实背景。

（一）社会分工的深化和拓展是制造业与生产性服务互动融合的最深刻根源

社会分工的深化与专业化经济的快速发展与工业化进程的不断推进相伴生，日益深化的社会分工以及专业化程度的提高成为制造业与生产性服务业

融合互动的最深刻根源和最重要背景。

随着社会劳动分工的不断深化，市场交往中生产主体之间需要交易的产品或服务的种类、数量不断增加，交易规模不断扩大，市场交易的范围也大大拓展。在全球化进程不断加速的背景下，许多商品的生产和组织都是在全球范围内进行，而伴随着交易种类、规模和范围的扩大，各种交易成本也不断上升，这在一定程度上抑制了市场交易的效率。在分工和专业化程度提高以及全球市场竞争日益加剧的背景下，制造业企业为了应对市场竞争带来的不确定性，将企业资源主要投向能够提高企业核心竞争力的核心业务和环节，对提供与企业生产投入相匹配的相关服务主体提出了更高的要求和标准，在市场力量的刺激和诱导下生产性服务业便应运而生。在市场竞争机制的作用下，从制造业中分离出来的生产性服务业的专业化水平和规模化效应逐渐显现出来，自身的业务水平和服务能力也不断提升，可以为制造业企业及其他行业和部门提供的生产性服务的种类、数量显著增加，而服务的质量和层次也显著提高，显著地降低了这些服务使用单位的生产和运营成本；而对于制造业企业来说，将自身不擅长或自身提供不具有比较优势的生产性服务部门外包出去，不仅有利于降低企业的“装置成本”，也有利于充分利用市场机制来组织企业的分工，从而提高企业的运行效率。在激烈的市场竞争环境里，随着消费者需求个性化、多样化和异质化趋势的增强，企业越来越重视培育企业的核心竞争力，专业化成为企业参与竞争并在竞争中取胜的一种战略选择。与此同时，许多制造业企业认识到在新的竞争形势下，企业要想获得较高的附加值，提高企业的获利能力，必须从仅仅提供物品转向提供内容更丰富、体系更完善的“产品—服务包”，制造业服务化成为先进制造业发展不可逆转的趋势。

因此，随着工业化进程的推进，尤其是从 20 世纪 80 年代以来许多发达国家逐步过渡到后工业化社会，市场规模和市场容量不断扩大、市场需求日益多样化，而市场的不确定程度加深致使横向分工和纵向分工交错演进、互相促进，企业生产和组织中运用的知识愈加复杂化和专业化。而市场特征的变化也诱导企业或产业组织形式不断变革和调整，制造业生产组织的扁平化、精益化、柔性化、定制化和服务化趋势以及生产性服务业的专业化和规模化交相呼应，在产业互动融合的过程中通过更多地融入创新元素促使自身更高效地抑制或降低交易成本、提高交易效率，以适应不断变化的市场竞争环境。

(二) 信息通信技术的革新和广泛应用为制造业与生产性服务业互动融合提供了强有力技术支撑

在发达国家，生产性服务业的发展领跑整个国民经济，这与信息通信技术的迅猛发展和互联网的广泛渗透有着密不可分的关系。伴随着信息通信技术的不断突破和广泛应用以及现代信息化建设的快速推进，信息化与工业化的交汇更加密切，信息产业之外的技术融合进一步扩散也促使传统产业与现代产业的融合进一步加剧。

在信息化加速发展的进程中，信息生产和信息处理工作变成了一种日常事务，并占据了整个世界经济的 1/4，全世界的人们都在进行着人类信息技术的买卖①。特别是在发达国家的经济发展中，对各种信息的生产、分配、流通和消费已经成为经济系统运作的最主要部分。在信息被广泛生产和消费的同时，产业之间的界限不断被消解，产业之间的关联度越来越紧密，产业共生带来的产业间和产业内的分化与合作持续增强。因此，信息技术服务的泛化在促使产业链延伸、提高产业整合能力的同时，也使得原先由技术边界、业务边界、运作边界与市场边界构成的固定化产业边界更加模糊，生产性服务业与制造业由“分立”走向“融合”的趋势愈加凸显。

Engelbrecht 通过对新兴工业化地区的集中研究，指出信息服务部门的增长是发达地区和新兴工业化地区由工业经济向信息经济过渡的重要部分。通过对日本、韩国和中国台湾地区的比较和实证研究，得出的结论是发展有效率的信息服务产业不仅对一些正在进入信息经济的发达地区至关重要，而且对经济发展水平较低但拥有较先进产业结构的地区也非常关键。② Guerrieri 和 Meliciani 指出信息通信技术（ICTs）在提高一个国家服务业的国际竞争能力上扮演了重要角色，虽然服务业国际竞争力取决于产业结构及制造业的发展状况，但信息通信技术的扩散是许多工业部门再组织或重构的关键因素，而在此过程中制造业组织方式的调整和重构将导致越来越多生产工序被分解，服务贸易的质量不断提升，从而导致服务业的快速增长。所以，信息和通信技术在增强制造业与生产性服务业的产业关联性以及增强服务业在服务贸易中的国际竞争力方面发挥了不容置疑的重要作用。

信息通信技术的迅速发展及其在制造业和服务业中的广泛渗透和应用将

---

① 迈克尔 · L. 德图佐斯. 未完成的革命：以人为本的计算机时代[M]. 上海：上海译文出版社，2002.

② 乔均，施建军. 生产性服务业与制造业互动发展研究评述[J]. 经济学动态，2009(11).

有利于降低产业活动和全部经济的信息成本和交易成本，突破产业间有形或无形的壁垒，破除产业发展过程中存在的“梗阻”现象，提高各产业的运行效率，促进产业间的互动和融合。因此，20 世纪 90 年代以来，具有渗透性、带动性、倍增性和交互性特征的信息通信技术不断取得突破并在制造业和服务业中迅速推广应用，这在有效缓解社会分工产生的信息瓶颈的同时，为推进和实现制造业与生产性服务业融合互动提供了强有力的技术支撑。

（三）“去工业化”和“再工业化”趋势并存是生产性服务业与制造业互动融合的现实环境

“去工业化”可以看作是世界经济增长和发展过程中的“特征事实”，因为在世界经济发展和各国产业结构调整过程中不仅发达国家（如美国、英国、日本）先后经历了经济的去工业化，而且也有很多不发达国家和地区（如拉美地区的巴西、哥伦比亚，印度等）也经历了经济的去工业化。作为经济增长过程中存在的一种现象，去工业化主要体现为制造业产出和就业的持续降低。如美国制造业劳动力就业占总劳动者就业的比重，从 1965 年最高值的 28％下降至 1994 年的 16％。而在日本，其制造业就业比重从 1973 年最高值的 27％下降到 1994 年的 23％。在欧盟 15 个国家中，制造业就业比重则从 1970 年最高值的 30％迅速地下降到 1994 年的 20％。与此同时，发达国家服务业特别是生产性服务业就业人数的比重均在迅速上升。在发展中国家制造业增加值和就业人数占比也出现了类似的变化趋势，去工业化趋势明显。

在发达国家和一些发展中国家由“工业经济”向“服务经济”转变的过程中，服务业的“成本病”现象以及虚拟经济“体外循环”的过度膨胀，导致了发达国家和发展中国家在经济发展进程中面临一系列的困难和问题。美欧及部分发展中国家长期重服务轻制造，导致制造业严重萎缩、实体经济出现“空心化”，这种脱离实体经济的发展模式是直接导致 2008 年美国金融危机以及 2010 年欧债危机爆发的一个主要原因。因此，2008 年以来爆发的全球经济危机又引起人们重新认识“去工业化”带来的弊端，发达国家纷纷提出和制定“再工业化”、“制造业回归”等发展战略。[①] 从学理层面来看，工业特别是制造业（工业资本）是创造社会财富（各种使用价值）和实现价值增值的主体。随着经

① 在欧洲拥有强大制造业根基的德国从容应对危机的表现生动地说明了实体经济的稳定发展有利于增强抵抗危机的能力。

济发展环境的变化，制造业发展中不仅需要更多优质服务产品的投入，而且制造业本身的技术创新、技术溢出和技术扩散也是全社会技术进步和劳动生产效率提高的重要基础，制造业自身的增长率决定着整体经济的增长率。①

在经济发展过程中，发达国家和发展中国家"去工业化"和"再工业化"的交替出现或同时进行体现了经济发展本身就是一个充满矛盾的过程，也是经济发展或产业发展不断调整和矫正的过程。一方面，从积极意义上来看，去工业化是产业结构演进和生产率提高的自然结果，因为随着科学技术的进步，制造业劳动生产率显著提高，与此同时市场需求的变化又使得制造产品所包含的服务成分不断增加，这就诱导和刺激了服务业的发展或制造业服务化趋势的增强，使得经济服务化趋势明显；另一方面，过度的服务化又使得服务业特别是生产性服务业的发展缺乏实体经济的支撑，因为除了满足终端服务需求外，许多服务部门具有中间投入的特征，缺乏实体经济特别是制造业部门的支持，这些中间服务部门的创新和生产率的提高就会因为市场容量和市场规模的萎缩而失去发展空间，进而导致社会劳动生产率下降，而这又内生出"再工业化"的要求。所以，"去工业化"和"再工业化"的交替或并存本身就凸显了生产性服务与制造业相互依赖、共生发展的产业互补关系，两者的协同演进和良性匹配是提高整个社会生产效率的重要基础。

另外，我们要充分认识到西方发达国家提出"再工业化"发展战略并不是重新发展已经外包给其他国家的低端制造业，而是希望依托科技进步和发挥既有优势来寻找能够支撑未来经济增长的高端产业，推动实体经济的转型和复苏，继续保持世界制造业创新领导者地位，掌握后危机时期新一轮技术革命的主导权。② 因为一方面发达国家在"去工业化"过程中外包出去的传统制造业价值较低，另一方面受到人工成本上升和资源环境约束趋紧以及发达国家拥有高端服务业等现实的影响，发达国家再工业化必然是在充分利用自身拥有的知识密集型生产要素的基础上优先发展先进制造业，增强先进制造业对全球价值链的治理和控制能力，确保其在全球制造业中"链主"地位。而对发展中国家来说，积极地"去工业化"也有利于引导和鼓励要素向知识技术含量高和附加值创造能力强的服务业流动，提高稀缺资源配置效率和要素使用效

① 杨成林. 去工业化的发生机制和影响研究——兼论中国经济的去工业化问题和对策[D]. 南开大学，2012：46.

② 沈坤荣. 如何应对国际经济格局新变化[J]. 求是杂志，2013(8).

率，否则任性地去工业化将会重走“早熟工业化”国家的老路或面临发达国家“去工业化”后遇到的发展窘境。

因此，不管是“再工业化”还是“去工业化”都体现了服务业特别是生产性服务业与制造业的交互外部性和产业高度互补共生的特点，在发展过程中“去工业化”和“再工业化”交替出现或同时并存也说明各国正在试图调整和矫正经济发展中的结构失衡状况。像中国以及其他发展中国家的去工业化趋势是试图通过发展服务经济来驱动和支持制造业转型升级，改变传统制造业发展方式存在的路径依赖，提高制造业发展质量和效率。而对于发达国家提出的再工业化战略则是为了给本国服务经济的发展提供实体产业支撑，提高产业的综合竞争力。经济发展战略的调整和转变都是为了突破过度工业化或过度服务化导致的困境，实现制造业与服务业的协调共生，寻找经济稳健发展的均衡点。所以，“去工业化”或“再工业化”发展方向的调整构成了制造业和生产性服务业互动融合发展的现实背景。

以上从社会分工深化、信息技术发展和产业发展战略调整三个方面揭示了制造业与生产性服务业互动融合的深刻原因和现实背景。发达国家和发展中国家经济发展的大量现实情况以及相关的实证研究从需求和供给两个层面体现了制造业与生产性服务业之间存在交互外部性，二者是相互影响、相互依赖和共同发展的。生产性服务业的发展在很大程度上是以制造业为服务对象的，而制造业整体水平和产品品质的提升又依赖于生产性服务品质的提高。① 换个角度来看就是如果一个国家没有发达的生产性服务业，制造业的生产组织成本以及市场交易费用就很难下降，生产的规模经济效应和专业化效应也难以实现；而作为生产性服务业主要的中间需求部门的制造业发展层次、发展路径以及发展模式也决定和影响着生产性服务业的发展质量、发展层次和国际竞争力的强弱。因此，在实际经济发展中，生产性服务业与制造业是协同发展的，只有二者实现了良性匹配才能更好地发挥彼此的外部性效应，进而提高自身的创新效率和社会总生产率，促进和实现经济的稳健发展。

二、生产性服务业与制造业互动融合的理论基础

伴随着社会分工的深化、专业化程度的提高以及技术支撑体系的完善，制

① 乔均，施建军．生产性服务业与制造业互动发展研究评述[J]．经济学动态，2009(11)．

造业服务化和服务业产业化成为并行不悖的产业发展新趋势，生产性服务业与制造业之间的产业界限越来越模糊，制造业企业在整合自身资源的基础上由单纯提供产品向提供“产品—服务包”转变，有的甚至逐渐将企业的获利重点直接转向提供服务环节，通过对价值链两端相关服务环节的控制来强化其价值链治理能力；或者一些实力较强的生产性服务业通过向制造业产品技术研发设计、物流、营销和售后等阶段延伸、渗透，形成制造业与生产性服务业在产业链上一体化的功能体系，达到互动、融合和共生的生存状态。本部分将从产业共生理论、知识链视角以及产业结构升级三个方面来探讨生产性服务业与制造业互动和融合的理论根基。

(一) 基于产业共生理论的视角

共生理论逐渐被经济学家用来分析经济组织之间的相互依存关系，或用来揭示和解释产业交互融合渗透的经济现象。随着信息技术的发展和广泛应用以及各种经济制度的调整变革，不仅经济环境的复杂性大大提高，而且产业或企业经营的边界也越来越模糊，产业间的互动融合趋势增强、交互融合程度进一步加深。

产业共生是以独立产业或其业务模块为共生单元的经济现象。广义上看，产业共生指在社会分工不断深化的背景下，不同产业之间或企业之间出现的业务互补、融合和协同发展的经济联系。狭义上看，就是指因为某种机制构成的变化导致同类或相似产业的业务单元之间出现互动、融合、协调的发展状态。产业共生的三个核心特征是产业间的融合性、互动性和协调性。[①]

生产性服务业与制造业这两大产业间存在明显的产业共生特点。首先，两者之间产业融合特征突出。制造业是生产性服务业的主要需求方，在工业经济发展的早期和中期，生产性服务往往内置于制造业中，服务或依附于制造业，同时也是提高制造业产品的差异性以及体现产品市场竞争力不可或缺的重要组成部分。在工业化后期或后工业化社会，生产性服务虽然逐渐由“内部”走向“外部”，但制造业对服务产品的强劲需求依然是促进生产性服务业发展的重要驱动力，而生产性服务嵌入到制造环节是提高制造业竞争优势的关键，反过来也推动了生产性服务业专业化、规模化和市场化发展。在市场拓展、技术应用、业务融合和价值创造等方面，二者之间呈现出典型的“鱼”与

---

① 胡晓鹏. 产业共生：理论界定及其内在机制[J]. 中国工业经济，2008(9).

“水”的共生关系，二者的有机结合共同提高了产业价值或财富创造的能力。其次，二者之间的互动性增强。在实现外部化独立发展的生产性服务业为制造业发展提供必需的高效率专业化的辅助性和支持性服务资源时，制造业企业就可以集中企业的资源和要素专注于企业核心业务。而生产性服务业也可以充分地分享制造业进行专业化生产导致中间需求市场规模扩大带来的好处。从以上分析可看到生产性服务业与制造业的这种互动是一种互利的行为。再次，二者之间的协调性明显。生产性服务业被称为制造业或其他产业发展的润滑剂、黏合剂和推进剂，在经济发展中生产性服务投入的增加使得该产业与其他产业之间的摩擦减少、协调性增强。

（二）基于知识链的视角

近年来，不少学者对知识链理论进行了深入研究，基本形成两种观点：企业间知识链和企业内知识链。不管是企业间知识链还是企业内知识链理论都强调通过建立交互式学习平台来促进知识在企业间或企业内的流动和扩散。从生产性服务业与制造业互动和融合的角度看，基于交互式学习平台而进行的产业间互动和融合就是引导产业间或产业内知识在知识链中传播、扩散、溢出、转化、创新、应用和反馈，从而实现技术创新、产品创新和组织管理模式创新。

知识具有边际报酬递增、边际成本下降、异质性等鲜明特征，所以知识已经成为企业或产业发展最重要的战略资源之一。现代生产性服务业大都以知识密集为主要特征，生产性服务的供给质量和服务效率本身就是以专业化知识为前提，通过提供高密度的知识、信息等服务产品，来提高投入这些中间品的其他企业或部门获取高附加值的能力，并强化这些企业或部门在市场竞争中的优势地位。Grubel 和 Walker 指出生产性服务业成为这种知识和人力资本进入生产过程的重要渠道，同时成为劳动力和物质资本创造更高的生产率并改进商品与其他服务质量的重要动力。生产性服务业与制造业企业通过构建“知识共同体”，不仅实现了知识互补，更重要的是二者在合作创新中相互作用、协调运作，实现整体功能大于各成员功能之和，即二者之间合作的本质是新知识系统的构建。①

在信息经济或知识经济时代，生产性服务业与制造业之间的产业边界越

① 苏敬勤，喻国伟. 多学科视角中的生产性服务业研究述评[J]. 工业技术经济，2008(5).

来越模糊，二者之间基于知识、信息和技术的互动和融合趋势日益增强，并逐渐形成了依附在产业链上的比较完整的呈现网状结构、双向促动知识多元的知识链条。制造业投入服务化或制造业服务外包，特别是研发设计等关系到企业核心竞争力的部分都可能通过服务外包而实现知识创造，可见知识链构建在制造业与生产性服务业融合中具有重要地位，生产性服务业价值的彰显特别是知识密集功能的发挥更希望能嵌入到制造业的关键性部门。[①] 二者之间基于信任的长期合作，不仅能够降低彼此的交易成本，而且有助于新知识的生产、流动、扩散、反馈、循环，实现互利性的"双赢"，进一步加快企业或产业间的互动融合。所以，基于知识链的视角，我们可看出在知识链基础上生产性服务与制造业之间相互学习有利于促进可编码的显性知识和不可编码的隐性知识相互转化，最终实现和加快不同企业知识和信息的流动、积累、创新，使得产业间互动和融合趋势不断深化。

（三）基于产业结构优化升级的视角

产业结构优化是指各产业协调发展、产业整体发展不断合理化和高度化，并最终实现资源配置最优化和宏观经济效益最大化的目标的过程。产业结构优化作为一个动态的、相对的概念，在新的时代条件下其内涵也在发生着变化。在新的发展环境中，具体来看可以从以下几方面来深化对产业结构优化的理解：首先，产业结构优化的最终目标除了实现效益最大化，还要实现生态效益最大化和维持产业系统的稳定性；其次，产业结构优化的原则是推进产业间关联深化、协调发展能力和产业综合素质的提升；最后，产业结构优化的过程推动产业结构合理化、国际化和生态化。[②] 产业结构的优化使得产业结构逐步改善、产业素质逐渐提高，这就是产业升级的过程。产业结构的优化升级一般会先经历初级阶段，主要依赖资源和要素投入的增加来促进经济增长，而后逐渐依靠知识、信息和创新来驱动经济发展。观察发达国家产业结构演变的历程，可发现先行工业化国家产业结构优化升级的过程直观地表现为第一产业、第二产业比重下降，第三产业的比重逐渐上升的过程，而从深层次来看正是由于经济发展中具有知识、信息、人力资本密集的生产性服务业的快速发展才导致产业结构逐渐呈现知识密集、创新涌现、产业间联动效应凸显的新特

① 陆小成. 生产性服务业与制造业融合的知识链模型研究[J]. 情报杂志，2009(2).

② 赵玉林. 产业经济学原理及案例[M]. 北京：中国人民大学出版社，2014：46—47.

征。所以，具有高智力、高产业关联和富有创新性等特点的生产性服务业的发展，对加快推进制造业升级、产业结构优化升级是必不可少的。

在当前，经济发展形势的变化倒逼着中国制造业转型升级，通过发展现代生产性服务业来不断驱使制造业结构调整升级不仅是必要的、有效的而且是可行的。不管是基于价值链还是产业链来看，制造业升级或产业优化升级就是向“微笑曲线”(见图 6－1)的两端攀升，增加产品生产全过程中的服务特别是生产性服务投入的过程。只有投入更多的富含技术、知识、信息和人力资本的生产性服务，才能提高企业获取高附加值的能力，增强企业对价值链的治理和控制能力，在此过程中逐渐实现产业结构的软化、优化和升级。从发达国家以及部分发展中国家经济结构演变的过程中，我们可以清晰地看到经济增长中生产性服务业发展的明显上升趋势，那就是国民经济中生产性服务业增加值占比显著上升。发达国家的服务业增加值占比基本在 70%以上，其中生产性服务业增加值占服务业的增加值也在 70%左右，在 OECD 国家，FCB(金融、信息和商务服务)等生产性服务业增加值占 GDP 的比重均超过 1/3，在美国生产性服务业相关产业增加值占 GDP 的比重将近 50%[①]。生产性服务业的快速发展除了由信息技术发展推动以外，主要源于两个方面的原因：一是制造业为了降低自身的组织成本、生产成本以及更加专注于核心业务的发展而不断将部分非核心的服务活动外包出去，这为生产性服务业的规模化和专业化发展提供了必要的市场支撑；二是市场竞争环境和技术背景的变化诱导或倒逼制造业结构转型，制造业为了占据价值链或产业链的高端，在生产过程

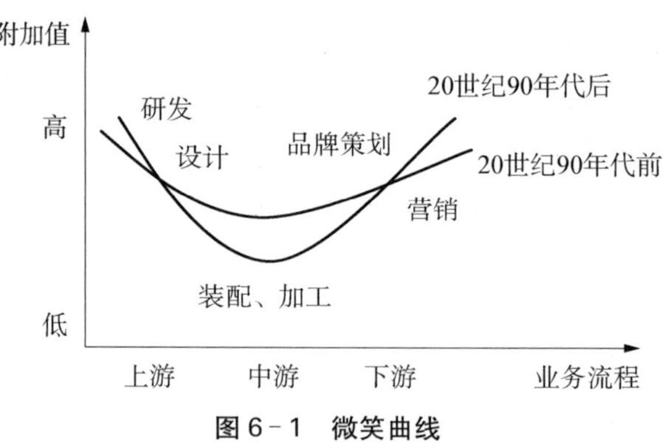

图 6－1　微笑曲线

---

① 张祥. 转型与崛起：全球视野下的中国服务经济[M]. 北京：社会科学文献出版社，2012：63—64.

中对人力资本、知识资本和信息资本密集的生产性服务投入日益增加，而事实上这部分生产性服务的嵌入不仅促使制造业生产迂回程度增加和分工深化、提高了制造业的运行效率和获利能力，也促进了相关产业的人力资本积累和知识的交流传播，促进了二者之间越来越多的融合与互动。所以，制造业的转型升级实质上就是不断提高生产性服务业服务投入质量、效率以及促进其与制造业产业关联效应不断增强的过程。在此过程中，生产性服务业获得了充分发展，制造业发展质量、层次和结构也不断提升，产业结构也就自然地实现了优化和升级。

三、生产性服务业与制造业互动融合的表现和发展趋势

前文已经提到信息技术广泛应用为生产性服务业与制造业实现互动融合提供技术支撑，技术的不断突破和迅速应用推广也使得二者之间融合的深度和广度不断拓展。尤其是信息技术行业不仅实现了内部各行业的融合，还在产业间融合中发挥着“黏合剂”和“推进剂”作用，使得产业间融合趋势愈加凸显。

（一）生产性服务业与制造业产业融合的表现

生产性服务业与制造业之间产业融合可以说主要体现为产业链的整合和延伸。产业链的整合和延伸主要表现为两种形式：

一是产品和服务的整合，即我们通常所说的“产品—服务包”发展模式，变原来的卖产品为卖产品和服务，通过改善与客户的关系、为客户提供持续的增值服务来延长产品的生命周期，拓展企业的生存空间和市场机会。IBM 从 1993 年开始从硬件制造商逐渐转向提供软件和咨询等服务，1997 年 IBM 来自服务的收入就占到了 40%。其他制造业企业也经历了类似的发展转变过程。通过在产品销售中融入更多的服务，不断增强企业产品的异质性和竞争优势，这也成为制造商在竞争中获胜的利器。这种服务与产品的融合反映了“产品寓于服务之中”或“服务寓于产品之中”的理念，使得产品生产和服务提供的边界日益模糊，通过以制造业生产的产品为物质载体，实现了服务的物化，并以服务为平台，提升了产品的附加值，实现了广义上的产品创新。

另一种融合形式是作为中间投入的生产性服务向制造业领域延伸。这种

融合形式的实现需要借助现代信息通信技术，只有以现代信息技术为支撑才能有效地解决生产性服务的难储藏、难运输以及克服生产和消费同时性的障碍，有效提高生产性服务的服务质量和服务效率，从而实现优质的服务产品与制造业客户需要的有效率融合，提升制造业企业的业务能力和核心竞争优势。与此同时，还要求生产性服务的种类与制造业企业的中间需求具有较高的产业关联度。生产性服务业与制造业的融合在形式上多表现为产业链的整合和延伸，所以要求生产性服务提供商供给的服务产品与制造商客户的需要存在较强的前向或后向联系。这种融合通过将更多的知识、信息和人力资本融入到制造业的生产过程中去，增强产业链上不同环节的匹配性或互补性，进而降低不同环节之间的协调成本，提高企业生产和组织的效率。同时高质量的生产性服务投入的增加，提高了产品被模仿的难度，为制造业企业提供更为持久的竞争优势来源。另外，通过产业链上不同企业之间磨合程度的提高，有利于强化各类知识特别是默示知识的交流、传递和溢出，不断提高企业的学习能力和创新能力，提升产业的层次和水平，进而提高了产业链上不同企业的价值创造能力(见图 6－2)。

初步融合阶段	融合深化阶段	稳定发展阶段
双方对各自了解逐步深入、业务合作逐步展开	通过交流与互动学习，知识和信息在双方之间传播和扩散，促进知识创造和创新	双方在协同创新中共同发展

图 6－2　生产性服务业与制造业融合的学习曲线

资料来源：路红艳：《生产性服务与制造业结构升级——基于产业互动、融合的视角》，《财贸经济》2009 年第 9 期。

(二) 生产性服务业与制造业互动融合的趋势

在分工深化和信息通信技术加速发展的推动下，生产性服务业与制造业的互动融合发展趋势日益凸显，俨然成为人类进入或即将进入后工业社会产业发展的主要趋势。在生产性服务业与制造业的产业关联度不断提高的过程中，二者之间互动融合的共生态势愈加明显，也不断催生出更多的新产业、新业态，孕育出更多的经济增长点，推动工业经济加快转向服务经济。从发达国家的产业结构演变以及发展中国家经济发展的现实来看，生产性服务业与制造业互动融合的趋势主要有以下几个方面。

1. 制造业服务化发展趋势明显

在新的时代条件下，制造业发展转型成为世界经济面临的热点问题之一。在制造业产品生产销售全过程中，通过增加具有知识、信息和人力密集的生产性服务，实现向服务型制造转变成为制造业当前和今后发展的重要趋势。因为在制造业产品生产中添加更多的生产性服务有助于提高企业产品的差异性，实现规模经济和范围经济效果，降低产品生产中的协调成本，增强企业的市场竞争优势和获利能力。制造业从原来单纯的产品生产和销售转向提供更多的附着在产品载体上的服务以及成套解决方案的方式，开启由传统制造企业向服务提供商转型的局面。① 制造业的服务化主要表现为制造业与生产性服务业融合发展的一种新型模式，这种融合发展的趋势驱动着制造业企业不断向产业链两端"攀升"。

制造业服务化趋势主要体现为：一是制造业的中间投入和最终产出呈现服务化趋势。目前在制造业中间投入中生产性服务的占比持续提高，尤其对KIBS（知识密集型商务服务）的中间需求更高一些。二是制造业企业经营呈现服务化趋势。通过对工业产品获利能力的分解，我们会发现装配、加工环节创造的增加值不断下降，而技术研发、产品设计、营销、物流等环节创造的增加值持续增加。在新的发展环境下，许多从事制造生产的跨国公司在经营方式、经营领域和组织方式上也在进行适时调整，制造业企业越来越倾向于提供完整的服务包。当今在行业和市场竞争中领先的制造商大多是在其传统的制造业务中增加了更多的服务成分而使产品产生差异化并由此获得竞争优势的，增加服务成为企业强化竞争优势和形成能够影响价格的市场势力的有效途径。从表 6-1 中的几家跨国公司服务收入占比来看，企业获利环节主要集中在提供服务的阶段，服务收入在公司总收入中所占的比重不断增加，制造业服务化趋势明显。

① 姚小远.论制造业服务化——制造业与服务业融合发展的新型模式[J].上海师范大学学报（哲学社会科学版），2014(6).

表 6-1　部分跨国公司服务收入占总收入比重(%)

年份	罗尔斯罗伊斯	IBM	通用电气	思科
1992	—	23	44	—
2003	50	45	62.44	16
2004	55	48	63.22	20
2005	—	52	—	26.45
2007	53.7	55	61	32.2
2008	52	55.28	63	40
2009	55	54	62.03	43.5
2010	54.2	55.6	65	45
2011	55.52	56	64.2	45.8
2012	56.3	57.5	66.8	50.3

资料来源：转引自：王晓红等：《当前制造业与服务业融合发展趋势及特点的研究》，《全球化》2013年第9期。

2. 生产性服务业知识化、制造化发展趋势增强

20世纪80年代以来，信息技术、数字技术、互联网乃至物联网等新兴技术快速发展，这为生产性服务业的发展编织了强大的技术支持体系，也使得生产性服务业的知识化、专业化和产业化发展趋势日益加强。日益知识化和专业化的生产性服务业借助信息技术的支撑不断实现产业化运作，提升了市场交易效率，促进了制造业的发展转型、加快了整个产业结构软化趋势。从全球范围内特别是发达国家产业结构演变的结果来看，许多国家纷纷从制造经济转向服务经济、从传统型服务经济转向知识密集型服务经济，知识密集型服务业逐渐成为国民经济中的支柱产业。从1950—2010年美国服务业构成的变化可清晰地看到这一趋势，在美国服务业构成中KIBS(如信息业、金融保险业、专业和商务服务业)所占的比重都有较大幅度的提高。

表 6-2　1950—2010年美国服务业中部分服务业比重变化(%)

服务业细分行业＼年份	1950	1960	1970	1980	1990	2000	2010
批发、零售贸易业	15.3	14.5	14.5	13.8	12.9	13.1	11.6
运输业和仓储业	5.7	4.4	3.9	3.7	3.0	3.0	2.8

续　表

服务业细分行业 \ 年份	1950	1960	1970	1980	1990	2000	2010
信息业	3.0	3.3	3.6	3.9	4.1	4.2	4.3
金融保险业	2.8	3.7	4.2	4.9	6.0	7.7	8.5
房地产和租赁业	8.7	10.5	10.5	11.1	12.1	12.4	12.2
各类专业性商务服务业	3.5	4.3	5.0	6.2	8.9	11.2	12.3
其他服务业	18.7	20.3	24.7	23.9	26.5	25.7	28.7

资料来源：转引自：赵明霏：《知识经济时代服务业发展的新趋势》,《未来与发展》2012 年第 9 期。

另外,在现代信息技术的支撑下,生产性服务业产业化倾向也逐渐明朗。这一方面表现为生产性服务业不断渗透到制造业中去。制造业是生产性服务业的重要客户,金融、物流等实现专业化和规模化经营的生产性服务企业在业务上不断地以结构性嵌入的方式融入制造业的生产和组织。另一方面是生产性服务企业强化对产业链的治理能力,业务范围逐步向制造业延伸,并不断提高对产业链的整合能力。大型生产性服务供应商借助其研发设计能力强、管理效率高或营销渠道广、物流网络覆盖面宽等优势,通过贴牌生产、连锁经营等方式嵌入产品的制造过程,与传统制造商一起为消费者提供服务。还有一些具备专业优势的生产性服务企业利用其掌控的核心技术、核心业务或完善的营销网络等直接建立起自己的制造工厂,以提高对资源、要素或产业整合的能力,增强企业对价值链的治理能力和控制能力。

3. 服务外包成为企业降低成本、培育竞争优势的重要选择

做你做得最好的,把其余外包出去! 随着这个常识性管理理念的流行和深入人心,服务外包逐渐演变成席卷全球的浪潮。进入 21 世纪以来,互联网信息技术的普及和应用大大地降低了生产性服务供应商与制造业需求方之间在时间、空间和地域上的障碍,借助技术手段实现了服务产品从无形、难储存、生产与消费即时性向有形化、易储存、可贸易的质的转变。存在分工合作关系的企业通过信息网络,可以及时准确地进行信息搜集、筛选、数据加工处理、传输,这大大提高了交易效率、降低了交易成本,这也使得服务外包成为众多企业降低装置成本、提高运行效率、增强市场竞争优势的重要选择。

鉴于生产性服务业与制造业之间存在产业共生关系,服务外包在促进产业分工深化的同时也使得二者之间的关联性和协同性进一步提高,成为服务

业与制造业融合的主要方式。在激烈的市场竞争和技术瞬息万变的背景下，出于节约成本、专注于核心业务和增强核心优势等因素的考虑，越来越多的制造企业逐步将一些非生产性活动外包给专业服务供应商完成。与此同时，制造业的结构转型也使得制造业对生产性服务的中间需求增加，这又为生产性服务业的发展拓展出更大的市场空间，为生产性服务业进一步专业化、规模化和市场化发展提供必要的支撑。

目前，服务外包正在以较快的速度成长和壮大，全球服务外包市场规模巨大，外包模式、外包业务内容也不断创新，高端和个性化特征较强的核心业务外包成为服务外包的新内容，服务外包已经成为服务业在全球范围内流动、构建服务全球网络的主要方式和促进全球经济增长的新引擎。

4. 全产业链发展模式成为企业提高获利能力的重要途径

在信息技术的支撑下，新业态、新的组织管理模式和新产业不断涌现，产业间或产业内的分工逐渐呈现网络化格局，专业化分工程度越来越高，传统的价值链不断被分解、整合与重构，价值链的增值环节变得越来越复杂。其中价值链上具有异质性特征的生产性服务环节的效率、获利能力对企业利润的影响越来越大，在整条价值链上生产性服务的重要性进一步凸显。在新的形势下，制造企业不再也不能仅仅关注产品的生产，而是根据自身拥有的资源和要素不断进行动态调整，通过资源和要素的优化组合，加速实现向价值链两端“高地”延伸和渗透，如企业的发展战略越来越倾向于向研发设计、创造品牌、营销网络、售后服务以及物流等部门进行渗透，使生产性服务环节成为企业利润增长的关键环节。产业链上制造环节与服务环节的分化组合，推动了制造业和服务业的融合发展。目前，很多企业通过组织和管理模式创新，建立集采购、销售、客户服务、物流等为一体的电子商务平台；一些企业通过建立和强化对供应链的管理，形成了网络化的营销体系，还有些通过并购研发机构、物流企业等快速获取服务资源，使价值链向服务业延伸，形成了全产业链的赢利模式。[①] 比如，NIKE、苹果公司等通过强化其在技术研发、产品设计、营销渠道和完善的售后网络等方面的优势，牢牢地将产业链上的高附加值环节控制在自己手中，并不断强化其对整个产业链的治理和控制能力；再比如卡特彼勒——世界上最大的工程机械制造公司，通过开发和利用信息化系统，加快了产品销售、降低了产品的库存量，在融入更多生产性服务的同时，公司逐渐建立起一

---

① 王晓红等. 当前制造业与服务业融合发展趋势及特点的研究[J]. 全球化，2013(9).

条包含产品、技术与综合多种服务在内的完整产业链。

从以上分析可看出，生产性服务业和制造业互动融合发展趋势的增强离不开一个共同基础，那就是作为产业融合的“润滑剂、黏合剂和推进剂”的信息技术的发展。信息技术的发展为产业融合提供了坚实的技术支撑体系，推动制造观念、制造方式发生革命性的变化（如精益生产、智能制造、3D技术），同时促使新业态、新商业营利模式不断涌现（如众包、电商、平台经济、互联网金融等）。在信息技术的推动下，生产性服务业与制造业的产业互动融合在速度上不断提高、在深度和广度上不断拓展，业务边界也愈加模糊，新的经济增长点不断形成，产业结构的“软化”趋势增强。

第二节　生产性服务业发展及其与制造业互动融合的经验事实

——基于投入产出分析法

美国次贷危机产生了巨大“蝴蝶效应”，即美国房地产行业或金融行业的危机通过贸易和金融等通道几乎影响了世界上所有行业的发展，导致了全球性经济危机的发生。透过美国次贷危机影响和破坏整个世界经济发展这一事实，我们可发现现象背后的一个重要原因就是各个产业之间存在着紧密的产业关联，在危机发生时，产业间的关联性使得市场“负面情绪”的传染性加剧。本节主要基于产业关联理论利用中国1997—2012年期间相关年份的投入产出表来对中国生产性服务业与制造业互动和融合状况做经验分析。

一、产业关联的基本理论、分析工具、指标和数据

（一）产业关联的基本理论

产业关联是指经济生活中各个产业之间存在广泛而复杂的技术经济联系。实质上看产业关联就是强调产业之间相互的供给与需求关系，产业间以各种投入品和产出品为联结纽带发生着联系，并通过技术关联和技术进步引起部门间的联动以及动态变化。

从经济学角度来看，产业关联理论产生和发展的思想基础主要源于三个

递进的理论[①]：一是魁奈的《经济表》——这可能是投入产出分析最早的思想来源，在《经济表》中古典经济学第一次描述了社会总产品的生产和流通图解。二是瓦尔拉斯的一般均衡理论——这直接启发了里昂惕夫对投入产出分析方法的提出和研究，这一理论中有关经济活动间相互依存的观点成为投入产出分析的基础。三是马克思的社会再生产理论。马克思在魁奈的《经济表》的启发下按照产品的实用价值将社会总产品分为生产资料和消费资料两大部类，两大部类的划分实际上就是将社会再生产描述成一个两部门关联模型，体现了部门间投入产出关系。

(二) 产业关联的分析工具

分析和研究产业关联的主要工具就是投入产出分析方法，这种方法是由里昂惕夫于1936年在《经济学与统计评论》杂志上发表的著名论文《美国经济体系中投入产出的数量关系》中提出。

产业关联的测度指标主要是由投入产出表延伸出来的从不同角度测度行业间联系的指标，如直接消耗系数、间接消耗系数、影响力系数、感应度系数等。利用投入产出表来定量地分析产业间的联系，有助于我们清晰地把握经济体系中各部门之间投入产出间的相互依存关系，这也是目前对产业关联进行经验研究的常用方法。

投入产出表是以国民经济整体为描述对象，反映特定时期内(通常为一年)各种产品或部门之间投入来源和产出使用去向，是进行国民经济核算的重要组成部分。通常投入产出表由被称为第Ⅰ、Ⅱ、Ⅲ象限的三部分构成。第Ⅰ象限是投入产出表的核心部分，反映部门间投入与产出的技术经济联系。第Ⅰ象限中的每个数，沿纵列看反映了某产品部门在生产过程中消耗的各产品部门生产的产物或服务的价值量，称为中间投入；沿横行看反映了某产品部门生产的物品或服务提供给各产品部门使用的价值量，可称为中间需求。第Ⅱ象限，表示产品生产出来后除了作为中间产品的部分以外的分配去向，主要包括消费、投资和净出口。第Ⅲ象限，反映了各部门的增加值及其构成状况，表现为投入要素的扩展，主要包括折旧、劳动报酬和社会纯收入。投入产出表的一般形式如表6-3所示。

---

① 唐晓华，主编. 现代产业经济学导论[M]. 北京：经济管理出版社，2011：175.

表 6－3　　价值型投入产出表的一般样式

投入＼产出		中间需求 部门 1 部门 2 …… 部门 n	最终需求 消　费 投　资 净出口	总产品
中间投入	部门 1 部门 2 …… 部门 n	Ⅰ X_{ij}	Ⅱ Y_i	X_i
增加值	折旧 劳动报酬 社会纯收入	Ⅲ N_j		
总投入		X_j		

(三) 投入产出分析的相关指标和数据

从单个部门和国民经济整体来看，如果总产出(中间需求＋最终需求)等于总投入(中间投入＋增加值)，那么中间使用表(X)、直接消耗或投入系数表(A)、里昂惕夫逆矩阵(B)和德米特里耶夫完全消耗系数表(C)之间存在如下关系：

$$X=(X_{ij})_{n\times n}$$
$$A=(a_{ij})_{n\times n}\text{，}\ a_{ij}=X_{ij}/X_j$$
$$B=(b_{ij})_{n\times n}=(\mathrm{I}-\mathrm{A})^{-1}$$
$$C=(c_{ij})_{n\times n}=\mathrm{B}-\mathrm{I}$$

其中，X_{ij} 表示行业 j 产出中所使用的 i 行业的中间投入，a_{ij}、b_{ij}、c_{ij} 分别表示直接消耗系数、里昂惕夫完全消耗系数和德米特里耶夫完全消耗系数。

直接消耗系数反映了生产过程中第 j 产业或产品部门的单位总产出直接消耗的第 i 产业或产品部门货物或服务的价值量。完全消耗系数则是指一种产品对另一种产品的直接消耗加上所有的间接消耗，该系数能够全面地反映一个部门的生产与本部门和其他部门发生的经济技术联系，有助于分析各经济部门之间的联系。

另外，这里还需要介绍几个文中将要使用的相关指标：(1)中间投入率，等于特定时期内中间投入与总投入之比，该指标的经济含义是某一产业部门受到整个国民经济的支撑作用。通常，某产业或产品的中间投入率越高，表明国民经济对该产业或产品提供的生产资料越多，即这一产业受到整个国民经济的支撑作用越强。(2)中间需求率，等于特定时期内中间需求与总需求之比，该指标反映了各个产业的产出有多少作为其他部门生产的中间投入，通常中间需求率越高，这个产业原材料产业的性质越强一些。(3)国民经济的增加值率，等于增加值与国民总产出之比，反映要素投入带来的增值能力。(4)生产性服务投入率，是指生产性服务投入与总投入之比，反映国民经济服务化水平和程度。(5)产业关联系数，产业间的经济技术联系分为前向联系和后向联系。反映产业前向联系的指标是影响力系数(F_j)，反映产业后向联系的指标是感应度系数(E_i)。影响力系数反映了某部门增加一单位最终使用时，对国民经济中的其他部门产生的生产需求及程度，体现了该部门对整个国民经济的带动作用；感应度系数反映了国民经济中各部门增加一单位最终使用时，某部门由此受到的需求感应程度，体现了该部门受整个国民经济的带动作用。

$$F_j = \sum_{i=1}^{n} b_{ij} \Big/ \left(\frac{1}{n} \sum_{i=1}^{n} \sum_{j=1}^{n} b_{ij} \right) \quad E_i = \sum_{j=1}^{n} b_{ij} \Big/ \left(\frac{1}{n} \sum_{i=1}^{n} \sum_{j=1}^{n} b_{ij} \right)$$
$$(i=1, 2, 3, \cdots, n; j=1, 2, 3, \cdots, n)$$

(四) 资料来源

本节有关生产性服务业与制造业互动和融合的经验研究数据主要来自国家统计局 1997 年、2000 年、2002 年、2005 年、2007 年、2010 年和 2012 年的中国投入产出表。由于国民经济的投入产出表编制比较复杂，中国的投入产出表不会每年编制一次，从 20 世纪 80 年代开始编制投入产出表以来，基本上在最后一个数是 2 和 7 的年份会编制投入产出表，在最后一个数是 0 和 5 的年份会编制基于前一张投入产出表的延长表。整体来看，中国投入产出表中的服务部门的划分相对较粗，而且根据实际情况的变化也在不断调整。为了与前文分析相对应，本节所分析的生产性服务业主要包括：交通运输及仓储业、邮政业、信息传输、计算机服务和软件业、金融业、租赁和商务服务业、研究与实验发展业、综合技术服务业。在使用投入产出表过程中，对服务部门数据进行了合并处理，这种处理方式不会影响研究结果。与前文相呼应，文中的制造业分为劳动密集型制造业、资本密集型制造业和技术密集型制造业①。

① 具体包括的细分行业与第五章实证分析中所使用的行业相同。

二、中国生产性服务业发展水平、结构及其服务投入率

1978年以来，中国经济整体发展水平有了较大提升，制造业发展势头迅猛，但生产性服务业发展比较滞后。下面我们通过对1997—2012年期间相关年份投入产出表的相关指标计算来定量地看中国生产性服务业的总体发展水平、结构构成及其对制造业的服务投入率。

（一）生产性服务业总体发展水平

从表6-4可看到：首先，纵向来看，表中列出的各项指标除了国民经济增加值率有所下降外，其他数值都有所提升。这在一定意义上也表明随着经济发展水平的提高，不断发展的生产性服务业对推动国民经济发展产生了积极影响。比如，生产性服务业占GDP的比重从1997年的5.5%上升至2012年的12.82%，在服务业增加值中的占比也基本稳定在1/3以上。国民经济中生产性服务业投入占总中间投入比重也有一定幅度提升，从2002年的8.7%上升至2012年的11.12%。但是，从国民经济的中间投入类型来看，物质性投入仍占绝对大的比重，1997年物质性投入占总中间投入比重为83.01%，到2012年时这一比重仍保持在79.93%，下降幅度非常小；而服务投入占中间投入的比重较小，基本不超过1/5。国民经济的增加值率也比较低，而且近年来还有所下降，这也充分显现了中国经济仍有以资源和要素投入为主的粗放式增长特点，随着国内国际两个市场上资源要素价格的上涨以及资源环境瓶颈约束的趋紧，经济发展中“三高一低”发展模式的转变势在必行。

其次，横向来看，2012年发达国家的服务业增加值占GDP的比重都在70%以上，部分发达国家的服务业占比更是接近或超过80%（如2010年美国服务业增加值占GDP的比重是80.43%、国民经济增加值率为56.28%[①]），世界平均来看，服务业增加值占GDP的比重也达到了63.6%。OECD内多数国家的生产性服务业占GDP的比重多在20%—40%之间，而且上升趋势依然比较明显。而2012年，中国生产性服务业增加值占服务增加值比重为37.57%，生产性服务业增加值占GDP比重仅为17.58%，与发达国家相比差距较大，当然这里本身就存在经济发展阶段的差异，相比于已经进入后工业化社会的欧

① 根据美国2010年投入产出表计算所得。

美等地的发达国家，中国工业化进程还处在中期向后期过渡的阶段，要达到发达国家的现阶段发展水平，我们还有很长的路要走。但即便是与其他的新兴市场国家如印度、巴西、俄罗斯相比，我国生产性服务业增加值在GDP中的占比依然偏低，生产性服务业发展水平和经济服务化水平仍相对较低。

表6-4 中国生产性服务业总体发展水平（%）

相关指标＼年份	1997	2002	2005	2007	2010	2012
国民经济中生产性服务业投入占总中间投入比重	3.74	8.70	9.71	6.93	8.19	11.12
国民经济中服务性投入占总中间投入比重	16.99	23.05	20.19	16.19	16.21	20.07
国民经济中物质性投入占总中间投入比重	83.01	76.95	79.81	83.81	83.79	79.93
生产性服务业占服务业总产出比重	25.91	36.92	42.48	41.32	43.18	45.84
生产性服务业占国民总产出比重	5.50	11.11	11.35	9.71	10.56	12.82
物质性投入占国民总产值比重	78.76	69.92	73.28	76.51	75.55	68.71
生产性服务业增加值占服务增加值比重	14.97	36.2	36.60	40.05	37.18	37.57
服务业增加值占GDP比重	28.21	41.14	39.69	38.67	41.79	46.80
国民经济增加值率	37.88	38.88	34.09	32.49	32.22	33.52
国民经济中间投入率	62.12	61.12	65.91	67.51	67.78	66.48

资料来源：根据相关年份的投入产出表计算。

（二）生产性服务的中间需求率和中间投入率

1. 生产性服务业的中间需求率

根据中间需求率的定义及其经济含义，通常将中间需求率大于0.5的服务部门定义为生产性服务部门，这些服务业部门主要为其他部门提供中间投入，从表6-5可看出，本研究选择的生产性服务业基本具备该条件，尤其交通运输及仓储业、邮政业、金融保险业、租赁和商务服务业的中间投入特征明显，科学研究和综合技术服务业作为中间投入增长趋势日益明朗，这也表明生产性服务业在国民经济发展中的“黏合、润滑、推进”作用不断凸显。但是信息传输、计算机服务和软件业的中间需求率却不断下降，其发展越来越依赖最终需求的增长，这似乎与通常的理解不一致，因为随着信息技术的发展，生产型企业对信息技术的需求正在强劲增长；但从另一角度来看，随着互联互通技术的普及，最终消费领域对信息技术的需求确实出现了“井喷式”增长，这必然会拉升信息技术等服务用于最终需求的比重。

表 6-5　　　　　　中国生产性服务业的中间需求率

产业部门	1997	2002	2005	2007	2010	2012
交通运输及仓储业	0.850 0	0.752 5	0.734 6	0.772 1	0.897 8	0.788 7
邮政业	0.803 5	0.613 5	0.613 5	0.884 2	0.927 5	
信息传输、计算机服务和软件业	—	0.769 6	0.677 5	0.549 9	0.486 0	0.441 2
金融保险业	0.749 4	0.862 4	0.759 3	0.747 2	0.774 7	0.823 1
租赁和商务服务业	—	0.866 9	0.896 0	0.778 6	0.752 5	0.896 5
科学研究事业	0.250 2	0.216 9	0.373 5	0.974 7	0.719 5	0.683 2
综合技术服务业	0.502 7	0.447 5	0.445 6	0.738 4	0.738 7	

资料来源：根据相关年份投入产出表计算。

2. 生产性服务业的中间投入率

根据中间投入率的定义及其经济含义，我们可得知中间投入率与增加值率是反向变动的，中间投入率越高，国民经济的增加值率越低，反之亦然。所以我们可以把中间投入率大于 0.5 的生产性服务部门称为“低附加值、高带动型”部门，把中间投入率小于 0.5 的生产性服务部门称为“高附加值、低带动型”部门。据此，根据 2012 年对生产性服务业中间投入率的计算结果，将生产性服务部门具体分成三类：一是中间投入率均小于 0.5 的生产性服务部门。此类属于“高附加值、低带动型”的部门，如金融保险业；二是中间投入率大于 0.5 的部门。此类属于“低附加值、高带动型”的行业，如交通运输、仓储及邮政业、租赁和商务服务业、科学研究和综合技术服务业；三是中间投入率无法明确区别的部门，如信息传输、计算机服务和软件业。另外，从生产性服务细分行业来看，中间投入率都有所上升，不过各细分行业增长速度快慢有所不同，如交通运输及仓储，中间投入率从 1997 年的 0.434 3 升至 2012 年的 0.629 9，增长幅度较大，随着经济发展规模和市场范围的快速扩大，交通运输体系的构建及其运行效率的改善和提高对经济发展的支撑作用愈加凸显；租赁和商务服务业的中间投入率一直比较高，2012 年该行业的中间投入率为 0.674 0，这也表明专业性较强、知识化水平较高的商务服务业的发展对整个国民经济健康稳定发展的重要性越来越明显；从金融保险业、信息传输计算机服务和软件业的中间投入率来看，一直相对较低，对其他部门的支撑作用不明显。近年来，金融部门居高不下的利润率也印证了这一结论，同时，我们可看到由于受到信息不对称、市场风险以及服务中小企业成本的影响，金融业对中小企业的金融服务供给往往是"短缺"的，许多中小企业的资金需求得不到满足，这必然会抑制和限制中小企业的发展，所以国家在政策设计上要充分考虑中小企业发展的资金需要，鼓励金融部门在强化风险管理的基础上，充分满足中小企业在发展过程中对资金的需求，缓解资金制约中小企业健康持续发展的瓶颈效应。

表 6-6　中国生产性服务业的中间投入率

产业部门	1997	2002	2005	2007	2010	2012
交通运输及仓储业	0.434 3	0.516 0	0.569 3	0.538 7	0.605 3	0.629 9
邮政业	0.425 3	0.600 5	0.537 7	0.509 5	0.614 6	
信息传输、计算机服务和软件业	—	0.439 2	0.520 8	0.399 7	0.473 4	0.529 6
金融保险业	0.389 6	0.360 6	0.385 4	0.310 5	0.350 2	0.403 7
租赁和商务服务业	—	0.609 3	0.718 0	0.676 9	0.642 4	0.674 0
科学研究事业	0.612 2	0.534 2	0.642 0	0.563 8	0.636 7	0.632 0
综合技术服务业	0.432 7	0.418 6	0.660 1	0.462 4	0.496 9	

资料来源：根据相关年份投入产出表计算。

（三）生产性服务业的部门构成、投入结构和服务投入率

1. 生产性服务业的部门构成

生产性服务业的部门构成分析生产性服务主要由哪些部门提供。从表6-7可看出：2012年生产性服务部门对国民经济各部门或产业的中间投入从高到低依次是交通运输仓储及邮政业、金融业、租赁和商务服务业、科学研究及综合技术服务业、信息传输计算机服务和软件业。其中，交通运输仓储及邮政业占生产性服务总投入近1/3，这从侧面表明传统的生产性服务在国民经济发展中的优势地位仍比较明显；金融业以及租赁和商务服务业也各占1/5，这也充分体现了现代服务业对国民经济发展的支撑作用不断增强；而科学研究以及与信息技术服务相关的生产性服务部门所占比重较小。另外，从纵向来

看，生产性服务各部门的发展趋势不同，传统的交通运输仓储和邮政业虽然比重一直比较高，但长期来看下降趋势明显，比如从 2002 年的 45.49%降至 2012 年的 33.91%，在大约十年的时间里下降了近 12 个百分点；信息技术服务部门也出现下降，但降幅较小；知识、信息和人力资本密集的金融业、商务服务业以及与科研投入相关的服务部门整体上则在不断上升。综合来看，相比于处于更高发展阶段的发达国家，我国生产性服务部门构成层级偏低，并且仍以传统的或低端的劳动密集型生产性服务为主，而具有较高技术、知识和人力资本含量的现代或高端生产性服务部门的服务供给规模相对较小，而在发达国家知识密集型的商务服务业恰恰是生产性服务供给的主要部门，如在 2000 年，13 个 OECD 国家在生产性服务供给部门构成中“房地产、租赁和其他商务活动”所占比重最高，平均达 30.82%，而美国的这一比重高达 40.3%①。具体数据见表 6-7。

2. 生产性服务业的投入结构

生产性服务业的投入结构分析生产性服务主要投向了哪些部门或产业。从表 6-7 可看到，生产性服务基本都投向了制造业和服务业自身。2007 年之前，制造业是生产性服务投入最多的产业，其中资本和技术密集型制造业又是生产性服务投入的主要部门，而劳动密集型制造业对生产性服务的中间需求较小；但在 2010 年及 2012 年，生产性服务对服务业的中间投入超过了对制造业的中间投入，2012 年，对服务业的中间投入比对制造业的中间投入多了近 16 个百分点；生产性服务业对农业以及矿产资源行业、水电燃气以及建筑业的中间投入很少，并且还呈现明显的下降趋势。生产性服务业投入结构的这种变化与经济发展的大趋势是一致的，因为随着工业化进程的推进，工业经济逐渐实现向服务经济的转型，服务业在国民经济中所占的比重显著上升，服务部门的规模也显著扩大，所以生产性服务的对象逐渐从以服务工业为主转向以服务业为主。当然，制造业在转型升级过程中，对高质量、高效率的生产性服务需求不仅不会减弱反而会进一步增强。因此，今后发展我国生产性服务业不仅要增加数量、种类，更要不断调整结构以便于充分适应和满足市场主体对高端生产性服务中间需求的增加，进一步增强高端生产性服务对整个国民经济发展强有力的支撑作用。

---

① 程大中. 中国生产性服务业的水平、结构及影响——基于投入产出法的国际比较研究[J]. 经济研究，2008(1).

表 6－7　　中国生产性服务业部门构成、投入结构和投入率(%)

			1997	2002	2005	2007	2010	2012
生产性服务部门构成	交通运输及仓储业		34.7	43.65	40.84	44.59	41.79	33.91
	邮政业		17.94	1.84	1.01	0.97	1.11	
	信息传输、计算机服务和软件业		—	14.53	14.91	10.47	11.48	11.54
	金融保险业		30.16	15.83	11.38	15.8	11.26	20.7
	租赁和商务服务业		—	16.32	21.34	20.83	20.11	20.15
	科学研究事业		3.66	2.35	2.41	2.03	2.87	13.69
	综合技术服务业		13.55	5.48	8.86	5.31	6.39	
生产性服务投入结构	农业以及矿产资源行业		3.41	1.64	1.96	1.70	2.41	1.20
	制造业	制造业整体	47.4	48.98	50.96	51.25	46.42	39.87
		劳动密集型制造业	7.10	6.39	5.79	8.04	8.17	7.95
		资本密集型制造业	18.33	19.01	19.55	22.86	20.19	15.23
		技术密集型制造业	16.94	23.21	25.23	20.01	17.58	16.60
	水、电、燃气以及建筑业		8.32	5.94	5.98	3.17	3.20	3.08
	服务业		40.88	43.44	41.11	43.91	47.97	55.85
生产性服务投入率	农业以及矿产资源行业		1.44	0.78	1.10	0.8	1.27	0.67
	制造业	制造业整体	20.02	23.44	28.73	24.69	24.41	22.34
		劳动密集型制造业	3.00	3.06	3.27	3.87	4.29	4.46
		资本密集型制造业	7.74	9.10	11.02	11.01	10.67	8.53
		技术密集型制造业	7.15	11.11	14.23	9.64	9.25	9.30
	水、电、燃气以及建筑业		3.51	2.84	3.37	1.53	1.68	1.72
	服务业		17.27	20.79	23.18	21.15	25.23	31.29

注：生产性服务投入结构＝生产性服务投向各部门的中间投入/生产性服务总中间投入；各部门生产性服务投入率＝各部门生产性服务中间投入/总投入。1997 年生产性服务业包括：货物运输及仓储业，邮电业，金融保险业，科学研究事业，综合技术服务业。其行业划分与 2002 年以后的有所不同。分类中不包含信息传输、计算机服务和软件业及租赁和商务服务业。

资料来源：根据相关年份投入产出表计算所得。

3. 生产性服务业及其细分行业的服务投入率

生产性服务业服务投入率主要反映国民经济各部门对生产性服务的依赖程度，或者说生产性服务业及细分行业对各产业部门发展的重要性。通过分析生产性服务业及细分行业的服务投入率有助于我们更好地理解生产性服务业对经济发展的作用。首先，从表 6－7 可看出，与生产性服务业投入结构类似，制造业部门和服务业部门的服务业投入率比较高，而且从变化趋势上看也基本一致，即 2007 年之前，制造业的服务投入率高于服务业的服务投入率，但在2010年之后，情况出现了反转，服务业的服务投入率显著上升，而农业以及矿产资源行业、水电燃气以及建筑业的服务投入率依然很低。其次，从生产性服务细分行业来看（见表6-8），交通运输、仓储和邮政业对制造业的服务投入最高，但下降趋势明显；对服务业的服务投入率有所提高，但是提高幅度不大。信息传输、计算机服务和软件业对制造业的服务投入率呈现下降趋势，对服务业的服务投入率提高较快。金融保险业对制造业的服务投入率较低，而且十几年来都没有显著提高，但对服务业的服务投入率在2012年有了较大幅度的提高。租赁和商务服务业对制造业的服务投入率虽然算是较高的，但增长趋势不明显，对服务业的服务投入率有一定程度提高。研发、专业服务、科技推广应用业对制造业的服务投入率呈现上升趋势，对服务业的服务投入在2012年有了较大提高。所以，总的来看，各生产性服务业对服务业的服务投入率增加，对制造业的服务投入率变化趋势不同，传统的生产性服务对制造业的服务投入率呈现逐步减少趋势，而现代生产性服务部门对制造业的服务投入率有所提高，尤其像专业化程度较高的商务服务业、研发科技服务等。从各生产性服务业对国民经济整体的服务投入率来看，除交通运输、仓储及邮政业和信息传输、计算机服务及软件业有小幅度下降外，其他部门的投入率都在上升。

表6-8　中国生产性服务业细分行业对各部门的服务投入率(%)

产业部门		2002	2005	2007	2010	2012
交通运输、仓储和邮政业	农业以及矿产资源行业	0.60	0.79	0.67	1.05	0.42
	制造业	10.69	11.98	12.99	12.52	8.40
	水、电、燃气以及建筑业	1.21	1.16	0.67	0.70	0.88
	服务业	8.25	9.26	7.58	6.95	9.30
	国民经济整体	21.28	23.17	21.95	22.56	19.00
信息传输、计算机服务及软件业	农业及矿产资源行业	0.02	0.03	0.00	0.00	0.03
	制造业	4.57	5.46	2.43	2.55	2.57
	水、电、燃气以及建筑业	0.56	0.89	0.32	0.36	0.20
	服务业	1.80	4.73	2.29	2.13	3.67
	国民经济整体	6.96	8.41	5.04	6.04	6.47
金融保险业	农业以及矿产资源行业	0.01	0.00	0.00	0.00	0.00
	制造业	1.54	1.16	1.32	1.25	1.49
	水、电、燃气以及建筑业	0.55	0.50	0.26	0.28	0.42
	服务业	5.48	4.73	6.03	5.24	9.69
	国民经济整体	7.58	6.42	7.61	8.55	11.60

续 表

产业部门		2002	2005	2007	2010	2012
租赁和商务服务业	农业以及矿产资源行业	0.04	0.07	0.04	0.06	0.12
	制造业	5.07	7.86	6.02	5.70	6.17
	水、电、燃气以及建筑业	0.20	0.38	0.16	0.20	0.08
	服务业	2.50	3.73	3.81	2.89	4.93
	国民经济整体	7.81	12.03	10.03	10.58	11.29
研发、专业服务、科技推广应用业	农业以及矿产资源行业	0.11	0.20	0.10	0.16	0.11
	制造业	1.59	2.49	1.91	2.37	3.72
	水、电、燃气以及建筑业	0.32	0.45	0.10	0.14	0.14
	服务业	1.76	3.45	1.43	1.62	3.70
	国民经济整体	3.75	6.35	4.54	4.87	7.67

资料来源：根据相关年份投入产出表计算。

三、生产性服务业与制造业的互动和融合程度

根据相应的国际准则编制的国民经济投入产出表是探讨产业间物质技术联系，揭示产业关联的重要数量基础和分析工具。借助投入产出表，我们不仅可以清晰地把握产业间技术和供求方面的投入产出数量关系，还可以充分挖掘产业之间的互动及融合程度。

(一) 直接消耗系数和完全消耗系数

直接消耗系数和完全消耗系数是进行产业关联测度的重要指标，借助这两个指标可以得知国民经济中某一产业部门与其他部门的投入与产出之间直接或间接的技术经济联系。对应于本研究的主题，下面对直接消耗系数和完全消耗系数的计算选取的生产性服务业包括：交通运输及仓储业，信息传输、计算机服务及软件业，金融保险业，租赁及商务服务业，科学研究事业，综合技术服务业。选取的制造业包括劳动密集型制造业——食品制造及烟草加工业、纺织业；资本密集型制造业——金属制品业，通用、专用设备制造业；技术密集型制造业——化学工业，通信设备、计算机及其他电子设备制造业。

1. 直接消耗系数

直接消耗系数是生产单位产品对某一产品的直接消耗量。通常用 a_{ij} 来

表示第j产业产品对第i产业产品的直接消耗情况，$a_{ij}=X_{ij}/X_j$。根据直接消耗系数的公式，本研究计算出2002—2012年期间相关年份的制造业相关产业部门对生产性服务业的直接消耗系数（见表6-9）。

总的来看，各制造业对各生产性服务业的直接消耗比重不高，相比与发达国家还存在较大差距。多年来，中国制造业发展强调物质性投入，生产性服务投入明显偏低。这一方面说明中国依靠增加廉价的资源和要素投入来驱动制造业发展的方式还没有发生根本改变，这也导致对技术、知识密集的生产性服务中间需求严重不足，制约了新兴服务业的发展；另一方面制造业生产过于强调物质产品的生产数量，在市场需求层次不高或市场规模足够大的情况下，制造业企业往往不关注产品设计研发方面的技术进步、不会去考虑企业核心竞争优势的培育以及企业的转型升级，这也将限制新兴生产性服务的市场规模和市场需求的有效扩大。

分行业来看，我们可发现：(1)食品制造及烟草加工业、资本密集型制造业以及化学工业对交通运输及仓储服务的直接消耗比较大，但变化趋势不同，比如食品制造及烟草加工业对交通运输及仓储服务中间消耗不断提高，而制造业其他部门对交通运输仓储服务的中间消耗呈现下降趋势。这一方面表明了制造业相关门类对传统生产性服务的需求依然比较大，另一方面也体现了部分制造业部门自身的技术进步和技术效率的提升可以用较少的传统生产性服务的投入来支撑。(2)选择的各种类型的制造业对信息传输、计算机服务和软件业的直接消耗系数都比较小。这表明在全球信息化进程如火如荼地展开的同时，中国许多制造业依然在遵循着传统的发展理念和发展路径，利用信息化对制造业进行改造提升还任重而道远，或制造业企业自觉地去采用更多样更丰富的信息技术服务还有很长的路要走，因为毕竟对企业进行信息化改造提升前期要投入较高的成本，但实际上采用更多的信息技术服务将有助于企业实现规模报酬递增、增强企业组织运行效率。从发展趋势来看，未来制造业发展中对信息传输、计算机服务等消耗必将不断增加。(3)相对来看，资本密集型制造业和技术密集型制造业对金融保险服务的直接消耗较大，而劳动密集型制造业对该项服务直接消耗较小，但都呈现上升的趋势。这与经验判断是一致的，表明资金是影响各类制造业企业发展的重要要素。(4)资本和技术密集型制造业对租赁和商务服务业以及科学研究和综合技术服务业的直接消耗系数不断提高，而劳动密集型制造业对这些新兴服务业的直接消耗系数呈现下降的趋势。这两类生产性服务是高端生产性服务的重要内容，也是将更多专业化知识和信息输入到制造业生产和产品中去的重要通道。随着市场化程度的提高，分工和专业化程度会随之深化，市场主体对商务服务、科研技术服务的中间需求也会增强，尤其是对于资本和技术密集型制造业来说，只有更多地消耗这些新兴的生产性服务才能有效地提高自身的运行效率，增强自身产品的异质性特征，强化竞争优势，实现向产业链两端的"高地"攀爬。

表 6-9　中国生产性服务业与制造业相关产业部门的直接消耗系数

产业部门	年份	食品制造及烟草加工业	纺织业	金属制品业	通用、专用设备制造业	化学工业	通信设备、计算机及其他电子设备制造业
交通运输及仓储业	2002	0.026 5	0.018 8	0.035 6	0.031 6	0.032 5	0.017 7
	2005	0.025 6	0.018 8	0.031 9	0.032 5	0.031 1	0.020 6
	2007	0.026 4	0.016 5	0.020 1	0.023 1	0.024 5	0.012 7
	2010	0.028 7	0.017 6	0.023 5	0.028 4	0.028 9	0.017 4
	2012	0.031 8	0.018 5	0.029 8	0.029 0	0.028 1	0.016 2
信息传输、计算机服务和软件业	2002	0.004 3	0.005 5	0.022 3	0.012 5	0.007 2	0.006 5
	2005	0.004 1	0.005 6	0.021 2	0.012 8	0.007 2	0.007 1
	2007	0.001 8	0.001 7	0.002 3	0.002 7	0.003 2	0.007 9
	2010	0.001 8	0.001 6	0.002 7	0.003 1	0.003 2	0.008 7
	2012	0.001 0	0.001 0	0.002 2	0.002 6	0.001 3	0.005 7
金融保险业	2002	0.007 9	0.011 1	0.007 5	0.014 2	0.011 3	0.013 1
	2005	0.006 1	0.008 0	0.005 0	0.010 6	0.008 3	0.010 7
	2007	0.009 4	0.014 0	0.007 4	0.008 7	0.013 1	0.021 5
	2010	0.010 3	0.015 4	0.008 9	0.010 6	0.015 5	0.027 5
	2012	0.011 0	0.010 9	0.020 3	0.020 0	0.019 1	0.025 9
租赁和商务服务业	2002	0.017 9	0.006 5	0.009 7	0.010 0	0.012 2	0.016 4
	2005	0.021 6	0.008 8	0.011 9	0.012 9	0.018 0	0.025 8
	2007	0.013 5	0.003 0	0.002 9	0.006 6	0.010 9	0.008 4
	2010	0.016 6	0.003 4	0.003 8	0.008 8	0.014 2	0.011 3
	2012	0.012 7	0.003 7	0.011 1	0.014 8	0.015 3	0.012 6
科学研究事业	2002	0.017 9	0.006 5	0.009 7	0.010 0	0.012 2	0.016 4
	2005	0.000 3	0.000 1	0.001 4	0.000 9	0.000 7	0.001 9
	2007	0.000 8	0.000 5	0.000 6	0.003 1	0.001 9	0.005 8
	2010	0.000 8	0.000 5	0.000 7	0.003 4	0.002 1	0.006 7
	2012	0.002 6	0.001 3	0.005 6	0.013 2	0.009 2	0.017 2

续　表

产业部门	年份	食品制造及烟草加工业	纺织业	金属制品业	通用、专用设备制造业	化学工业	通信设备、计算机及其他电子设备制造业
综合技术服务业	2002	0.0014	0.0010	0.0025	0.0018	0.0014	0.0011
	2005	0.0018	0.0015	0.0035	0.0025	0.0020	0.0018
	2007	0.0025	0.0016	0.0034	0.0040	0.0037	0.0028
	2010	0.0034	0.0019	0.0047	0.0059	0.0055	0.0048
	2012①	—	—	—	—	—	—

资料来源：根据相关年份投入产出表计算。

2. 完全消耗系数

直接消耗系数反映的是两个产业部门之间产品直接消耗关系。但产品生产中除了存在直接的消耗，还存在着复杂的间接消耗。间接消耗指一种产品的生产需要通过某种中间产品对另一种产品的消耗。完全消耗是指一种产品生产对另一种产品的直接消耗加上所有的间接消耗。完全消耗系数用公式表示就是：

$$b_{ij} = a_{ij} + \sum_{k=1}^{n} b_{ik} a_{kj} (i, j, k = 1, 2, \cdots, n)$$

b_{ij} 为完全消化系数，a_{ij} 是直接消耗系数，是一种产品通过中间产品 k 对另一种产品的间接消耗。完全消化系数通常用矩阵表达出来，如果 $(I-A)^{-1}$ 存在，则 $B=(I-A)^{-1}-I$，其中 I 是单位矩阵，A 是直接消耗系数矩阵，B 是完全消耗系数矩阵。完全消耗系数全面展现了一个部门的生产与本部门及其他部门发生的经济技术联系，综合反映了国民经济各部门或产业结构内部的产业关联程度。

根据完全消耗系数的定义，本研究计算出生产性服务业与六个制造业部门的完全消化系数（见表 6 - 10）。通过观察和对比计算结果，发现生产性服务业各细分行业与制造业部门之间呈现出与直接消耗系数一致的变化趋势。整体来看，各种类型的制造业对生产性服务的完全消耗在起伏中上升，特别是对高端的或现代的生产性服务的消耗明显上升。这在一定程度上表明制造业正逐渐地从依赖高物质投入转向增加服务特别是生产性服务投入，从“中国制

① 2012 年的科学研究事业和综合技术服务业合并为研发、专业服务以及科技推广应用业。

造”逐渐向“中国创造”或“中国智造”转变。虽然制造业转型发展势在必行，但转型带来的阵痛期还必将持续一段时间，转型的速度和结果在很大程度上与现代生产性服务的投入和使用相关。分行业来看，资本和技术密集型制造业对现代的生产性服务如租赁和商务服务业、研发科技服务、金融服务的完全消耗上升明显，这表明增加投入以知识、信息和人力资本密集为主要构成要素的生产性服务是助推先进制造业发展必不可少的条件，不仅现在如此，将来更是如此，发达国家制造业的演变历程已经充分地证明了现代制造业发展对现代服务业的依赖程度很高。当然，制造业向产业链更高阶段攀升的过程中本身也对生产性服务的发展带来了多维的促进。为此，在经济发展过程中，我们要通过不断完善优化市场的发展秩序和发展环境，促进产业间分工与专业化程度的深化和拓展，增加产业链价值创造过程中生产的迂回程度，以进一步发挥和增强知识密集型生产性服务对相关产业和部门发展的直接效应和间接效应。

表 6-10　中国生产性服务业与制造业相关产业部门的完全消耗系数

产业部门	年份	食品制造及烟草加工业	纺织业	金属制品业	通用、专用设备制造业	化学工业	通信设备、计算机及其他电子设备制造业
交通运输及仓储业	2002	0.075 4	0.079 1	0.091 9	0.123 2	0.075 4	0.094 2
	2005	0.082 4	0.091 1	0.127 0	0.123 8	0.120 2	0.123 1
	2007	0.074 2	0.076 0	0.089 4	0.091 0	0.092 8	0.084 2
	2010	0.086 6	0.083 0	0.106 1	0.110 7	0.108 7	0.104 6
	2012	0.087 7	0.085 1	0.114 6	0.114 8	0.112 9	0.100 4
信息传输、计算机服务和软件业	2002	0.016 5	0.022 7	0.018 3	0.044 0	0.016 5	0.032 1
	2005	0.017 0	0.024 4	0.045 7	0.037 8	0.030 3	0.038 5
	2007	0.010 2	0.012 3	0.017 9	0.017 6	0.015 3	0.028 9
	2010	0.010 5	0.011 9	0.018 6	0.018 5	0.015 7	0.030 5
	2012	0.007 2	0.008 7	0.013 0	0.014 2	0.011 4	0.022 6
金融保险业	2002	0.039 5	0.049 2	0.044 2	0.044 5	0.039 5	0.060 5
	2005	0.030 8	0.039 4	0.038 8	0.044 7	0.044 1	0.055 2
	2007	0.039 1	0.056 9	0.053 5	0.053 2	0.059 2	0.085 2
	2010	0.045 5	0.062 3	0.065 5	0.065 1	0.069 5	0.104 3
	2012	0.057 3	0.069 0	0.108 4	0.105 0	0.096 8	0.119 9
租赁和商务服务业	2002	0.034 4	0.026 9	0.020 6	0.025 6	0.034 4	0.051 4
	2005	0.045 5	0.039 1	0.040 8	0.045 5	0.055 5	0.085 8

续　表

产业部门	年份	食品制造及烟草加工业	纺织业	金属制品业	通用、专用设备制造业	化学工业	通信设备、计算机及其他电子设备制造业
	2007	0.031 8	0.024 3	0.022 7	0.029 2	0.036 6	0.042 5
	2010	0.039 2	0.028 1	0.029 9	0.038 2	0.046 6	0.054 5
	2012	0.045 0	0.041 1	0.059 0	0.067 0	0.068 1	0.075 5
科学研究事业	2002	0.000 8	0.000 8	0.001 4	0.001 4	0.000 8	0.002 4
	2005	0.001 3	0.001 5	0.003 3	0.002 8	0.002 5	0.005 5
	2007	0.003 4	0.003 7	0.004 4	0.007 9	0.005 9	0.015 6
	2010	0.003 7	0.003 8	0.005 0	0.008 9	0.006 5	0.017 4
	2012	0.014 3	0.015 3	0.026 1	0.038 9	0.031 0	0.054 6
综合技术服务业	2002	0.006 4	0.005 9	0.014 5	0.007 4	0.006 4	0.005 6
	2005	0.010 2	0.010 5	0.013 3	0.011 4	0.011 4	0.011 0
	2007	0.010 9	0.011 0	0.014 0	0.014 3	0.014 8	0.013 9
	2010	0.015 2	0.014 0	0.020 1	0.021 0	0.020 6	0.021 4
	2012①	—	—	—	—	—	—

资料来源：根据相关年份投入产出表计算。

（二）生产性服务业与制造业的互动

感应度系数和影响力系数是观察测量生产性服务业与制造业互动性的两个重要指标，是考察和分析产业相互关系的重要方法和工具。这两个最能全面体现生产性服务业与制造业互动特征的感应度系数和影响力系数也是测度产业波及效应的重要工具，因为在经济运行过程中，任意一个产业的生产活动不仅影响其他产业发展，同时也会受到其他产业生产活动的影响。

通常来看，一个部门的感应度系数较大，在经济发展中该部门的推动作用也较大，或者说对经济发展制约作用较大，因而感应度系数越大的部门就越具有基础产业或“瓶颈”产业的性质。而一个部门的影响力系数越大，表明该部门对社会生产产生的辐射能力越大，对国民经济其他部门发展的拉动作用也就越强。而如果一个产业部门的这两个系数都比较大，则表明在经济发展中该部门具有十分重要的地位。通常，当某个产业部门的感应度系数或影响力系数大于 1 时，表明该部门的感应度或影响力高于社会平均水平，该部门的产

① 2012 年的科学研究事业和综合技术服务业合并为研发、专业服务以及科技推广应用业。

业波及程度较大。表 6－11 和表 6－12 分别计算了 2002—2012 年期间中国和美国服务业的感应度系数和影响力系数，以及中国制造业的感应度系数和影响力系数。

1. 服务业的感应度系数和影响力系数

（1）整体上来看，从 2002 年至 2012 年服务业整体的感应度系数在起伏中有所下降，相比于 2011 年美国的感应度系数还存在较大差距

2011 年美国服务业整体的感应度系数是 1.108 5，高于社会平均水平，表明美国服务业的产出成为自身及其他产业发展所必须的投入品，服务业对经济发展发挥了较大的推动作用。而中国服务业整体感应度系数却比较小，对其他产业发展的推动作用较小，这也佐证了中国经济发展的重要驱动力依然是靠增加物质性投入来提供的事实。从考察期的服务业整体的影响力系数来看一方面系数较小，另一方面呈现下降的趋势。这说明它们对其他产业部门产出的拉动作用较小，即服务部门的前向产业联系较弱。

（2）生产性服务业细分行业的感应度系数和影响力系数

首先，从生产性服务细分部门的感应度系数来看，2012 年交通运输及仓储业（1.406 6）、金融业（1.397 9）感应度系数大于 1，表明这些部门对其他产业发展发挥了重要的支撑作用。在经济发展过程中，这些生产性服务部门是确实具有基础性或关键性特征的产业部门，比如一个社会的运输效率、物流成本等是影响企业发展的重要条件，而企业发展所必需的资金获取效率和获取成本也是制约企业成长壮大的主要因素。2012 年租赁和商务服务业的感应度系数较之前有了一定提升，表明该部门对其他部门的推动作用逐渐凸显出来。在发达国家，租赁和商务服务业感应度系数在各类服务业门类中是最高的，比如 2011 年美国租赁和商务服务的产业部门的感应度系数是 3.157 9，充分说明在经济发展的更高阶段，这类生产性服务对其他产业部门发展有重大推动或制约作用。其他生产性服务部门感应度系数较低，说明这些部门影响经济发展的功能还很弱，亟须强化这些产业部门自身的发展。

其次，从生产性服务细分部门的影响力系数来看，2012 年，交通运输及仓储业、邮政业、租赁和商务服务业、研究与实验室发展业、综合技术服务业的影响力系数接近 1 或稍稍超过 1，其他生产性服务部门的影响力系数都比较小。像信息传输、计算机服务和软件业的影响力系数是 0.873 6，而金融业的影响力系数只有 0.681 2。2011 年美国的这类生产性服务的影响力系数基本不超过 1，但比中国的同类部门的影响力系数还是要高些。生产性服务部门影响力

系数较小，表明这些部门对其他部门的拉动作用较小，产业间的前向关联程度低，不能有效地导致其他产业部门的发展。

中国生产性服务业感应度系数和影响力系数相对来说都比较低，也说明了中国服务业特别是生产性服务业的后向产业关联和前向产业关联程度都不高，服务业对其他部门的促进作用或受其他部门的需求拉动作用都不明显。

表 6－11　中国和美国服务业整体及其细分行业的感应度系数和影响力系数

	服务业以及其细分行业 ╲ 年份	2002（中国）	2005（中国）	2007（中国）	2010（中国）	2012（中国）	2011（美国）
感应度系数	服务业整体	0.779	0.692 2	0.639 2	0.646 3	0.700 7	1.108 5
	交通运输及仓储业	1.880 1	1.797 4	1.468 0	1.603 3	1.406 6	0.781 6
	邮政业	0.435 6	0.373 9	0.381 8	0.378 3		0.490
	信息传输、计算机服务和软件业	0.894 4	0.824 5	0.585 1	0.566 6	0.548 3	—
	批发和零售贸易业	1.810 8	1.149 0	1.051 1	1.046 1	1.271 6	0.858 1
	住宿和餐饮业	0.857 4	0.842 6	0.777 7	0.788 9	0.607 6	0.808 3
	金融业	1.227 7	0.959 0	1.129 6	1.196 0	1.397 9	2.080 3
	房地产业	0.617 6	0.491 3	0.536 1	0.538 9	0.581 1	1.120 6
	租赁和商务服务业	0.884 1	0.995 5	0.795 5	0.851 7	1.027 1	3.157 9
	研究与实验发展业	0.437 8	0.391 8	0.411 9	0.403 4	0.632 7	
	综合技术服务业	0.425 0	0.527 2	0.516 0	0.555 2		
	水利、环境和公共设施管理业	0.516 0	0.404 2	0.400 8	0.397 5	0.374 8	—
	居民服务和其他服务业	0.664 0	0.625 9	0.580 9	0.532 5	0.500 8	1.061 5
	教育	0.459 3	0.416 7	0.398 8	0.348 7	0.357 1	0.599 1
	卫生、社会保障和社会福利业	0.444 9	0.455 3	0.397 6	0.369 8	0.341 9	0.062 5
	文化、体育和娱乐业	0.512 3	0.477 2	0.447 9	0.427 5	0.407 4	—
	公共管理和社会组织	0.396 2	0.343 4	0.347 8	0.336 8	0.354 3	0.805 2
影响力系数	服务业整体	0.894 6	0.841 1	0.844 6	0.826 0	0.810 6	0.959 9
	交通运输及仓储业	0.917 4	0.908 3	0.884 4	0.926 7	0.961 0	1.011 4
	邮政业	1.026 2	0.906 7	0.855 5	0.932 1		0.950 1
	信息传输、计算机服务和软件业	0.903 7	0.955 4	0.773 0	0.821 2	0.873 6	—
	批发和零售贸易业	0.854 6	0.647 4	0.721 0	0.599 8	0.605 9	1.113 1
	住宿和餐饮业	0.953 6	0.919 6	0.917 3	0.913 7	0.854 2	1.029 5
	金融业	0.732 6	0.705 1	0.612 7	0.632 4	0.681 2	0.995 3

续 表

服务业以及其细分行业 / 年份	2002（中国）	2005（中国）	2007（中国）	2010（中国）	2012（中国）	2011（美国）
房地产业	0.656 9	0.535 3	0.506 8	0.563 5	0.540 9	0.864 0
租赁和商务服务业	1.088 4	1.183 9	1.084 4	1.004 8	1.035 9	0.863 5
研究与实验发展业	0.818 7	1.078 6	0.970 2	1.020 7	1.004 2	
综合技术服务业	1.006 9	1.024 3	0.835 4	0.842 2		
水利、环境和公共设施管理业	0.818 8	0.930 3	0.843 7	0.955 9	0.908 6	—
居民服务和其他服务业	0.977 2	0.892 1	0.922 1	0.836 7	0.822 6	0.995 5
教育	0.796 3	0.738 2	0.784 3	0.584 5	0.576 2	0.892 1
卫生、社会保障和社会福利业	0.956 9	1.114 9	1.087 3	1.064 6	0.958 0	0.915 6
文化、体育和娱乐业	0.938 5	0.917 5	0.921 5	0.838 7	0.808 9	—
公共管理和社会组织	0.867 7	0.908 3	0.793 6	0.679 4	0.717 5	0.915 9

注：美国服务业的感应度和影响力系数，根据美国 2011 年投入产出表计算。
资料来源：根据相关年份投入产出表计算。

2. 制造业的感应度系数和影响力系数

制造业是推动中国经济增长主要力量，是创造社会财富的主要部门。制造业作为工业部门的主体部分，对中国工业化进程的推进发挥了十分重要的作用。在经济发展过程中，与其他产业关联程度不同的制造业部门对经济发展所起的作用也不一样。

(1) 从整体上看，制造业整体的感应度系数和影响力系数都高于社会平均水平，基本比较稳定

计算结果见表 6 - 12。根据使用要素密集程度不同对制造业部门进行区分，劳动密集型制造业的感应度系数低于社会平均水平，资本密集型制造业的感应度系数比社会平均水平稍高，而技术密集型制造业的感应度系数则比社会平均水平高出不少。这三种类型的制造业影响力系数都大于 1，且技术密集型制造业高于资本密集型制造业，资本密集型制造业又高于劳动密集型制造业。由此，我们可看到中国资本和技术密集型制造业由于其产品的技术含量高、附加值大，与其他产业部门的后向和前向产业关联程度较高，因而这些制造业部门的发展不仅会对其他部门产生较大的辐射作用，从而推动或拉动其他产业的较快发展，同时也有利于加快驱动中国工业结构升级和产业结构优

化，有助于增强生产性服务业与这些部门的发展互动。

(2) 制造业细分行业的感应度系数和影响力系数

2012 年感应度系数大于 1 的部门：化学工业(3.107 8)、金属冶炼及压延加工业(2.454 9)、通信设备、计算机及其他电子设备制造业(1.434 5)、石油加工、炼焦及核燃料加工业(1.373 9)、食品制造及烟草加工业(1.264 5)、纺织业(1.184 4)、通用、专用设备制造业(1.116 5)。2012 年制造业影响力系数除食品制造及烟草加工业和其他制造业外都大于 1。感应度和影响力系数都大于 1 的制造业部门具有强制约和强辐射的双重性质，对国民经济发展也将产生双重影响。在经济发展过程中，这些部门的产品多具有中间产品或投资品的性质，是其他部门所消耗的中间产品的提供者，同时也是其他部门产品的消耗者。这些部门作为国民经济中的基础性、支柱性或关键性产业在推动和拉动各产业部门发展的同时，也可能成为制约经济发展的瓶颈产业。所以，在经济发展中，应加快这些部门的健康发展、促进这些部门的发展转型、提高发展质量和效率，从而为整个国民经济的健康和稳定发展创造必要条件。

表 6－12　中国制造业整体及细分行业的感应度系数和影响力系数

	制造业整体及细分行业 \ 年份		2002	2005	2007	2010	2012
感应度系数	制造业	制造业整体	1.244 5	1.286 5	1.319 1	1.319 5	1.146 1
		劳动密集型制造业	0.957 9	0.898 0	0.974 4	0.971 7	0.881 1
		资本密集型制造业	1.292	1.389	1.435	1.285 0	1.184
		技术密集型制造业	1.885 3	2.007 1	1.943 8	1.814 7	1.582 0
	食品制造及烟草加工业		0.944 6	1.000 8	1.241 7	1.321 6	1.264 5
	纺织业		1.164 1	1.068 4	1.143 2	1.115 8	1.184 4
	服装皮革羽绒及其制品业		0.606 6	0.561 1	0.638 9	0.620 2	0.523 4
	木材加工及家具制造业		0.748 1	0.666 4	0.726 8	0.714 7	0.629 2
	造纸印刷及文教用品制造业		1.326 1	1.193 5	1.121 3	1.086 3	0.803 8
	石油加工、炼焦及核燃料加工业		1.299 1	1.630 2	1.559 9	1.508 2	1.373 9
	化学工业		3.273 8	3.649 5	3.606 0	3.517 4	3.107 8
	非金属矿物制品业		0.797 4	0.926 8	0.859 7	0.917 5	0.782 1
	金属冶炼及压延加工业		2.496 1	2.831 3	2.951 7	2.587 7	2.454 9
	金属制品业		1.014 7	0.987 6	1.008 6	0.986 8	0.846 2
	通用、专用设备制造业		1.526 7	1.352 7	1.575 3	1.644 2	1.116 5
	交通运输设备制造业		1.230 3	1.119 7	1.185 2	1.146 7	0.849 5

（续表）

	制造业整体及细分行业 \ 年份	2002	2005	2007	2010	2012
	电气、机械及器材制造业	1.124 1	1.286 5	1.176 2	1.100 5	0.936 3
	通信设备、计算机及其他电子设备制造业	1.913 1	1.972 7	1.807 9	1.494 3	1.434 5
	仪器仪表及文化办公用机械制造业	0.618 2	0.607 6	0.653 7	0.626 8	0.531 1
	其他制造业	0.542 8	0.494 4	0.480 6	0.723 6	0.499 3
	废品废料	0.530 0	0.520 7	0.687 8		
影响力系数	制造业 制造业整体	1.138 3	1.127 3	1.167 0	1.197 4	1.173 7
	劳动密集型制造业	1.136 4	1.113 1	1.143 6	1.154 5	1.138 3
	资本密集型制造业	1.171 7	1.165 9	1.197 8	1.161 7	1.202 9
	技术密集型制造业	1.272 3	1.289 1	1.328 3	1.313 6	1.295 6
	食品制造及烟草加工业	1.014 9	0.965 1	0.991 7	1.004 4	0.972 2
	纺织业	1.198 1	1.161 4	1.214 1	1.156 8	1.167 9
	服装皮革羽绒及其制品业	1.230 4	1.164 4	1.214 9	1.215 0	1.177 4
	木材加工及家具制造业	1.152 9	1.137 0	1.142 9	1.194 0	1.147 9
	造纸印刷及文教用品制造业	1.085 9	1.137 6	1.154 3	1.202 4	1.226 1
	石油加工、炼焦及核燃料加工业	1.044 6	0.990 4	1.041 8	1.000 4	1.140 5
	化学工业	1.174 8	1.193 8	1.224 4	1.212 5	1.229 0
	非金属矿物制品业	1.073 5	1.113 6	1.100 3	1.162 0	1.117 7
	金属冶炼及压延加工业	1.174 8	1.174 9	1.208 5	1.225 7	1.218 2
	金属制品业	1.244 5	1.219 9	1.258 2	1.278 6	1.252 0
	通用、专用设备制造业	1.208 3	1.206 5	1.243 6	1.258 1	1.255 7
	交通运输设备制造业	1.258 3	1.268 1	1.330 0	1.312 1	1.273 4
	电气、机械及器材制造业	1.260 8	1.256 2	1.335 3	1.336 1	1.321 1
	通信设备、计算机及其他电子设备制造业	1.395 4	1.438 3	1.423 5	1.393 8	1.359 0
	仪器仪表及文化办公用机械制造业	1.284 6	1.290 2	1.334 4	1.303 9	1.233 4
	其他制造业	1.152 8	1.102 7	1.149 9	0.903 2	0.687 1
	废品废料	0.396 2	0.343 4	0.471 6		

资料来源：根据中国相关年份投入产出表计算。

3. 生产性服务业与制造业的互动

前面主要根据服务业（生产性服务业）和制造业的感应度系数以及影响力

系数的计算结果描述了服务业（生产性服务业）和制造业部门的产业特征，阐释了相关部门在国民经济发展中的地位和作用。国民经济中各产业部门通过投入产出关系发生着错综复杂的经济技术联系，以中间投入为主要特征的生产性服务业与制造业之间必然存在着较高的产业关联程度。下面通过对生产性服务业与制造业的感应度系数和影响力系数进行分解，来直观地展现生产性服务业与制造业之间的互动性情况。

首先将 2002、2007、2010 和 2012 年的投入产出表覆盖的产业分为制造业、生产性服务业和其他产业三个组成部分；然后按照感应度系数和影响力系数的计算公式将其分子分解成为生产性服务业、制造业和其他产业；最后计算出分解后的生产性服务业与制造业的感应度系数以及影响力系数，其中就包括体现生产性服务业与制造业互动性的感应度和影响力。[①]

根据表 6－13 的计算结果可以做出以下判断：(1)制造业推动生产性服务业发展的作用不太明显。从生产性服务业感应度系数的计算结果来看，生产性服务业感应度系数不大，且来自制造业的生产性服务业感应度(0.091 9)比较小，只占生产性服务业感应度系数的 12.83%。来自生产性服务业自身的贡献占 65.03%，生产性服务业自身的累积效应较强。(2)生产性服务业对制造业的拉动作用不强。从 2012 年生产性服务业影响力系数的分解结果来看，对制造业的影响占生产性服务业影响力系数的比重略超过 10%，而对自身的影响则在 50%以上，这也充分说明现阶段生产性服务业对制造业发展的拉动作用比较微弱。(3)生产性服务业对制造业发展的推动作用不显著。从制造业的感应度分解结构来看，一直以来制造业自身是其感应度的主要贡献者，占有绝对大的比重，而来自生产性服务业的比重则很小，都不足 10%。这也说明一直以来制造业以物质要素投入为主的发展模式还没有发生根本变化，对生产性服务的中间投入占比比较低，因此对制造业发展质量和产业素质的提高效果微弱。(4)制造业发展对拉动生产性服务业发展的作用还没有凸显出来。从制造业影响力系数的分解结果来看，制造业拉动生产性服务业发展的作用不大，基本不超过 10%，受制造业发展影响更多的还是制造业自身。从纵向来看，近十多年以来，生产性服务业对制造业以及制造业对生产性服务业发展的

---

① 将生产性服务业和制造业的感应度系数和影响力系数进行分解的方法主要借鉴了胡晓鹏，李庆科.生产性服务业与制造业共生关系研究——对苏、浙、沪投入产出表的动态比较[J].数量经济技术经济研究，2009(02)：33—46。

影响并没有出现较大的变化。所以，通过以上的经验分析，可得知生产性服务业与制造业还没有形成显著的互动关系，这也进一步佐证了要切实增强和实现制造业与生产性服务业的良性互动、推进制造业服务化进程乃至整个产业结构服务化发展还有很长的路要走。

表 6-13　中国制造业与生产性服务业感应度系数和影响力系数分解

产业＼年份	2002	2007	2010	2012
制造业感应度系数	1.244 5	1.319 1	1.319 5	1.146 1
来自制造业	0.907 3	0.935 0	0.881 3	0.837 4
来自生产性服务业	0.088 8	0.072 3	0.082 1	0.096 2
来自其他产业	0.248 4	0.311 8	0.356 1	0.212 5
制造业影响力系数	1.138 3	1.167 0	1.197 4	1.173 7
对制造业	0.907 3	0.935 0	0.881 3	0.837 4
对生产性服务业	0.133 8	0.132 3	0.131 1	0.091 9
对其他产业	0.097 2	0.099 7	0.185	0.244 4
生产性服务业感应度系数	0.883 5	0.755 4	0.793 5	0.716 1
来自制造业	0.133 8	0.132 3	0.131 1	0.091 9
来自生产性服务业	0.489 4	0.422 6	0.431 9	0.465 7
来自其他产业	0.260 3	0.200 5	0.230 5	0.158 5
生产性服务业影响力系数	0.927 7	0.859 4	0.882 9	0.911 2
对制造业	0.088 8	0.072 3	0.082 1	0.096 2
对生产性服务业	0.489 4	0.422 6	0.431 9	0.465 7
对其他产业	0.349 5	0.364 5	0.368 9	0.349 3

资料来源：根据中国相关年份投入产出表计算。

（三）生产性服务业与制造业的融合程度

当前，生产性服务业与制造业的融合发展正成为产业发展的主要趋势和潮流，目前制造业的服务化、生产性服务业产业化就是二者融合发展的现实反映，二者的融合发展也是未来产业结构优化升级的重要内容。本研究借鉴胡晓鹏等(2009)①曾使用的指标来刻画生产性服务业与制造业的融合程度。根

① 胡晓鹏，李庆科. 生产性服务业与制造业共生关系研究——对苏、浙、沪投入产出表的动态比较[J]. 数量经济技术经济研究，2009(2).

据1997—2012年间相关年份的投入产出表计算出制造业对生产性服务业的中间投入率、制造业对生产性服务业的中间需求率、生产性服务业对制造业的中间投入率、生产性服务业对制造业的中间需求率。① 另外，通过构建投入融合均衡度②和消耗融合均衡度③指标来反映生产性服务业和制造业在投入和消耗（需求）方面的融合均衡程度。理论分析表明融合均衡程度越高，制造业融合于生产性服务业的程度越深，如果指标接近1，则表明二者是相互依赖的对称性关系。所以，如果两个指标更接近1，则说明生产性服务业与制造业相对融合的均衡程度更高。具体计算结果见表6－14。

表6－14　　中国生产性服务业与制造业的融合度（%）

年份	1997	2002	2005	2007	2010	2012
制造业对生产性服务业的中间投入率	20.02	23.44	28.73	24.69	32.49	22.34
制造业对生产性服务业的中间需求率	32.84	26.90	30.55	29.16	31.16	25.81
生产性服务业对制造业的中间投入率	3.37	6.54	6.77	5.13	6.08	6.63
生产性服务业对制造业的中间需求率	2.12	5.70	6.37	4.34	4.76	5.61
融合均衡度（投入）	5.94	3.58	4.24	4.81	5.34	3.37
融合均衡度（消耗）	15.49	4.72	4.80	6.72	6.55	4.60

资料来源：根据中国相关年份投入产出表计算。

通过分析表6－14的计算结果，可得知：（1）从投入角度看，制造业对生产性服务业的中间投入率先上升后又下降，而生产性服务业对制造业的中间投入率变化不大。生产性服务业的中间投入中对制造业部门生产的产品投入占

① 制造业对生产性服务的中间投入率＝生产性服务业中制造业的投入/生产性服务业的总投入；制造业对生产性服务业的中间需求率＝制造业被生产性服务业消耗的部分/制造业的总产出；生产性服务业对制造业的中间投入率＝制造业中生产性服务的投入/制造业总投入；生产性服务业对制造业的中间需求率＝生产性服务业被制造业消耗的部分/生产性服务业的总产出。制造业对生产性服务的中间投入率和生产性服务业对制造业的中间需求率分别从投入和消耗的视角反映了制造业融合于生产性服务业的程度；生产性服务业对制造业的中间投入率和制造业对生产性服务业的中间需求率分别从投入和消耗的视角反映了生产性服务业融合于制造业的程度。

② 投入融合均衡度＝制造业对生产性服务业的投入率/生产性服务业对制造业的投入率。

③ 消耗融合均衡度＝生产性服务业对制造业的需求率/制造业对生产性服务业的需求率。

比较高，而制造业中对生产性服务业的中间投入所占比重却比较低，相比较而言，制造业融合于生产性服务业的程度要高于生产性服务业融合于制造业的程度，这也反映了当下生产性服务业对“硬件”投入需求呈现上升势头，生产性服务产业化发展趋势进一步增强，而制造业部门的中间投入中对生产性服务要素的投入依然较少，这可能是因为制造业所投入的服务仍内置于制造业内部，也反映了生产性服务市场化程度比较低。(2)从消耗(需求)角度看，制造业对生产性服务业的中间需求率在波动中有所下降，而生产性服务业对制造业的中间需求率则在波动中呈现上升的趋势。2012年制造业对生产性服务业的中间需求率为25.81%，制造业部门所消耗的生产性服务较以往反而降低了，整体上生产性服务业还是显著依赖于制造业的中间消费，基本在30%左右。但生产性服务业对制造业的中间需求率一直比较低，基本维持在5%上下，这说明制造业发展并不显著依赖于生产性服务业的发展，即从消耗角度看制造业融合于生产性服务业的程度比较低。因此，现阶段生产性服务业更倾向于与制造业融合，而制造业却缺乏与生产性服务业融合的动力。或者说目前生产性服务业对提高中国制造业发展水平作用有限，但制造业的发展通过供给和需求通道对驱动生产性服务业的发展却十分重要，即在经济发展中生产性服务业还处于“需求遵从”的地位，“供给主导”作用并不显著。(3)从投入和产出的融合均衡度计算结果来看，投入的融合均衡度有所下降，而2002—2010年相关年份消耗的融合均衡度有所上升，2012年出现下降。不管是基于投入还是产出，融合均衡度越大表明非均衡融合形态越大，出现下降则表明生产性服务业与制造业之间的非均衡融合形态有所改善，正在向均衡性融合形态转变。所以，就目前情况来看，生产性服务业和制造业的融合发展还远没有成为现实，二者之间的非均衡融合程度依然较高，虽然生产性服务业的发展对制造业的依赖程度比较高，但制造业发展对生产性服务业的依赖程度则仍然较低，也就是说，制造业发展远没有到离不开生产性服务业的程度。在今后的产业发展过程中，通过体制政策调整和良好市场环境的营造，一方面鼓励制造业实行“服务外包”；另一方面强化市场竞争，提高生产性服务企业的服务质量和服务效率以及服务的标准化和规范化程度，以降低生产性服务“市场化”交易的费用和风险，推动生产性服务业与制造业的融合发展。

四、基本结论

第一，从中国生产性服务业发展的总体水平来看，其发展规模较小、发展水平相对较低，国民经济中服务性投入远低于物质性投入，且国民经济的增加值率也比较低，这也反映了经济发展过程中传统的粗放型增长模式还在延续，发展方式的转变之路还很漫长。

第二，从生产性服务业的部门构成来看，交通运输、仓储和邮政业所占比重最大，其次是金融保险业，相反专业性的生产性服务业如信息传输、研发等服务占比并不高，这些部门对其他部门的服务投入规模也比较小。从生产性服务的使用方向来看，基本上都投向了制造业和服务业自身，且近年来对服务业的投入逐渐超过了对制造业的投入。生产性服务的投入率变化趋势与投入结构的变动趋势差不多，总的来说，生产性服务性投入率缓慢上升，并出现了结构性变化，只是相比与发达国家中国的生产性服务投入率还很低，经济服务化程度还不高。

第三，不管从直接消耗系数还是完全消耗系数来看，制造业发展中对生产性服务的消耗并不高，消耗更多的还是物质性的资源和要素，驱动制造业发展的主要因素仍是物质性要素投入的增加。

第四，生产性服务业相关部门的影响力系数和感应度系数都不高，表明该产业对其他部门产出推动作用或需求拉动作用都不明显。从制造业部门的影响力系数来看，大多数部门的影响力系数都大于 1，表明这些制造业部门的发展能够拉动其他部门的发展。从制造业部门的感应度系数来看，只有部分制造部门如化学工业、金属冶炼及延压加工业等部门的感应度系数大于 1 的幅度较大一些，这些部门对国民经济其他部门的发展起到较大的推动作用。通过分解生产性服务业和制造业的感应度系数和影响力系数，发现二者互动程度不高，彼此之间的拉动和推动作用都不显著。

第五，通过计算能够体现生产性服务业与制造业融合程度的四个指标，发现生产性服务业对制造业的依赖程度远高于制造业对生产性服务业的依赖程度，二者的融合均衡程度低。

当然，生产性服务业与制造业之间的关系演变本来也是一个自然的历史的过程。在经济发展阶段和市场化程度较低时，生产性服务的市场化或外部化程度本来就比较低，所以制造业通过市场交易投入的生产性服务就比较少，更多的是通过制造业企业的自我服务得到满足。而对生产性服务业来说，其产业特征就是以满足中间需求为主，当服务业整体规模不大时，来自制造业的有限需求成为生产性服务业发展的重要依靠，在二者关系中，生产性服务业基本处于“需求遵从”的地位。随着工业化进程的推进以及市场化程度的提高，产业间和产业内分工及专业化程度都将提高，制造业为了专注于培育和形成自身的核心竞争力，势必会将部分服务外包出去，为生产性服务业发展提供更为广阔的市场空间。生产性服务业面临的市场规模扩大将促使自身提供的服务数量、种类不断增加，服务质量和效率也将不断提升，进而逐渐嵌入到制造业的价值链中去，二者之间的互动和融合程度也将随之提高。所以，当前在促进生产性服务业与制造业的产业互动和融合发展方面应更多地通过提高市场化程度来为产业互动融合发展创造必要的环境支持。

第三节　抑制中国生产性服务业与制造业互动融合的主要原因及相关政策建议

2008年国际金融危机的爆发凸显了服务业尤其是生产性服务业的发展离不开实体产业的支撑，否则服务经济的过度发展将成为无源之水、无本之木。本轮危机后发达国家逐步推出了基于本国国情的新的制造业发展战略举措，如奥巴马提出的“重振美国工业”战略、日本的重振战略制造业计划、德国的工业4.0计划等本身就体现了服务业与制造业在更高层次上的融合和互动。发达国家除交通运输、信息产业以及部分金融业外，生产性服务新兴部门的兴起更多的是源自制造业的业务延伸或业务部门与母体的分离，生产性服务业与制造业天然地保持着“亲和性”。但是从前文的经验分析来看，目前中国生产性服务业与制造业的互动融合程度依然较低，这种状况的持续不利于产业结构的优化升级、也无助于中国经济的转型发展。

一、中国生产性服务业与制造业互动融合水平不高的深层次原因

当下中国生产性服务业与制造业互动融合程度较低，既有历史的原因也有现实的原因，既有产业自身发展不足的先天原因，也与体制、政策环境的不

完善有关。本节试图从以下视角探求制约生产性服务业与制造业融合发展的深层原因。

(一) 传统的工业发展战略和高度集中的计划经济体制是抑制生产性服务业市场化发展的历史原因

中华人民共和国成立后,为了在短时期内建立起完整的工业体系,我们借鉴了苏联优先发展重工业的经验。在各种资源和要素都比较短缺的情况下,政府依靠权威制定了各种配套政策——如宏观上扭曲价格信号、行政上计划配置资源、微观上剥夺企业自主权[①],来最大限度地动员各种稀缺资源投放到优先发展的重工业部门中。在当时特定历史条件下,借助"三位一体"体系来配合重工业优先发展战略无疑是最优的制度安排。确实在这些政策体系的支持下,中华人民共和国在短期内建立了门类齐全的工业体系,占绝对控制地位的国有工业经济快速发展。但是,随着经济发展环境的变化,这些政策的负面效应也不断凸显,价格信号的严重扭曲和高度集中的传统计划手段致使资源配置低效甚至无效,缺乏自主权的国有企业发展动力和压力也严重不足,且"企业办社会"的现象极为普遍,服务外部化或市场化严重不足,市场上的生产性服务交易几乎不存在。

传统的工业发展理念和高度集中的计划经济体制对中国产业发展的影响一直延续到改革开放之后,比如多年来地方政府仍然过度关注和强调制造业发展,在招商引资过程中,制造业在用地、财政税收、用水用电等方面享有多项优惠措施,这不仅严重抑制了生产性服务业的发展,还带来统计核算偏差问题——一些企业虽实际上从事提供服务的活动但却登记注册为制造业企业。

(二) 市场化程度低是制约生产性服务业与制造业互动融合的关键因素

通常来看,市场机制是通过价格变化来调节供需关系的一种有效的资源配置方式,从本质上来说,市场就是一个集体学习的机制。市场为参与经济的所有主体提供了一个通过试错方式不断学习和挖掘现有机会并创造新机会的平台。[②] 只有在充分的市场竞争中,市场秩序自发扩展才可能形成一个反映生产要素相对稀缺性的价格体系,这是提高市场资源配置效率的基本前提;而所

---

① 见林毅夫提出的"三位一体"体系。

② 罗纳德·哈里·科斯,王宁.变革中国[M].北京:中信出版社,2013:223.

有微观个体自由行动，并对自己的行动负责，则是保证集体学习过程有效的先决条件。

反观我国实际情况，发现长期以来计划经济观念和做法在不同程度上依然存在，这使得价格体系扭曲，特别是要素市场的价格形成机制严重扭曲，市场的奖励和惩罚机制不能发挥应有的作用，导致市场机制不能充分引导资源在产业间合理配置。由于市场化程度不高、市场秩序不完善，制造业企业出于规避风险的考虑，对生产性服务的需求往往由内部相关部门来供给——以避免过高的搜寻成本和长期合作可能招致的"承包方要挟"，制造业企业将内置的生产性服务外部化动机不强烈，以至于许多生产性服务环节仍然内置于制造企业内而没有实现有效剥离，进而导致生产性服务的市场化需求严重不足。

从全国层面看，长期以来"重制造、轻服务"的传统实践还没有发生根本变化，这也导致生产性服务的供给严重不足。所以，市场化程度不高使得生产性服务的市场规模较小，而服务品市场缺乏必要的竞争氛围又使得仅有的生产性服务供给缺乏应有的行业规范和标准，进而导致服务质量以及服务效率的提高缺乏必要的市场激励与约束。长期以来生产性服务专业化水平不高、收费不透明以及服务的"缺斤少两"等问题的存在，严重影响到生产性服务供给方和需求方之间的相互信任，这也致使制造业母体对生产性服务的市场需求自然减少，较小的市场规模或市场容量反过来又进一步制约了生产性服务专业化和规模化程度的提高，引致制造业效率提升的路径受阻。[①] 另外，对市场主体缺乏足够激励和惩戒的市场机制以及市场主体间信任机制的缺失大大增加了市场的交易成本，降低了生产性服务的交易效率，这严重抑制了资源和要素在产业间合理配置、交流合作的机会。总之，较低的市场化程度使得要素价格信号不能充分反映要素稀缺程度，致使资源错配或配置低效，同时较高的市场交易成本又使得产业间良性循环的纽带和渠道发生"梗阻"，抑制了制造业与生产性服务业之间的互动和融合。

（三）体制、制度不完善是制约生产性服务业与制造业互动融合的重要外部原因

发达国家产业结构演变和经济发展的事实已经充分显现了服务业特别是

---

① 黄莉芳等. 生产性服务业提升制造业效率的传导机制检验——基于成本和规模中介效应的实证分析[J]. 财贸经济，2012(3).

生产性服务业的发展对提高国民经济整体效率具有重大作用。但在中国，长期以来以“三高一低”为主要特征的简单制造业发展迅猛，而以知识、信息和人力资本密集为主要特征的现代服务业或制造业中的服务部门却发展迟缓，也是不争的事实。为什么中国的产业结构没有随着 GDP 的增长或人均生产总值的增长而较快地朝高级化方向演变呢？这可能与制造业和生产性服务业对制度环境的不同敏感性有关。与有形物打交道的制造业面对的信息不对称程度较低，因而不会对体制机制产生较强的依赖性，而需要与人打交道的服务业由于面对的信息不对称程度较高，由此导致交易带来的不确定性和风险比较大，因而对制度环境的依赖性显然也就比较高。① 因为服务交易的对象往往是无形的服务或承诺，多数服务产品属于“信任品”范畴，交易中遇到道德风险和逆向选择的可能性比较大。所以在体制制度不完善的情况下，由于服务品交易双方对交易收益和风险难以形成稳定预期，服务业特别是基于其他产业中间需求的生产性服务业往往发展缓慢甚至停滞不前。可见，如果没有可靠的司法体制和良好的执法环境，就不能给市场主体提供有效的激励或惩罚，诚信的交易环境就无法形成，这也致使市场化的服务交易不能高效率地进行，产业互动融合的机会就会受到很大限制。

随着中国市场化改革的不断推进，市场秩序不断完善、市场环境不断优化，不利于发挥市场配置资源作用的体制制度藩篱不断被清除。但是在现实经济生活中还存在许多有形或无形的体制制度障碍制约着服务业发展，不利于产业间形成互动和融合。如大部分生产性服务部门进入门槛较高、政府对社会资本的进入进行严格管制，致使行业垄断的现象大量存在，这不仅严重抑制了生产性服务部门的竞争，也使得生产性服务业的发展的动力和压力明显严重不足、服务供给的效率低，同时过多的进入管制和自然垄断特别是行政垄断的存在也使得服务业内部不同部门间的专业化分工程度比较低。另外，由于政府对生产性服务业发展规制方面存在严重扭曲现象，如按法律规定有些生产性服务（如审计服务、质量检测服务等）必须从外部外购——政府之所以做出如此限定主要目的是为企业之间建立信任机制提供制度保障，进而加快生产性服务市场化程度的拓展，但事实上，由于政府缺位或监管不力，该项规定的具体实施并没有达到预期目的，有些企业仍然不从外部购买类似的生产性服务，而是自我提供。近年来，食品安全事件多发、医药质量安全事故不断

① 陈志武. 为什么中国人出卖的是“硬苦力”？[J]. 新财富，2009(9 月).

等问题频发都与高质量的第三方认证缺乏有关。

目前市场化进程中相关体制制度环境不完善，如司法体制和执法环境不佳、诚信体系的缺失、行政垄断、政府规制扭曲等问题的普遍存在，一方面严重影响到生产性服务市场化或外部化发展，限制其专业化和规模化效应的发挥；另一方面也使得生产性服务业与制造业之间的正反馈机制被阻滞。所以，通过在深度和广度上不断推进市场化改革，提高市场的透明性和开放度，逐渐缓解体制和机制不完善对产业发展造成的制约和束缚，鼓励制造业将生产性服务不断外包出去，拓展产业间分工协作的深度和广度，强化产业间的联动效应。

以上主要从历史和现实两个层面分析了影响和制约生产性服务业发展以及生产性服务业与制造业互动融合的观念、体制机制及制度环境等方面的原因，从具体分析我们可厘清限制产业间良性循环的主要原因，这有助于我们提出针对性的政策建议。从前文的分析可知制约生产性服务业发展及其与制造业良性互动的最关键原因是中国市场化程度较低，而这本身与中国长期以来的体制、制度及政策环境有必然联系。所以，深入推进市场化改革，让市场在资源配置中发挥决定性作用，这是促进生产性服务业健康发展、推进产业融合发展的先决条件。

二、推进和实现中国生产性服务业与制造业互动融合的政策建议

2008 年国际金融危机暴露了金融创新带来的虚拟经济过度膨胀将导致严重经济后果，充分说明了服务经济的发展离不开制造业实体的支撑。制造业是驱动生产性服务业发展的重要因素，服务业发展不能也不可能完全替代制造业发展在国民经济中的重要地位，制造业的发展水平依然是衡量一个国家综合实力的重要标志。但是传统的单纯依靠要素投入支撑制造业粗放式发展的模式显然与变化的时代条件不兼容了，大力发展生产性服务业是推动生产性服务业与制造业分工细化和实现互动融合发展的关键，也是实现产业发展转型和升级的必经之路。因此，推进市场化改革、调整甚至革除许多束缚产业融合发展的体制机制、制定与环境变化相匹配的产业政策是打破生产性服务业与制造业之间负向产业循环链条和建立产业间正向反馈渠道的关键。本研究主要从以下几个方面提出相关政策建议。

(一) 营造有利于生产性服务业与制造业互动融合的市场环境

1. 整顿和规范市场秩序，通过信用制度规范化、体系化建设营造良好的社会信用环境

由于供需双方在服务产品交易中存在较大程度的信息不对称，如果没有良好的市场交易环境和交易秩序，生产性服务业和制造业的服务产品交易将面临较高的交易成本。在利用信息化技术的基础上，加强信用制度规范化、体系化建设，整顿市场交易秩序，净化市场交易环境，为相关产业发展营造良好的社会信用环境。具体可从以下几个方面加强社会诚信体系的建设。一是普及、提高市场交易主体的诚信意识。在交易市场上营造诚信经营的氛围和理念，提高市场主体的守信意识和维权意识，打造诚信经济。二是要建立健全信用法律法规体系。在加强立法的同时更要做到执法必严，彰显相关法律法规的威严、凸显信用法律法规的威慑作用，为企业信用体系的建设和完善提供法律支撑。三是建立和完善政府相关部门的信用管理体系建设。社会信用体系建设涉及诸多的政府部门和事业单位，如工商、海关、税务、人事、银行保险等多个部门或单位，这些部门或单位分别掌握和管理着市场主体的相关信息。在社会信用体系建设过程中应建立基础性数据库，使市场主体的相关信用记录在基础性数据库中实现资源共享，通过信息公开制度，相关部门在执法过程中新获取的信用信息及时录入共享数据库以实时了解和监控市场主体的信用状况。四是推进社会征信体系建设，建立严格的失信惩罚机制。惩罚和激励是一个问题的两个方面，失信者如果没有受到法律的、行政的或道德的惩罚，就会对其他的市场主体的预期产生干扰，对守信者的激励也会大大弱化。所以要利用信息技术手段将不遵守规则的主体的相关信息在更大交易范围公开，使之受到市场严惩甚至被驱逐出市场；而将诚信企业的信息也在相关市场定期公布，减少其他交易主体的信息筛选成本，这无疑将会大大降低生产性服务业与制造业之间的交易成本、激发制造业企业将更多的非核心业务剥离出去，进一步拓展生产性服务业专业化和规模化发展的市场空间，推进二者实现良性互动和融合。2016 年 6 月国务院印发《关于建立完善守信联合激励和失信联合惩戒制度加快推进社会诚信建设的指导意见》，指导意见中相关举措的逐步落实将有利于进一步规范市场竞争秩序、净化市场竞争环境，为产业融合发展创造更加公开透明的竞争氛围，为产业间的动态匹配提供必要的制度支持。

2. 推进税收制度的改革，加大政策支持力度

以往制造业实行增值税，而服务业中大多数企业被征收的是营业税，由于无法进行进项抵扣，多年来营业税征收中一直存在重复征税的问题，这也导致服务业税负高于制造业，使得制造业中成长起来的服务部门独立化运作的动机不强，同时也严重抑制了服务经济的发展，阻碍了产业间分工的深化、拓展和合作。为了促进服务经济的发展、推进二三产业的融合，2011 年 11 月财政部和国家税务总局正式公布营业税改增值税的方案，并先行选择上海的部分生产性服务业为试点区域。经过试点，目前服务业征收增值税已进入全面实施阶段，可预期的是对服务业征收增值税将会大大减少重复征税现象、降低服务企业的税收负担，加快服务业规模化、专业化和市场化发展。

另外，在鼓励和支持服务业发展的过程中，要尽快完善服务业税收优惠政策体系。依据国际上间接优惠为主、直接优惠为辅的经验，应进一步减少直接优惠，强化间接优惠方式。扩大小微企业所得税优惠政策范围并延长期限，切实减轻小微企业的税收负担。通过合理的服务业税收优惠体系的建设和完善，充分发挥税收政策的激励效果，既鼓励大型生产性服务企业的发展壮大，提高企业服务产品的市场竞争力，又支持和鼓励小微企业的成长壮大，优化服务业的结构，增强服务业的市场竞争力。

通过建设合理的税收体系和税收政策，提高服务业特别是生产性服务业的创新激励，营造有利于创新产品或技术实现市场化和产业化的外部环境，同时鼓励有能力、有条件的服务企业"走出去"，通过出口退税、实现税收减让等方式促进服务贸易的发展。同时政府借助科学的税收政策鼓励制造业企业将生产性服务外包出去，特别要弱化对国有企业一体化的政策激励，并通过制度安排，减少制造业企业服务外包的市场风险，为生产性服务业创造较大体量的外部需求，推动生产性服务业规模化、专业化和市场化发展。因此，合理的服务业税收体系和税收政策在加快推动生产性服务业发展的同时，也使得生产性服务业与制造业的产业关联越来越紧密，产业互动和融合趋势持续增强。

3. 强化知识产权保护，优化交易环境

生产性服务业提供的产品多具有知识密集的特点，且知识也是生产性服务业和制造业最重要的投入和实现价值增值的关键，如果对这类产品缺乏必要的知识产权保护，将会导致这类产品的创新激励大大下降。因为这类产品一旦被盗用就可能很快在市场上扩散，这势必会使产品所有者的利益大大受损，所以要加大知识保护的相关法律制度建设，提高知识产权保护相关法律的

针对性、可操作性，加强监管。通过不断增加知识产权保护方面从业人员的技能培训，建立有效的知识产权纠纷调节机制。在严格执法的前提下，高效处理知识产权诉讼案件，降低知识产权纠纷的诉讼和维权的时间及费用方面的成本。如果知识产权保护相关法律法规被严格执行，市场主体将会形成稳定预期：一是正激励——知识创新可以获得巨大经济利益，二是负激励——侵犯他人知识产权者将受到严惩，这也为生产性服务业和制造业两大产业的创新驱动发展提供必要的制度保障。

在强化知识产权保护的同时，还要营造良好的市场交易环境。由于许多生产性服务业提供的知识型产品多属于"信任品"范畴，如果缺少良好的市场交易环境，无疑服务品的交易费用会比较高，同时会导致市场交易的萎缩，制造业服务外包的顾虑也会增加。因此，在加强知识产权保护的基础上，要加快构建生产性服务业和制造业发展所需的各类专业性知识产权交易市场，弱化知识产权交易相伴生的信息不对称，降低交易成本，提高交易效率，提高知识产权等相关服务产品的市场化水平，使创新性知识型产品更快更多地应用到相关领域，提高知识产权等要素的市场配置效率，实现生产性服务业和制造业发展的双向互利共赢。

4. 逐步完善生产性服务业标准化制度建设

规范化服务是由国家或行业主管部门制定并发布的某项服务应达到的统一标准，要求从事该服务的人员必须在规定的时间内按标准进行服务。对生产性服务进行规范化、标准化制度建设对规范生产性服务行业的市场秩序有着重要的现实意义，因为规范化和标准化程度高的生产性服务"可视化"程度也就比较高，这有利于不断拓展服务交易的市场范围、提高服务交易的效率，进而增强生产性服务企业的市场竞争优势，帮助生产性服务业企业实现规模经济效应。在生产性服务业标准化建设中，既要发挥服务管理部门的管理指导职责，也要鼓励和支持行业协会、服务企业及其他相关部门积极参与到服务标准化建设中来，在协同各方利益的基础上推进服务标准的制定和修订工作，提高服务标准化和规范化水平，从而促进服务品交易的市场化水平。当然，生产性服务业标准化生产的同时也意味着"同质化"，而制造业投入生产性服务恰恰是为了提高产品的异质性，因此在推进标准化服务生产运作的同时还要兼顾服务的差异化或异质性。

5. 建设优质的"硬件"环境，营造良好的产业发展"软性"环境

生产性服务业与制造业的融合发展离不开优质的"硬件"和"软件"环境提

供的支撑。推动产业互动融合发展的“硬件”设施主要包括信息通信技术的应用及其基础设施建设、交通运输条件的改善等。信息通信技术的发展逐步实现了移动的宽带化、宽带的移动化以及“三网合一”，这有助于增强许多服务品的可贸易性、可运输性和可储存性，实现生产和消费的有效分离，这不仅直接提高了生产性服务业服务于制造业的能力和水平，还大大地促进了制造业的生产性服务外部化进程，推动了产业间分工的深化和拓展，进而提升经济发展的整体绩效。作为世界上最大的信息通信产品市场，中国有世界上最强的硬件设备制造能力，随着人才集聚、技术研发投入的增加和网络化基础设施建设投入的提高，中国信息通信技术水平及网络化建设能力将会进一步增强，这为生产性服务业发展以及产业互动融合发展提供了强大的技术支持。另外，目前中国的运输网络已经四通八达，海陆空的运输能力都大大提高，这不仅实现了制造业产品快速从工厂到终端的消费，还提高了生产性服务质量、效率和对制造业及其他产业的服务能力，特别是电子商务、平台经济的发展，大大地缩短了供给方和需求方空间上的距离、促进了供需双方的互动和动态匹配。但是，目前中国的物流成本依然比较高、网络化协调能力还有待进一步优化，政府应该进一步清理和剥离运输业发展中的相关障碍或不必要的收费项目以降低生产性服务业和制造业的物流成本。

单有硬件环境的改善还不足以促进产业分工的深化和拓展，还必须要有相应的运行良好的“软件”环境，如可靠的司法体制和良好的执法环境、强大的规则意识和契约精神、科学的监管体制、高效的政府管理、良好的商业文化传统以及公平的制度环境等。如果没有这些条件的支撑，产业分工的深化以及企业突破性的创新创造将会遭到落后体制的抑制和扼杀。经过多年的市场化改革，虽然经济发展的“软”环境不断优化，但客观上依然存在不少问题，特别是与服务业发展密切相关的完善的司法环境和法律体系的建设还需进一步增强，这是中国发展服务经济的“软肋”。同时要不断培育市场主体的规则意识和契约精神，这也是促进产业网络化分工、降低交易成本和提高产业融合效率必不可少的重要条件。随着社会流动性程度的提高，规则意识和契约精神的缺乏成为制约产业特别是服务业发展的重要障碍。在新的技术环境下，科学、高效的监管体制或体系是提高产业运行效果的重要环节，行业监管要明确确立科学、专业、独立的原则，形成合理有效的监管框架，尽可能地减少不必要的管制，奉行“非禁即入”的理念和原则，放宽市场准入，鼓励公平竞争，激活行业活力。对于高效的政府管理和公平的制度政策环境的创设将在下面的内容中补充。总之,相对于有形可感的硬件设施来看,无形的"软性"环境建设更加重要,我们既要在不断的试错摸索中积累经验或教训,也要借鉴先行的发达国家的经验来加快"软性"环境建设的节奏和步伐,优化和提高服务质量和服务水平,为产业融合提供一个优质的发展环境。

(二) 构建有利于生产性服务业与制造业互动融合的体制政策环境

提高一个国家市场化程度和对外开放程度有利于形成新的市场规则,只有逐步改变原先依靠行政性力量来进行资源配置的传统做法,才能使得真正有市场竞争力的企业得以生存和发展,从而提高全社会生产要素的使用效率。运行良好的市场秩序和不断优化的体制政策环境是保证生产性服务供需双方有稳定预期的重要条件,也是实现产业融合发展的关键因素。

1. 处理好政府与市场关系,提高政府服务效率和治理水平

党的十八大以来,中央政府反复强调中央和各级政府要厘清市场和政府的边界、处理好政府和市场的关系,提高市场配置资源的决定性作用,降低经济运行的制度性交易成本,促进经济运行效率的提高。从一定意义上来说,市场化改革的深入推进本身就是一个政府权力下放或简政放权的过程,而市场资源配置决定性作用的发挥离不开政府管理边界的调整。在市场经济中,政府应杜绝计划经济或命令经济思维的延续,在行动上大幅度减少政府对资源的直接配置,推动资源配置依据市场规则、市场价格、市场竞争实现效益最大化和效率最优化,让企业和个人有更多活力和更大空间去发展经济、创造财富[①]。而只有在市场失灵、并且政府干预确实有效的条件下,政府才需要去干预微观主体的交易活动,否则就会出现政府越位或错位的问题。因为政府过多地运用对经济资源的行政支配权来干预微观经济活动不仅造成资源配置的扭曲、经济效率的损失,还会造成政府与民争利的现象,破坏政府权威性和公信力。所以,解决好政府越位问题就要求政府简政放权、松绑支持、减少干预,政府要有"壮士断腕"的精神和毅力去管好自身该管的事情、将不该政府来管或管不好的事情交由市场来处理。

要求政府简政放权并不是说发展市场经济就不需要政府参与或政府就可以"无为而治"了,相反现代市场经济的发展、产业结构的优化升级,非常需要政府在市场管不好的地方主动补位,把该管的坚决管好、管到位、管出水平、避

---

① 习近平总书记系列重要讲话读本[M].北京:人民出版社,2014:62.

免出问题，要善于运用负面清单管理模式，只告诉市场主体不能做什么，至于其他的由市场主体根据市场变化自行判断。[①] 同时，政府还要不断提高自身管理水平、服务质量、服务效率和治理能力，为经济社会发展提供运行良好的司法系统和公平的竞争环境，保持宏观经济的稳定，避免经济的大起大落，制定合理的产业政策支持战略性新兴产业的成长壮大等。对于服务业特别是以中间投入为主要特征的生产性服务业来说，高效的政府公共服务、运行良好的经济环境、合理的产业引导和支持政策恰恰是产业成长和发展必不可少的条件。

2. 健全司法体系，完善法律法规，降低制度性交易成本

产业特别是新兴产业的发展需要有鼓励公平竞争和自由创造的正式制度来提供支持，所以保护财产权利和促进竞争的法律和司法体系是产业发展的一个基本要素。随着市场规模的扩大以及市场流动性的增强，原先"熟人社会"中的人格化交易不再适应"匿名社会"中非人格化交易的需要，建立一个独立公正的司法体系来保证双边和多边声誉与惩罚机制就显得尤为重要。不管是对制造业还是服务业企业来说，良好的司法环境为企业间合同的实施和交易的实现提供了必要的制度支持，这样的制度环境有助于把企业的逐利活动引导到技术和市场的创新方向上去。[②] 所以，我们应根据现代市场经济和产业发展的需要，不断健全司法体系、完善相关法律法规、营造公平公正的司法环境，不断降低抑制产业互动和融合发展的隐性交易成本。党的十八大以来，中央深化改革小组在司法体制改革方面、完善相关法律法规方面讨论通过了一系列指导意见、规定或方案，如 2014 年 2 月通过了《关于深化司法体制和社会体制改革的意见及贯彻实施分工方案》、2014 年 6 月通过《关于司法体制改革试点若干问题的框架意见》、2015 年 1 月审议通过《关于贯彻落实党的十八届四中全会决定进一步深化司法体制和社会体制改革的实施方案》等。这些司法改革意见和措施在实践中逐步运用、服务业各领域相关法律法规的具体实施，将进一步规范服务活动的市场秩序，为提高服务品市场交易效率、促进产业融合发展提供重要的制度支撑。

3. 加快体制、机制和政策创新，减少和消除体制机制扭曲，提高市场化水平

为了适应服务产业化、市场化和国际化发展大趋势，相关部门应积极推进

① 习近平总书记系列重要讲话读本[M]. 北京：人民出版社，2014：64.

② 吴敬琏. 中国增长模式抉择(增订版)[M]. 上海：上海远东出版社，2009：186.

市场体制改革、提高开放度，减少和消除体制机制扭曲对产业发展造成的束缚，通过深入推进改革、扩大开放，增强产业发展与产业互动的活力和动力。

加快推进体制、机制和政策创新：一是要逐步建立以市场配置资源为主的管理体制。充分发挥市场在配置资源中的决定性作用，让市场真正发挥资源配置的功能，提高市场化程度；推进生产要素市场的价格形成机制改革，逐步解决生产要素市场发展滞后导致的要素闲置和大量要素有效需求得不到满足的结构性难题，发挥市场优胜劣汰作用，提高资源配置效率，引导资源要素向新兴产业和部门流动，降低生产性服务业或战略性新兴产业在要素使用上的成本，增强供给侧结构性改革的活力和成效。二是要加快推进和完善服务行业的改革，放宽市场准入，引入竞争机制，鼓励公平竞争，实现投资多元化。通过体制、机制和政策创新推进国有和集体服务性企业的产权改革以及管理变革，鼓励民间资本进入服务业，促进服务市场上不同市场主体的自由平等竞争。目前在服务业市场准入方面存在两个现象，一方面是准入门槛较高，比如垄断性较明显的银行、电信、保险等行业进入壁垒高，存在严格的市场准入限制，阻碍了市场上优质民间资本的进入，也抑制了这些行业的市场竞争程度；另一方面是进入门槛过低，像会展、管理咨询、物流等竞争性服务行业由于缺乏标准的市场准入制度，又造成行业无序、过度竞争的状态，这也不利于行业健康发展。所以加快市场体制、机制和政策创新，要在市场准入方面根据行业发展状况作动态调整，同时加强对服务市场秩序的整顿，强化服务市场竞争、提升服务领域的竞争效率，通过法律法规的完善来保护服务企业的知识产权，从而促进生产性服务业健康发展、努力实现产业间互动融合、逐步优化产业结构。三是要完善市场竞争秩序，创造公平、有序的市场氛围。通常来看，生产性服务市场化程度低、政府对服务行业的过度管制和干预会导致生产性服务供不应求或供过于求的状态，进而导致优质生产性服务供给不足、离其他部门中间需求要求差距大的现象。通过不断完善市场竞争秩序、创设良好的市场环境来逐步解决生产性服务业发展中存在的“天花板”“玻璃门”现象，鼓励和引导更多的社会资源要素流入服务行业，强化市场竞争带来的“鲶鱼效应”，促进资源的合理有效配置。四是要转变政府职能，减少项目审批，简化审批程序。政府应将更多的精力或工作重点放在增加行政环境的透明性、提高产业政策的有效性、建立健全与市场经济相适应的体制、政策、法律环境方面。通过不断加强市场硬件和软件设施的建设，完善市场体系、规范市场秩序、优化市场环境，营造良好的投资、创业和发展环境。通过市场体制机制创新来提高生产性服务业企业或制造业企业的市场应变力，增强机构间的信任和沟通，降低服务外包的合作风险，加强产业间的合作、实现社会化市场服务与制造环节的无缝对接。

另外，要加快我国医疗、教育、文化、科研机构等事业单位的市场化改革，这些部门承担了大量的生产性服务功能，相对缓慢的事业单位市场化改革不利于增强这些部门的市场主体意识、提高服务效率，也不利于营造服务业市场的公平竞争环境。

（三）优化有利于生产性服务业与制造业互动和融合发展的产业环境

在推进体制、机制和政策创新，深化与服务经济发展相关的各项改革的同时，要充分认识到服务业特别是生产性服务业的全面发展是制造业升级和产业结构优化的关键，所以要不断增强生产性服务企业与制造业企业的产业联系、提高各产业的自主创新能力、提升产业发展水平和层级。政府部门要制定有利于推动产业融合的战略规划和有利于实现产业互动的配套措施，优化有利于实现生产性服务业与制造业互动融合的产业政策组合和产业环境。

1. 科学地制定产业政策，激发制造业将部分生产性服务外包的积极性和主动性

政府通过提供税收、统计、行政审批等方面的支持性政策，加大力度引导制造业剥离生产性服务环节。支持各制造业企业根据自身的实际情况，将一些已经初具规模的生产性服务从制造业企业母体中分离出来。政府在支持制造业企业剥离生产性服务方面开辟绿色通道，在市场准入、登记注册、资质认证等环节，简化审批程序，降低相关费用成本、提高政府的办事效率。对分离出来的生产性服务企业所采购的符合技术进步要求的固定资产，若附着的技术更新换代速度较快，经税务部门审核后可实行加速折旧的办法。鼓励和支持制造业企业将一些自身提供不具有竞争优势或不具有规模效应的生产性服务分离和外包出去，为制造业专注于自身核心业务的行为提供激励。对有能力向价值链两端延伸的制造业企业提供支持，在条件成熟时对生产性服务环节进行剥离，鼓励新组建的生产性服务企业不仅仅为原来的“东家”服务，更要参照市场运行的一般要求为更多的市场主体服务，像海尔物流就属于这种类型。加强对国有企业的业绩考核，对服务外包产生的重复税费进行重新核算，将重复征收的部分实行退税处理。

2. 打破"大而全""小而全"传统观念，加快本土生产性服务企业向高端服务业方向发展

2014年，国务院印发《关于加快发展生产性服务业促进产业结构调整升级的指导意见》指出，要在产业结构转型升级的导引下，加快推进生产性服务业发展，引导企业不断打破"大而全""小而全"传统观念的束缚，推动制造业企业通过管理创新和业务流程再造，逐渐剥离非核心的生产性服务业务环节，培育和增强向价值链高端拓展延伸的能力，促进生产制造型制造逐步转向生产服务型制造，为高端生产性服务业的发展提供更广阔的市场空间。政府应在生产性服务业发展十大重点行业的基础上，进一步出台政策来构建一个比较完善的高端服务业认证体系，为那些真正从事高端生产性服务供给的企业提供资金融通、技术创新、品牌培育、项目示范方面的政策支持，降低这些高端生产性服务企业的市场风险和成本支出。

适应生产性服务业市场化、专业化和规模化发展要求，在发展过程中生产性服务企业要努力做到以下几个方面。一是要提高国内生产性服务企业自身的服务创新能力，在综合考虑自身所具有的要素禀赋状况的基础上努力提升企业核心业务的市场竞争力，通过外包自身提供不具有比较优势的环节来优化企业的服务流程，提高企业供给高水平专业化服务的质量和效率。二是鼓励和支持在同行业市场竞争中具有优势的生产性服务企业做大做强，通过降低资金融通成本、拓宽资金融通渠道促使这些企业通过市场操作来提高资本运作能力和效率，进一步增强国内生产性服务企业的资源整合能力和市场竞争力。① 三是通过鼓励政府机构和事业单位从外部购买专业化服务，为生产性服务部门的发展开拓更大的市场空间，而这对生产性服务业企业也提出了更高的要求，因为服务需求是一个动态变化的过程，这就要求服务主体不断提高自身"随机应变"的服务创新能力。

3. 重视信息服务交互平台和产业平台建设，鼓励和支持本土生产性服务企业向信息化、高端化方向拓展

在产业间专业化分工不断深化和拓展的背景下，生产性服务业与制造业的动态匹配要借助于信息化平台的建设来实现。但是信息化交互平台的建设需要较高的成本支出，因此如果由个别企业来承担的话可能陷入不经济的困境，并且由单个企业来搭建信息化交互平台还可能造成重复投资和资源浪费

① 国务院关于加快发展生产性服务业促进产业结构调整的指导意见(国发〔2014〕26号)，2014年8月。

的现象。事实上，政府可以出台政策鼓励和支持生产性服务企业与制造业共同搭建或由行业协会来牵头搭建信息化平台，不同企业在平台上发布、检索相关信息，实现信息的充分流动和信息共享，降低供需双方信息不对称程度。实际上，依托于大型企业或行业协会建立的各类信息化交互平台，有利于充分发挥生产性服务业的报酬递增效应、外溢效应和扩散效应，促进金融服务、信息咨询等高端服务实现集聚式发展。同时，通过将各类专业化信息平台与互联网对接，提高平台运行效率和产业协同发展能力。另外，加快发展有利于推进和实现产业集群的电子商务、管理咨询、数字信息服务等平台建设，提高资源配置效率，促进生产性服务业与制造业融合发展。通过服务产业园、知识城等基地平台建设有助于加强产业联系的泛化和细化，从而降低行业间交易费用和企业研发成本。

4. 搭建创新平台，强化生产性服务业与制造业协同创新机制建设

随着企业间网络化分工越来越普遍，一个企业的价值创造能力与其他企业的发展紧密联系在一起。制造业企业在价值创造中也需要越来越多的生产性服务投入，而不同类型、不同层次的制造业企业对生产性服务的需求标准也存在较大差异。所以制造业企业需要对外部专业的生产性服务商的资质进行评估和认定，生产性服务商能否提供符合制造企业需要的服务产品也就成为能否通过评估和认定的关键。目前，国内生产性服务业规范化和标准化体系建设严重滞后，已经成为制约国内生产性服务业发展的重要原因。我们在加快推进生产性服务标准化体系建设的同时，还要不断根据国内企业发展和国际生产性服务发展的经验动态调整技术标准，这不仅能够满足国内制造业升级发展的需要，还有利于参与国际竞争。

根据需要可以通过不同途径搭建开放式创新平台，把制造业对生产性服务的需求与生产性服务业供给对接起来，增强产业协同创新发展能力的提高，实现产业发展的“双赢”。第一，鼓励本土的大型制造业企业与生产性服务供应商以项目合作为纽带进行协同创新。在国内大型制造业转型发展过程中，其对高端生产性服务如先进技术、产品设计、项目咨询、项目论证、项目融资、营销网络等中间投入不断增加，制造业企业可以直接与特定的专业性生产性服务商进行合作，在合作中生产性服务商不断提高服务产品的质量和标准化程度，政府则可以在项目审批、资金投入等方面予以支持。在合作取得预期成果和获得重大突破时，在协议允许的范围内可将合作产品推向市场，满足更多企业对类似服务的需求，根据需要也可以对服务产品进行适时更新和调整，以

深化制造业企业和生产性服务供应商之间的互动和融合，促进彼此在技术和知识上的互补。鼓励龙头企业积极创新商业模式，向配套企业提供高端生产性服务，把企业文化、管理方法、制造技术、技术标准和市场信息渗透到协同配套企业中去，带动中小微企业协同发展。[①] 第二，鼓励和支持制造业企业在产品设计和生产制造中更广泛地使用和推广数字技术及智能制造技术，不断丰富产品功能，增强产品的个性化特征。运用互联网、大数据、云计算等信息技术，借助创新平台强化制造业企业与生产性服务商的合作创新能力，提高制造业企业柔性生产和精益生产能力，积极进行大规模定制化生产，满足消费者更加注重个性化、多样化的需求特征。第三，搭建创新平台，鼓励产学研合作。加快建立以政府为主导、企业为主体、市场为导向、产学研相结合的技术创新体系。积极打破各市场主体之间进行分工合作的壁垒和障碍，加快各种知识资源在不同主体间进行有效流动，提高知识、信息和资源的整合与协同创新能力，使得生产性服务的需求和供给有效衔接，提高资源配置和要素使用效率。

以上主要从市场环境、政策环境和产业发展环境三个方面为生产性服务业与制造业互动和融合发展提供相应的政策建议。在未来，市场化改革的深化和各项措施的相继落实，将为生产性服务业与制造业的互动融合发展创造出更加公平有序的市场环境、司法公正的法治环境、奖惩分明的社会信用环境、合作创新的产业环境和廉洁高效的行政环境，进一步促进和深化产业间的分工合作、推动生产性服务业与制造业的融合发展走向更高的阶段和层次。

第四节　小　结

本章主要对生产性服务业与制造业互动融合进行了理论分析和经验求证，深入剖析了影响和制约中国生产性服务业发展及其与制造业互动融合的诸多因素，并结合实际情况提出了相应政策建议。

第一节着重分析生产性服务业与制造业互动和融合发展的背景、理论基础及发展趋势。首先从社会分工深化、信息技术发展和工业化发展进程中产业发展战略调整三个方面剖析了制造业与生产性服务业互动融合的深刻背景、技术支撑和现实原因。其次，从产业共生理论、知识链视角以及产业结构

---

① 张振刚等. 生产性服务业对制造业效率提升的影响研究[J]. 科研管理，2014(1).

升级三个方面探讨了生产性服务业与制造业互动融合的理论根基。最后，分析了生产性服务业与制造业互动融合的形式和发展趋势。通过对产业链进行分解、重构和整合，产业融合的现象日益普遍，制造业服务化、生产性服务业知识化和制造化、服务外包等成为产业融合发展的新趋势，制造业与生产性服务业的融合发展正成为提升产业发展素质和经济发展质量的重要抓手和主要途径。

第二节主要利用中国 1997—2012 年期间相关年份的投入产出表对中国生产性服务业与制造业的产业关联进行经验分析。通过对近年来的相关指标进行计算和比较，发现：(1)生产性服务业的整体发展水平和发展质量较低，国民经济中服务性投入远低于物质性投入。从生产性服务业的部门构成比重来看，传统的生产性服务比重较大，而知识密集的现代生产性服务比重较低。(2)生产性服务业相关部门的影响力系数和感应度系数不高，对国民经济其他部门产出的推动作用和需求拉动作用不强。(3)生产性服务业与制造业的产业关联度不高，制造业的投入还主要以物质性投入为主，制造业中生产性服务业的投入率不高。(4)通过分解生产性服务业和制造业的感应度系数和影响力系数，发现二者的互动程度不高，彼此之间的拉动和推动作用都不显著。(5)通过计算体现生产性服务业与制造业融合程度的四个指标，发现生产性服务业对制造业的依赖程度远高于制造业对生产性服务业的依赖程度，目前二者的融合均衡程度较低。

第三节主要深入剖析制约中国生产性服务业与制造业互动融合的多重原因，比如传统的工业化发展战略和高度集中的计划经济体制，市场化程度低，体制制度环境不完善等方面的原因是抑制生产性服务业发展、制约生产性服务业与制造业互动融合的主要因素。在剖析影响生产性服务业与制造业互动融合原因的基础上，从推进中国生产性服务业与制造业互动和融合发展的市场环境、体制政策环境及产业环境等方面提出相应的政策建议。

第七章　生产性服务业与制造业互动融合的国际经验

20 世纪五六十年代以来，发达国家和部分发展中国家产业结构优化升级的步伐加快。特别是 80 年代以后，发达国家陆续进入后工业化时代，生产性服务业的快速发展成为发达国家产业结构变动的典型特征。在信息技术变革的支撑下，发达国家的企业组织形式和管理方式发生了重大变化，制造业企业为了获得更多的竞争优势，在降低成本压力的驱动下，被动或主动地将部分生产环节和服务业务外包出去，将附加值较低的加工制造环节或整个企业纷纷转移到更具有低成本优势的发展中国家，本土则主要从事高端制造业生产，制造业与现代生产性服务业之间的网络化分工越来越频繁，相互交叉渗透的产业互动融合趋势亦更加明显。本章主要从两方面来梳理和分析生产性服务业与制造业互动融合的国际经验，一是基于典型国家的生产性服务业与制造业互动融合的经验和教训，二是基于典型企业案例来剖析生产性服务业与制造业互动融合的经验以及对中国产业发展所带来的启示和借鉴。

第一节　生产性服务业与制造业产业联动的事实和经验

第二次世界大战后，生产性服务业是世界经济中增长最快的行业之一，无论是中低收入还是高收入国家，生产性服务业的增长速度都超过生活性服务业。在战后发达国家的经济增长中，特别是具有鲜明知识密集特征的信息服务、科技服务及专业性商务服务发展非常迅速，在一定程度上“医治”了服务业发展中的“成本病”现象，成为促进制造业、服务业乃至整个经济发展的“新引擎”，推动发达经济体逐步从“工业经济”过渡到“服务经济”。而在部分发展中国家，国民经济中服务业所占的比重也迅速提高。在全球化分工体系下，部分发展中国家利用成本优势以及某些专业优势积极承接欧美等发达国家的服务外包业务，生产性服务业亦获得快速发展的市场良机。

一、美国、英国及日本现代生产性服务业[①]与制造业联动发展状况

本研究以美国、英国及日本三个发达国家生产性服务业和制造业发展情况变化为例来分析发达国家生产性服务业与制造业联动发展的特征事实并进行经验总结，以兹为实现中国生产性服务业和制造业联动发展提供借鉴。

（一）美国生产性服务业与制造业产业联动发展事实和趋势

进入工业化后期，在盎格鲁—萨克森模式的自由市场经济体制下，美国的市场监管一直较为宽松，政府普遍对市场干预力度不大、干预范围较窄，营造了一个自由度和开放度都比较高的产业发展环境。在合理的市场激励体制下，美国强大而频繁的科技等方面的创新能力得到充分展现，生产性服务业面对的市场规模迅速扩大，这加快了生产性服务业发展脚步。而在知识化、信息化和全球化时代，在成本压力上升、利润下滑、节能环保要求提高等诸多因素影响下的制造业主动或被动地进行了战略调整和转型发展。部分传统制造业企业向海外转移，本土的制造业企业多从事产品价值链高端的经营活动，对生产性服务的中间投入持续增加，同时有些制造业企业利用自身技术和专业优势逐渐转变为服务型制造，或变身为直接以提供生产性服务产品为主的企业。在制造业转型以及分工不断深化和细化的前提下，生产性服务业自身也随之分化，在新的信息技术革命的支撑下，在线咨询、金融创新以及第三方电子支付平台开发等生产性服务新业态不断涌现，这不仅提高了生产性服务业服务于制造业的水平、能力和效率，也反过来提升了自身的分工层次、优化了分工结构，在生产性服务业与制造业发展中实现了良性互动、融合发展的新格局。经过数十年的发展，美国的生产性服务业广泛渗透到制造业产品生产的价值链中去，提高了美国高端制造业的价值链治理和控制能力。

1. 生产性服务业快速增长成为美国服务业发展的典型特征

20世纪八九十年代，美国生产性服务业的规模急剧扩张。从图7-1中可

① 这里的生产性服务业数据主要指金融保险、房地产、租赁以及商务服务部门的数据。

看出，在1960年至1980年期间，美国服务业内各细分行业所占的比重基本平稳，但是1980年之后，这种平稳的结构发生了较大变化，其中最鲜明的特点就是生产性服务业在服务业中的比重持续提高。1980年以来，在美国国民经济中生产性服务业增长了59%，是其整体服务业24%增长幅度的2倍多。金融保险、房地产、租赁和商务服务业在服务业中的占比从1980年的32.44%上升至2010年的48.25%，年均增长率达到7.73%，以金融保险、商务服务等为主的现代服务业增加值几乎占了服务业增加值的半壁江山。相比之下，传统的服务业态，比如交通运输、仓储及通信服务，批发零售、餐饮旅店服务等在80年代之后都出现了持续下降。

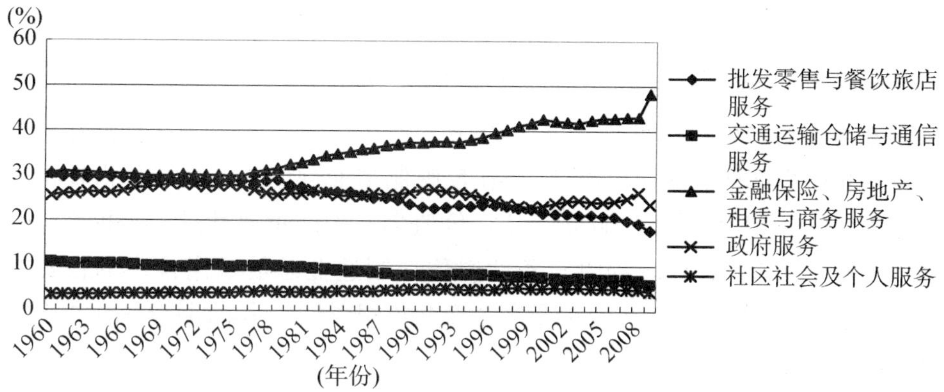

图7-1　美国服务业中各细分行业比重(1960—2010)

资料来源：荷兰格罗宁根大学增长与发展研究中心数据库。

2. 美国生产性服务业吸纳的就业人数快速上升、制造业中服务性岗位比例提高

在2008年以前，美国生产性服务业的就业人数一直处于上升趋势中。从表7-1中也能看出相对于其他服务业细分行业来看，在20世纪80年代和90年代，在整个服务业就业中以金融保险、房地产、租赁以及商务服务为主的生产性服务部门的就业比重增长得比较快，到2000年时，该比重基本占到1/4，后来受2008年金融危机影响，整个美国社会的失业率增加，生产性服务业的就业比重也出现了降低。

表 7-1 美国服务业就业占总就业及服务业中细分行业就业占服务业就业比重(%)

行业 \ 年份	1950	1960	1970	1980	1990	2000	2010
批发零售、餐饮及旅店业	34.87	32.58	30.9	32.54	31.68	30.00	23.60
交通运输、仓储及通信业	13.58	10.36	8.85	7.77	6.27	6.13	5.29
金融保险、房地产、租赁和商务服务业	11.75	13.04	13.55	16.18	20.32	23.05	21.50
政府服务业	32.78	36.54	38.91	35.61	34.06	33.05	36.91
社区、社会及个人服务业	7.03	7.48	7.80	7.91	7.68	7.77	7.71
服务业	57.69	63.52	67.89	70.72	76.04	79.13	83.95

资料来源：荷兰格罗宁根大学增长与发展研究中心数据库。

2006年以来，在制造业企业的就业岗位分配中服务性岗位的占比仍然呈现不断增长的趋势。特别是2008年金融危机之后，美国制造业企业雇用的员工进一步向生产性服务岗位倾斜，这在反映制造业部门服务性职位占比上升的同时，也表明制造业部门服务产品在价值创造中的重要性进一步提高。在2002—2012年期间，制造业中服务性岗位在制造业总就业岗位中的占比从29.8%升至32.6%，有近1/3的员工主要从事服务性工作，而且这一比重还处在不断上升之中。

3. 生产性服务业与制造业产业关联密切

随着美国经济在全球扩张的加快，生产性服务业的市场空间不断拓展，受益于技术创新的生产性服务新业态不断涌现。在残酷的市场竞争驱使下，生产性服务业的规模化、专业化和产业化水平快速提高，服务的质量和效率也随之提高，基于降低成本、增加产品异质性及提高企业竞争优势的制造业也更多地选择从外部采购生产性服务。自1997年以来，制造业生产中采购的服务产品份额一直比较稳定，有关服务的中间投入基本保持在20%以下。但在2002—2011年期间，由于经济发展环境的改变，有将近1/2的行业在生产中增加了对生产性服务投入的外部采购，尤其像计算机和电子设备生产商对服务的外部采购增加最多。比如，2011年美国制造业出自服务业的中间产品占25.3%，其中计算机和电子产品生产厂商对服务的中间投入比重更是高达47.6%。

4. 在新科技的支撑下生产性服务业与制造业分工协作水平进一步提高

在日新月异的信息技术支撑下，美国生产性服务业和制造业发展出现了三个新趋势：一是供应链分工的地域性差异增强。利用不同地区的区位优势和比较优势，美国企业供应链管理进一步细化，对企业业务流程再分解，将低技能生产工作转向低工资地区，而在研发资源丰富、法制环境良好的地区集中精力开发知识产权、进行高技能产品生产和供给。二是美国制造企业正在使用各种新技术和新方法来降低企业的生产组织成本，提高企业的运营效率。三是美国制造企业在新技术的支持下，在产品设计供应方面不断深化与客户之间的互动，借助新型服务网络来对地域进行区分，在不断提高产品定制化生产能力的前提下，逐步实现最优定价，以尽可能增加产品的市场占有率。

为了提高产品在市场中的议价能力，美国制造业企业将更多的优质服务投向其产品价值链上的关键环节。在价值链的前端，制造业企业运用新的信息通信技术、研发创新服务以及物流服务进行流程再造或分解重构以充分利用全球资源、降低成本，增加制造业生产能力。在价值链后端，通过整合服务资源，使其产品更具有定制化特性，增强产品的个性化和异质性特征，通过差异化营销策略来增强企业产品的获利能力。另外，借助互联网互联互通的优势，在企业与供货商以及消费者之间建立动态的反馈机制，创造与客户合作共赢的机会，为客户提供更适宜的产品或服务。为了提高未来参与市场竞争的能力，制造业企业越来越重视相关员工在研发、商业信息管理和会计等方面的培训和学习交流。企业里专门从事市场营销、广告策划的员工比重增加，借助互联网以及社交媒体来不断拓展与客户的沟通渠道、提升交流效率。另外，基于成本-收益考虑，越来越多的制造业企业将自身提供不具有优势的业务外包给专业化水平比较高的服务提供商，从而催生更大的生产性服务市场和更丰富的生产性服务活动。①

（二）英国生产性服务业与制造业联动发展情况

大约在20世纪80年代中期，英国完成了工业经济向服务经济的转型。为了促进生产性服务业的发展，英国政府充分营造了良好政策环境，推动生产性服务业集群式发展，这成为英国生产性服务业发展的一个鲜明特征。同时，由于英国大量制造业向外转移，所以英国生产性服务业国际化服务特征比较突出，众所周知英国的金融保险业以及与船舶相关的服务业在国际上声誉显

---

① 张伟. 美国生产性服务业注重科技含量[EB/OL]，http://www.ce.cn/xwzx/gnsz/gdxw/201407/03/t20140703_3090205.shtml.

赫，影响力和竞争力都很强。

1. 英国生产性服务业快速崛起，成为英国服务业结构转变的中坚力量

在结构调整步伐加快的情况下，20 世纪 80 年代以来，英国服务业结构出现了较大变化，传统服务部门在服务业增加值中的份额出现下降，而以金融保险、房地产、租赁和商务服务为主的现代服务业增长趋势明显，特别是 2002 年前后，出现了跳跃式发展（如图 7－2）。金融保险、房地产、租赁和商务服务在服务业中的增加值比重从 1980 年的 11.45％增长至 27.98％，年均增长率为 10.21％，成为经济中增长最快的行业，而服务业其他部门的比重基本呈现下降趋势。生产性服务业逐步渗透到制造业产业链的上游（如可行性论证、产品研发设计以及市场前景调查等）、中游（如质量控制、人事管理、法律保险服务等）以及下游（如广告、物流、营销等），制造业产品中的服务份额明显增加。

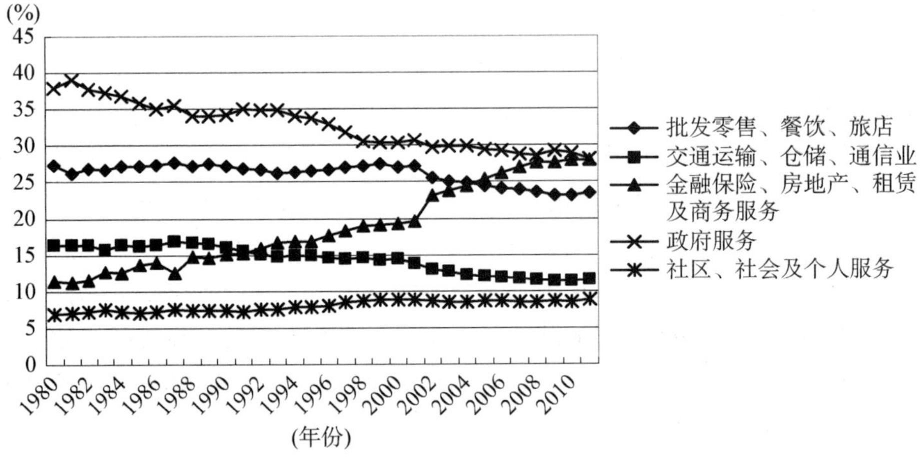

图 7－2　英国服务业中各细分行业比重（1980—2011）

资料来源：荷兰格罗宁根大学增长与发展研究中心数据库。

2. 英国生产性服务业的发展显著降低了制造业生产运营成本

20 世纪 70 年代两次石油危机对英国工业生产打击较为严重，因为作为一个自然资源禀赋并不丰富的岛国，工业发展所面临的资源环境压力越来越大，这也倒逼工业发展方式转变。英国政府也逐渐认清必须限制本土大规模制造业的发展，以减少资源和能源的消耗，逐渐转向发展对资源能源依赖程度较小的高端产品生产，并促进新兴产业发展以支撑经济发展方式的转变。因此，从

70 年代末撒切尔夫人执政开始，产业结构调整的重点就逐渐从规模型生产转向高端设计、集成、概念化产品生产，通过为新兴工业部门如微电子、光电子技术以及光导纤维提供巨额补贴的方式，支持这些技术密集型产业快速发展；与此同时，撒切尔政府大幅度减少对传统制造业部门（如纺织、船舶、钢铁部门等）的补贴，使得长期依靠政府补贴来维持生存的部门不断萎缩，这些部门的要素纷纷转向更有发展前景的行业和部门。同时加大对中小企业扶持力度，营造良好的产业发展环境促进新兴服务业业态的成长和壮大。在信息通信技术广泛应用的支持下，英国生产性服务业的快速发展为提高制造业生产运营效率、降低制造业生产成本及商务成本作出了重大贡献，比如，1980—1989 年制造业的劳动生产率提高了 50%。

3. 需求规模急剧扩大的服务外包市场成为生产性服务业发展的重要推动力

随着英国私有化改革的推进，原先置于制造业内部的大量服务环节不断实现外部独立化运作，这成为促进生产性服务发展的重要原因。因为对于以利润最大化为目标的企业而言，如果从市场采购作为中间投入的服务更有效率、且成本更低的话，那么理性的选择就是让该服务由外部组织来提供。因此，20 世纪 80 年代以后，英国生产性服务业发展基本上与制造业部门生产组织架构和业务流程的调整密切相关，制造业的结构调整为发展生产性服务业提供了充裕的市场空间，而生产性服务业的快速崛起又为制造业效率的提高提供保证。在这一历史时期，有效的经济结构调整促进了技术密集型制造业大量涌现，对生产性服务的市场需求也快速增长，各类专业化服务公司顺势而生。制造业企业从专业化角度出发，逐渐把许多将自身不擅长或不具有比较优势的非核心业务（如产品设计、物流、信息管理或金融服务）外包给专业化的公司来完成，而外部市场上存在的激烈竞争又迫使专业化服务主体为了增强自身的竞争优势，不断提高自身服务质量、效率和服务层次，同时外部服务市场的充分竞争又使得服务产品的价格更为合理，这反过来又为制造业企业节省了大量成本、拓展了其获利空间。

总体上来看，20 世纪 80 年代以来产业结构调整，促进了英国服务外包市场的急剧扩大，从以下几方面对生产性服务业和制造业的发展带来了“双赢”的格局。首先，显著地降低了制造业企业生产和运营成本，增强了企业核心竞争能力。传统上由企业内部提供的服务外包给外部专业化公司后，制造业企业自身就可以集中优势资源专注于自身的优势领域，从而提高产品市场竞争能力。其次，促进了制造业转型发展。逐渐将自身不具有优势的服务环节外包给专业化公司后，制造企业就可以将节省下来的资金用于更有前景的业务投资和开发，比如促使制造业向服务型制造转移，提高产品本身的服务含量。第三，有利于培育新的生产性服务业态。因为产业间分工的细化以及服务外包市场的扩大促使外部的专业化服务公司如雨后春笋般快速发展起来，新兴的信息服务、专业性特征明显的商务服务等部门发展迅速。

4. 集群式的生产性服务业发展模式成为其国际竞争力提高的关键

英国生产性服务业发展最重要的特征之一就是聚集式发展，这方面表现最为突出的例子就是伦敦金融业和创意产业的发展。实现集聚式发展的生产性服务业显著增强了其在全球市场竞争中的强大竞争优势，因为这种集聚式发展有利于促使不同的生产性服务部门之间分工进一步细化，形成产业发展共同体，促进默示知识在集聚区的扩散和溢出，从而有利于提升专业化生产性服务供应商服务供给的规模化和专业化水平，同时降低服务成本，最终提升该行业在全球服务市场的核心竞争力。

由于历史和现实的诸多原因，伦敦地区成为全球最为重要的国际金融科技中心之一，集聚了大量金融机构和资源，形成了在国际金融领域的显赫声誉。统计显示，在各项主要金融业务中，伦敦占据了全球20%的跨境借贷、40%的非英国股票交易、32%的外汇交易、43%的衍生品场外交易以及二级市场70%的国际债券交易。伦敦汇集了众多全球性股票和金融衍生产品交易所、保险公司和各种商品期货市场，并且具备管理服务部门提供的优质支持性基础设施。Kindleberger(1974)曾写道："几乎没有必要解释伦敦是如何成为大都市金融网络制高点的，金融体系除了以伦敦为中心外别无选择。伦敦拥有悠久的银行业传统，又是主要的港口、资本中心和铁路交通网中心；所有的优势都集中到这个地方，爱尔兰和苏格兰的不同银行体系跨越其边界与伦敦连为一体。"①伦敦地区作为全球最重要的国际金融中心，其客户和业务范围遍及全球各地，为英国创造了巨大的国民财富，比如2015年伦敦金融城的金融科技行业为英国带来66亿英镑的营业收入，高于美国、德国以及亚洲同行业竞争对手，特别是脱欧后受益于英镑贬值，金融城的金融科技企业将服务出售到海外，拥有了更大的竞争力。

另外，英国各类专业性商务服务以及创意文化产业等生产性服务产业也

---

① 王朝阳、何德旭. 英国金融服务业的集群式发展：经验及启示[J]. 世界经济，2008(3).

呈现出明显的集群式发展特征。20 世纪 90 年代以来，在政府资金、政策优惠等方面的大力扶持下，伦敦地区的创意文化产业快速发展，已经成为全球文化创意中心。伦敦创意产业的快速崛起产生了巨大的经济效应，该产业不仅是伦敦最大的产业部门之一——年产值超过 250 亿英镑(2015 年该产业产值占英国国内总产值的 7%以上)，而且近年来该产业吸纳的就业人数超过 200 万，已经超过该地区金融业的就业人数，在各产业吸纳的就业人数中独占鳌头。

(三) 日本生产性服务业与制造业互动融合发展的状况

20 世纪 80 年代以来，日本与其他发达国家一样，逐渐由工业经济步入服务经济，服务业在国民经济中的比重稳步增长。在促进制造业转型和推动先进制造业发展方面，生产性服务业发挥了重要作用。面对老龄化人口占比的增加、人口减少以及劳动力缺乏的窘境，日本政府为了促进服务经济发展，在 2006 年制定了《新经济成长战略》、在 2008 年发布了《制造业、信息业以及服务业产业政策》，力图通过产业政策来扶持新兴服务业的发展，借助劳动生产率的提高来缓解服务业劳动力缺乏问题以及制造业生产效率问题。在良好的产业发展环境里，日本的物流服务业、科技服务业、信息服务业等生产性服务业快速发展起来，同时在政府产业引导和市场机制的共同调节下，生产性服务业与制造业之间的产业关联越来越密切，生产性服务业在提升制造业、促进制造业服务化转型发展中扮演了重要角色。

1. 日本快速增长的生产性服务业推动了国民经济的发展

1960 年日本服务业增加值占 GDP 比重仅为 46.13%，到 1980 年该比重提高到 57.89%，2011 年进一步上升到 67.90%，服务业已经成为国民经济重要支撑。从服务业内各细分行业来看，传统生产性服务部门增加值占比呈现下降趋势，如交通运输、仓储及邮政业增加值占服务业增加值的比重从 1960 年的 36.78%降至 1980 年的 11.20%，但从 1980 年到 2011 年，这个部门则发展较为平稳；而金融保险、房地产、租赁和商务服务部门则呈现上升趋势(如图 7-3 所示)。

特别值得注意的是近年来日本的信息服务业、科技服务业以及物流服务业发展迅速，这些部门与制造业前后向产业关联程度也在不断提高。因此，日本生产性服务业在经济发展和产业结构演变中扮演了越来越重要的角色，对日本经济的恢复发展起到了重要推动作用。

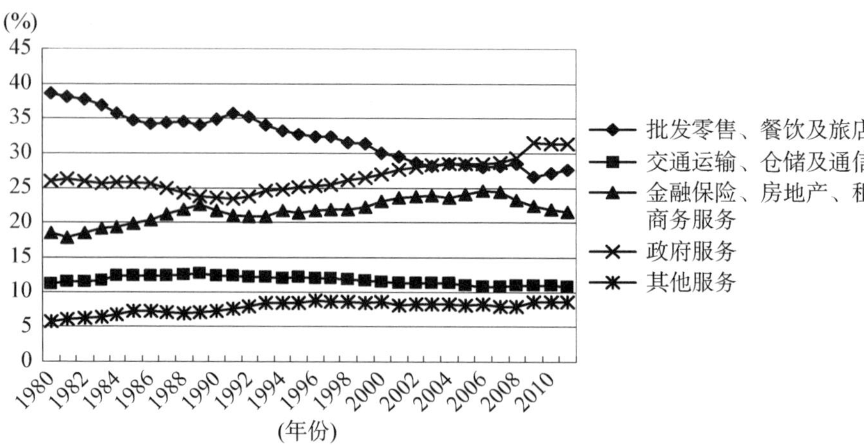

图7-3 日本服务业中各细分行业比重(1980—2011)

资料来源：荷兰格罗宁根大学增长与发展研究中心数据库。

2. 生产性服务业成为吸纳就业的主要部门

20世纪八九十年代以来，由于受日本本土资源、能源以及人力成本上升的影响，不少传统的制造业企业转向海外投资建厂，因此传统制造业部门可解决的就业人数不断下降，从战后六七十年代制造业繁荣时期的解决将近1/4的就业人口下降到2012年仅吸纳14.18%的就业人口，且21世纪以来处于持续下降的境况中。当然，这本身也受到产业结构调整的影响，但本土制造业向外转移无疑也是个重要原因。相比之下，服务业就成为吸纳和解决社会就业问题的主要部门，从表7-2可看到50年代以来服务业部门的就业份额持续上升，至2012年服务业各部门吸纳了近73%的社会就业人员，其中金融保险、房地产、租赁以及商务服务业的就业人数一直呈上升趋势，2012年该部门的就业占整个服务业就业的1/5，特别是像信息通信服务、研发服务、金融创新服务等部门的发展为高素质人才就业拓宽了渠道。

表7-2 日本服务业就业占总就业及服务业中细分行业就业占服务业就业比重(%)

行业＼年份	1953	1960	1970	1980	1990	2000	2012
批发零售、餐饮及旅店业	39.33	40.36	39.38	37.72	36.87	35.63	29.97
交通运输、仓储及通信业	12.41	10.65	10.33	9.19	8.97	8.79	8.03

(续表)

行业 \ 年份	1953	1960	1970	1980	1990	2000	2012
金融保险、房地产、租赁和商务服务业	9.97	10.05	12.33	15.20	17.79	18.67	20.24
政府服务业	25.37	24.07	22.39	22.30	21.28	22.46	30.23
社区、社会及个人服务业	5.41	4.98	5.57	6.18	8.74	9.87	10.29
服务业	37.15	44.28	52.86	61.19	62.48	67.72	72.93

资料来源：荷兰格罗宁根大学增长与发展研究中心数据库。

3. 日本信息技术服务业和科技服务业的快速发展，加快了制造业服务化趋势

日本政府将适宜于推动信息产业发展的产业政策与市场调节灵活地结合起来，促进了日本信息技术和信息产业的发展，在此基础上推进信息技术和信息产业对制造业部门的渗透，使得信息服务业与制造业的互动融合水平不断提高。由于信息技术为制造业发展乃至转型提供了强大的技术支撑，亦使得制造业成为信息服务业的最大客户。日本政府为信息产业的发展尽量创造便利条件并提供研发经费上的支持，借助信息技术服务产业化来改造制造业，着力提高制造业的信息化水平。通过提高加工生产环节的信息化、自动化、智能化和精细化水平，缩短设计和试制程序的时间，减少设计中的误差以降低制造成本、提高产品精益生产能力。并且利用信息技术来再造物流供应链，提高物流服务的效率；通过广泛应用电子商务平台、信息化营销体系和公共互联网来推广产品，推动服务外包市场规模的扩大等，促使行业之间的分工不断深化，专业化水平不断提高，以进一步推动生产性服务以及制造业产品的差异化和多样化，迎合市场对产品或服务的个性化和定制化消费需求，从而提升企业及其产品的市场竞争优势、增强其在国际同类市场上的竞争力。在信息化和知识经济发展趋势日益凸显的情况下，信息服务业的发展无疑为高端制造业服务化发展装上了展翅翱翔的“翅膀”，当然反过来看日本高端制造业的发展又是信息服务业得以快速发展的强大需求基础。

相比之下，日本科技服务业的发展则为增强制造业服务化趋势安上了强大的“心脏”。从 1996 年开始，日本陆续制订了为期 5 年的科学技术基本计划，提高对基础性和开拓性领域的研究经费支持力度，着力改善科技研发活动

的硬件设施、营造与研发活动适宜的软环境，切实提高日本技术研发领域的自主创新能力。为适应制造业转型发展的需要，日本采取一系列具体措施，完善科技创新体制，缩短科研成果的市场转化周期，提高本土研究机构的自主创新能力，强化科技服务业对制造业转型发展的促进作用。①

21世纪初以来，日本信息服务业、科技服务业与先进制造业互动融合发展态势稳定，科技和信息服务业在制造业技术装备的改造升级、经营模式的调整以及产业流程再造方面发挥了十分重要的作用，为制造业培育了一系列新的增长点，共同促进了日本经济的复苏和发展。

在工业经济逐渐转向服务经济的后工业社会里，聚集了金融、研发、营销等的生产性服务业，已经成为发达国家的主导产业，是服务业发展的中坚力量。在产业间和产业内分工日益细化的背景下，制造业以及服务业中的各部门也越来越倾向于从外部购买"物美价廉"的服务，使企业有限的资源从内部提供不具有专业知识、技术或技能以及成本优势的业务环节中解放出来，这也促使生产性服务业自身专业化程度、业务水平以及服务质量不断提高。不断分化出来的更加专业化的生产性服务正成为各国新的经济增长点，也成为各国企业提高市场适应性以及增强国际竞争优势的利器。作为发达国家整个经济中最为活跃、创新能力最强劲的产业部门，新兴的生产性服务部门正促使发达国家的产业结构、商业业态、组织管理方法以及获利模式，发生翻天覆地的变化。2008年金融危机之后，发达国家对危机的发生不断深入地进行反思和探讨，认识到其中一个重要原因就是制造业"空洞化"致使服务经济的过度发展严重缺乏实体经济的支撑。因此，发达国家纷纷推出"再工业化""制造业回归"以及"重振制造业"等发展战略或发展构想，这将有利于发达国家充分利用和发挥自身在信息服务、金融服务、科技服务等高端生产性服务业方面的绝对或相对优势，进一步加快生产性服务业与制造业互动和融合的进程，夯实整个经济健康稳定持续发展的产业根基。

二、印度制造业与生产性服务业发展的特征事实

经过20世纪80年代末90年代初的市场化、私有化和自由化改革，印度经济得到了较快发展。同样作为一个发展中大国，印度经济发展的资源禀赋

---

① 潘志，李飞. 日本生产性服务业与制造业联动发展经验及其启示[J]. 科技促进发展，2014(2).

与中国有着不少相似性，但是，通过对比分析我们也可以看到两个重要的新兴经济体在经济发展路径的选择上、在产业结构的演变方面也存在不少差异或特色。下面我们从制造业和生产性服务业的发展来具体分析印度产业发展的特征。

（一）"印度制造"整体水平不高

近年来，由于在设计理念、销售渠道等方面印度制造业产品更贴近欧美高端市场，所以在部分产品出口上具备一定的竞争优势。但是印度制造业发展整体水平比较落后却也是一个事实。从20世纪50年代以来，制造业在国民经济中的份额从没有超过20%，并且还呈现一个不断下降的总趋势，到2012年，印度制造业增加值占GDP的比重仅为14.83%。而从制造业吸纳的就业人数也可看出印度制造业的整体发展水平不高，2010年制造业的就业份额只有11.59%，绝大多数就业人口仍在农业部门以及服务业部门（见表7－3）。

表7－3　印度三大产业就业占总就业及服务业中细分行业就业占服务业就业比重（%）

行业＼年份	1960	1970	1980	1990	2000	2005	2010
批发零售、餐饮及旅店业	28.63	30.57	30.70	36.14	43.33	43.82	44.73
交通运输、仓储及通信业	10.62	14.72	14.78	13.51	16.09	16.62	18.57
金融保险、房地产、租赁和商务服务业	1.41	2.85	2.29	2.13	5.46	6.84	8.62
政府服务业	47.42	35.20	35.45	31.88	20.77	19.25	16.01
社区、社会及个人服务业	11.90	16.66	16.78	16.35	14.35	13.47	12.07
服务业	16.38	16.41	16.63	20.41	23.45	24.55	25.85
农业	71.88	71.97	72.40	66.37	59.64	57.28	54.66
制造业	9.59	9.44	9.12	10.51	11.37	11.60	11.59

资料来源：荷兰格罗宁根大学增长与发展研究中心数据库。

印度制造业在业界没有良好的声誉，甚至连印度人自己都看不起本国的产品，这可能与多方面的原因有关，比如虽然印度有大量的廉价劳动力或存在巨大的潜在人口红利，但是由于印度的教育结构非常不均衡，导致国内劳动力素质严重两极分化。能接受发达高等教育的人数非常有限，因为只有少数的高种姓阶层或精英阶层才能获得接受高等教育的机会，并且这部分人是不愿意到工作环境差、薪金待遇不高的制造部门就业的；而基础教育仍然非常落后，使得印度很多青少年受教育的机会很少，缺乏从事制造劳动的基本素质，所以制约印度制造业发展的一个重要因素就是找不到多少合适的制造业劳动力。除此之外，基础设施薄弱也是制约印度制造业发展的一个"软肋"，基础设施长期欠账，削弱了印度制造业发展潜力，比如印度的港口、公路、铁路运输以及电力供应等基础设施整体发展水平落后，缺少可靠的能源供应以维持工厂正常运转。据波士顿咨询集团估计，如果计入整体成本，印度制造业的成本只比墨西哥低5%。同时印度的投资软环境也比较糟糕：一些潜在的投资者无法获得建厂所需的土地，用工要求非常苛刻，正常情况下无法根据工厂运作状况去解聘或开除工人，比如为了规避劳动保护法、保持人事安排的灵活性，印度制造商往往只与工人签订临时协议——据估计印度大约只有16%的员工属于正式录用，这也导致工人流动性大，技能难以得到持续积累和提升。因此，工厂无法按照利润最大化的原则去组织要素投入，只能以次优规模运行。另外官僚体制积习难改、腐败以及不合理的税收制度等方面的原因也限制了"印度制造"的崛起。

（二）依靠承接服务外包来推动生产性服务业发展

虽然得益于良好的英语环境以及相对熟悉欧美专利体系，印度制造在高技术领域拥有一席之地，比如印度制造在生物、化学、电子、通信等领域优势明显，与国际上一些大型跨国企业间进行合作的空间较大，对国内生产性服务业的发展起到一定推动作用，但相对于印度这样的发展中大国来说，这些制造部门毕竟只占较小规模，能够为生产性服务业发展释放的空间不太大，因此对国内生产性服务业发展产生的需求拉动作用估计也不会太大。

印度生产性服务业特别是知识技术密集型生产性服务业的发展主要受益于80年代以来欧美国家服务外包规模的扩大。在积极参与国际市场分工、充分利用和发展自身优势中，印度服务业获得了良好的发展机遇，承接了全球近47%的服务外包市场业务，成为全球最大的承接服务外包国家，亦被称为"世界外包之都"。印度在承接服务外包中印度软件服务业在国际软件服务外包中的迅速崛起最为突出，基本上承接了全球65%的软件外包市场业务。

印度服务外包一直保持良好的发展态势，软件和服务的出口额逐年增加，在2001—2002年度软件和服务出口额只有80亿美元，而到2010—2011年度就激增到590亿美元，年均增长速度达到24.86%。在全球市场的服务外包份额中，2010年印度占据了55%的市场份额。印度服务外包市场规模的迅速扩大对印度经济发展作出了重要贡献：首先是有助于提高GDP增长速度，比如在1999—2000年度，印度软件以及基于信息技术服务的产业占GDP的比重仅约为1.2%，而到了2010—2011年度时该比重已经升至6.4%，成为推动印度经济增长的重要产业；其次创造了大量适合高层次人才就业的岗位，比如从事IT软件开发、硬件维护、基础技术平台整合的ITO[①]以及从事业务流程管理的BPO[②]就业人数从1999—2000年度的28.4万快速增加到2010—2011年度的250万，增长了近9倍，除此之外还拉动了如销售、管理以及通信等相关行业就业人数的增加。

经过多年的市场摸爬滚打，凭借着良好的商誉和优质的质量保证体系，印度已培育出一批具有世界级竞争力的大企业或企业集团，如塔塔咨询服务公司，信息系统科技公司、萨蒂扬计算机服务有限公司，这些公司已经成长为世界著名的ITO和BPO企业。在2010年全球外包100强中印度的Infosys和Tata分别位居第二和第七名。

（三）印度政府注重培育和引导高端生产性服务业的发展

面对信息化时代背景下经济全球化带来的机遇，印度政府重点制定了系列的支持和鼓励科技产业发展的政策措施，加快调整和健全与高新技术产业、服务产业发展相匹配的法律法规，充分利用各种风投基金、资本来鼓励和支持技术创新，通过立法加强和完善现代知识产权保护制度，不断规范服务外包的流程，尽力营造一个有利于服务外包健康发展的市场环境，经过不懈努力印度生产性服务业逐渐提高了在高端生产性服务市场上的竞争力。在印度生产性服务业外包市场规模不断扩大、外包空间和涉及领域不断扩展的同时，服务外包逐步实现了从ITO到BPO再到KPO[③]业务的逐步过渡和升级，服务外包业务的质量、效率和技术含金量得到稳步提升，在国际生产性服务外包市场上积累了较高的声誉。

---

① ITO是指信息流程外包(Information Technology Outsourcing)。

② BPO是指业务流程外包(Business Process Outsourcing)。

③ KPO是指知识流程外包(Knowledge Process Outsourcing)。

三、美国、英国、日本和印度推动生产性服务业与制造业联动发展的经验和教训

20世纪80年代以来，这些国家在推动生产性服务业发展和促进制造业转型方面采取了多方面的措施，比如竭力营造一个有利于支持鼓励生产性服务业发展和制造业升级的软硬件环境，注重利用新业态来改造或重构制造业发展以努力降低制造业成本、提高制造业效率，强化高端制造业和生产性服务特色部门在国际市场上的核心竞争优势，积极推动生产性服务业集聚式或集群式发展，在产业政策制定方面优先支持产业互动和融合发展，注重发挥行业协会作用等。

（一）放松管制、引入竞争，努力创设适于产业发展的公平竞争环境

如果没有一个宽松的市场环境，新行业、新业态的成长则会面临诸多障碍和阻力。纵观发达国家以及部分发展中国家生产性服务业的成长历程，我们可以清晰地看出放松管制、引入竞争对于促进相关产业发展的重要意义。因为竞争程度的提高有利于打破行业发展的僵局、提高要素配置或重置效率，而放松管制亦有利于解放资源、解放要素，让创新和财富创造活力充分涌动。激烈的市场竞争、宽松的发展环境无疑给市场主体提供了恰当的市场激励信号，引导新产业或新业态凭着对市场、技术或行业前景的敏锐商业嗅觉，积极研发新技术、开拓新市场，不断创造出更广阔的发展空间。80年代以来，美国许多科技创新型中小企业甚至是小微企业的成长壮大、金融创新不断涌现，促进各类更细化服务的专业性商务公司的诞生，以及高效的第三方物流业的出现，进一步验证了充分竞争、放松管制对新行业发展所产生的重要作用。

比如从20世纪80年代开始，美国政府就开始着手制定和推出了一系列战略规划以推动信息技术发展，采取多重手段鼓励和支持中小企业开展科技创新，促进科技成果通过市场完成转化，为科技型生产性服务业发展赢得先机。随后，美国政府又在多个行业引入竞争机制，放松管制，积极打破垄断，创造良好的外部环境，生产性服务业有了更为广阔的发展空间。比如资本市场，美国政府陆续制定和出台了一系列放松管制的政策，逐渐松绑了对商业银行发展的控制，允许银行进行跨业经营、可以从事有限的证券承销以及保险业

务，拓展了银行的业务范围，这在提高银行业经营效益的同时也降低银行业务面窄所带来的风险，提升了银行业的竞争力。放松管制让美国金融服务业获得长足发展，金融创新不断、新的金融衍生品层出无穷，金融服务输出规模和竞争能力显著提高。美国金融业发展不仅创造了大量GDP，还显著增强了美国金融业在国际金融市场上的影响力。

其他国家的生产性服务业发展都与放松管制、强化竞争有着密切关系。从英国、日本到印度生产性服务业优势产业的发展，我们同样感受到营造一个宽松、公平、充分竞争的市场环境和氛围之于生产性服务业发展的重要性。

（二）鼓励和扶持生产性服务业集群式发展，并强化生产性服务业对制造业的溢出、渗透和支撑作用

产业集群式发展的理论基础就是充分利用专业化分工与合作有利于带来效率改进的原理，在竞争中促进分工深化和加强集群内不同主体之间的合作，形成一种企业共生网络化组织，借助良好的信用、风险与冲突解决机制来提升集群发展的竞争优势和影响力。作为一种高效的产业组织形式，产业集群较强的竞争优势主要来源于集群内各个主体之间专业化、集中化、网络化分工与协作带来的知识、信息和技术流动所产生的传递、溢出和扩散效应。

美国硅谷聚集了上千家高科技企业，既有世界知名的领先企业，又有众多依附于领先企业的中小型企业，这里还聚集了来自全世界的最优秀人才、大量的风投基金以及著名的研究机构和大学。严格的知识产权和专利保护、完善的金融资本服务以及丰富充足的中介服务云集的大环境促进和实现了这些资源要素的最优组合，造就了大量科技型公司的快速崛起，也使硅谷成为全世界高科技产业发展的引擎、标杆和模范。在硅谷，科技服务业与信息服务业之间实现了充分互动和融合，同时一起与制造业部门形成产业联系紧密、互动发展的新局面，在产业发展过程中轮番掀起了信息化技术革命和产业革命共同发展的浪潮。随着信息通信技术渗透领域和影响范围的扩大，信息通信技术还不断促使以制造业为主的实体经济向服务化、网络化方向发展。依托当地雄厚的科研创新实力，信息服务业很快走出硅谷，在更广阔的区域内实现与加工制造在各个生产环节或节点的有效结合，充分降低了相关企业的商务运营成本、拓展了企业间专业化分工合作带来的效率改进空间。科技型、信息型服务业对制造业的广泛渗透也促使制造业产业链上不断形成增值潜力更大的节点或业务环节，拓展了制造业企业的获利空间，同时还帮助制造业企业改造或重

构生产组织方式和营销模式，使得相关生产性服务业与制造业企业的分工层级、融合程度大大提高。

同样，美国的华尔街、英国的伦敦城实现了金融业的集群式发展，印度的班加罗尔实现了软件外包的集群式发展。在互联网技术的支撑下，构建交互式信息交流沟通平台有利于进一步加快生产性服务业集群式发展，增强产业发展的辐射能力和协同发展能力，形成上、中、下游各产业及各部门之间良性互动的发展格局。

（三）加快发展服务外包，积极促进服务贸易的发展

社会分工深化、细化以及专业化程度的提高是生产性服务业的发展最深层原因，在信息技术发展、企业成本压力加大以及提高获利能力的共同作用下，越来越多的企业基于成本-收益考虑，选择将部分自身生产或不具有优势的业务环节外包出去。“做自己最擅长的事”已经成为许多企业的发展共识，这也是第二次世界大战后发达国家生产性服务业快速发展的重要推动力。从美国、英国、日本等发达国家以及印度等发展中国家生产性服务业发展情况可以清晰地看到这样的发展特征，制造业企业为了专注于自身的核心业务、降低成本、提升效率以及增强适应市场变化的灵活性，不断将部分业务部门取消，或将之发展成独立运作的市场主体，这种服务外包拓展了生产性服务部门发展的市场空间，也同时增强了对生产性服务的中间需求。制造业的“垂直分解”提升了生产性服务业的规模化、专业化和产业化运作的空间和水平，而生产性服务业与制造业之间的“水平融合”又直接提高了制造业运作效率，所以对双方来说是一个“双赢”的结果。发达国家企业之间以及发达国家与发展中国家的相关企业之间服务外包的频繁发生使得该市场规模急剧扩大，推动了相关产业的健康发展。

近年来，在国际贸易中服务贸易所占的份额呈现上升趋势，特别是发达国家服务贸易额在整个国家的出口中所占比重越来越大，成为带动国内生产性服务业发展的重要动力。为了鼓励和支持竞争优势明显的生产性服务输出到其他国家和地区，美国专门制定了“服务先行”的推进策略，重点促进在国际市场竞争中优势显著的信息技术、研发、金融、教育等部门的服务出口，拓展这些服务活动在全球市场的影响力和竞争力。美国在对新兴市场做了大量针对性调查研究和客观分析的基础上，努力开拓服务贸易新市场，并根据地区需求的差异性采取不同策略，通过贸易谈判为服务出口公司创造更多更好的市场准入机会。其他发达国家也都采取不同的策略努力促进本国服务出口，增强本国服务产品在国际市场上的竞争优势。

（四）借助产业政策的制定，发挥政府在产业联动发展中的积极作用

政府部门可根据对产业变化趋势的正确判断，借助产业政策的制定来对产业发展加以引导和扶持，这在一定情况下有助于帮助相关产业的快速崛起。日本生产性服务业与制造业联动发展的一个重要经验就是在遵循价值规律的前提下发挥计划调节作用，重视官商合作、促进和实现官产学紧密结合，通过各种正式和非正式途径引导生产性服务业与制造业协调发展，这方面最突出表现就是促进和加强科技、信息服务业与制造业之间联动发展的能力。自21世纪初以来，日本科技服务业、信息服务业与IT制造业以及其他高端制造业互动发展明显加强，逐步实现对制造业技术装备、经营组织模式、产业流程等方面进行改造升级，不断培育和增加制造业新的增长点，力求实现科技服务、信息服务与制造业企业互动融合发展，增强制造业产品定制化和个性化特征以引导市场需求，促进经济复苏。

当然美国、英国、日本以及印度在促进生产性服务业与制造业联动发展中也有一些教训，这为后起国家促进生产性服务业与制造业协调发展提供了警示。比如，美国在新自由主义思想指导下，对金融业监管松弛，虚拟经济严重脱离实体经济，“体外循环”过于频繁，且对金融创新产品以及金融衍生品的风险监管存在诸多漏洞，导致金融危机发生，对美国经济乃至世界经济发展造成重大破坏。其实美国金融业发展中存在的问题在其他发达国家金融业发展中也都不同程度存在着，所以，一方面要加强金融监管，防范系统性风险发生，另一方面在监管过程中又要保持适当灵活性，为金融创新留下足够空间，同时引导金融业更多地为实体经济，特别是中小企业的融资提供有效服务。在日本，由于没有清醒地认识和把握制造业发展规律以及信息化发展趋势，导致日本的先进制造业和信息服务业失去了一些良好的发展机遇，以至于对其他新兴生产性服务业的中间需求不足，使其未能在新时期引领新经济的发展，这也是造成日本“失去的十年”的一个重要原因。另外，在以上几个国家中都不同程度地存在着制造业发展出现“空洞化”或制造业发展没有受到足够重视的问题，这也导致国内生产性服务业的发展过于依赖服务业或国外需求的增加，以至于缺乏坚实的产业基础。

四、对中国促进生产性服务业与制造业融合发展的启示

从美国、英国、日本等发达国家生产性服务业与制造业发展的历程和特征事实可看到生产性服务业与制造业融合发展的态势越来越凸显，产业边界也日益模糊，良性的互动发展机制对促进经济发展亦越来越重要。因此在国内外新的发展环境和发展条件的“倒逼”下，我们要积极借鉴国外生产性服务业与制造业互动融合发展的宝贵经验，同时要汲取失败的教训，努力推动制造业实现转型发展，着力优化生产性服务业与制造业联动发展的环境，加强产业间网络化互动，推动相关产业健康发展。

（一）选择重点产业和重点区域，促进生产性服务业集群式发展

从发达国家生产性服务业发展所取得的珍贵经验来看，优先发展信息技术、科技研发和推广等知识信息密集生产性服务产业可以提升生产性服务业的整体水平和服务能力，并有助于推动制造业结构升级。另外，信息化支撑下的金融服务、物流服务等生产性服务发展水平的提高，将有利于降低企业交易费用，助推制造业发展效率的提高。集中在纽约、芝加哥、波士顿等中枢城市的美国科技服务、信息服务、物流服务、法律服务以及相关专业性商务服务在市场机制的作用下形成了集群式发展格局，进一步增强和夯实了这些城市作为科技中心、金融中心和产业发展中心在国内外服务市场上的地位、声誉和竞争力。同时，由于信息技术不断取得突破式发展、商务成本上升、竞争对手生产成本降低等原因，美国制造业发展模式发生了很多变化，其中制造业发展网络化、分散化以及郊区化趋势越来越明显。顺应于制造业产业发展趋势的改变，第三方物流、商务服务业的发展格局也随之作出了调整，这在促进原有生产性服务业发展的同时也促进了新兴服务业态的产生，使产业间分工、融合进一步发展。除美国各生产性服务业出现集群式发展外，英国伦敦城的金融业和创意产业、日本东京的金融业以及科技服务产业、印度班加罗尔的软件业等都实现了集群式发展。集群式发展带来规模经济效果明显，导致成本降低和创新能力提高，这对提升国内制造业发展的空间辐射力以及在国际服务市场中的影响力具有重要作用。

从推动我国制造业转型发展以及转变经济发展方式的需要来看，我们要重点选择和推动科技服务、信息服务、金融服务以及第三方物流平台作为近期

推进生产性服务业发展的重点领域，努力促进这些新兴生产性服务实现集群式发展，发挥和增强这些新兴产业对制造业升级转型的推动作用。近年来，根据经济发展的需要，在借鉴国外发展经验的基础上，我国各省市相继设立了众多规模不一的高新技术园区、物流园区，中心城市加快推进中央商务区(CBD)建设，力图进一步发挥和彰显相关生产性服务业发展的集群效应。但从实际产出和发展效果来看，大多数地方的生产性服务业集群多还仅是地理区域上的聚集，产业间的分工合作层次较低，网络化分工产生的溢出效应不明显，且相关生产性服务业的创新能力不强，很难在国际市场上显示出明显的竞争优势。由于缺乏区域协同发展的观念和主动意识，在相关园区建设过程中，低水平、低层次重复建设现象普遍存在。因此，在今后推进生产性服务重点产业和重点领域的建设规划中，要努力主动清理和消除区域间产业集群式发展的制度壁垒，有效整合区域内及区域间的经济资源，实现优势互补、协同发展，加快推进优势产业集群尽快融入全球产业价值链体系。构建和加强共享信息的平台建设，提高平台服务能力，推动生产性服务业与制造业实现上、中、下游各环节或节点的融合发展，以带动制造业转型发展，促进经济发展整体水平的提高。

（二）推进制造业生产组织模式革新，促进生产性服务业与制造业业务融合不断深化

随着社会分工的不断深化，制造业的发展成为生产性服务业发展的主要需求拉动力量。从发达国家产业升级和结构优化的发展历程可看到，制造业特别是先进制造业是推动生产性服务业发展的重要原因。

比如，20 世纪 80 年代开始，日本进行发展战略调整，充分发挥东京在人才、科研方面的优势，重点发展知识密集型的“高精尖新”工业，促使工业逐步向服务业延伸，实现“产学研”融合，强化服务业与制造业的互动。① 在先进制造业发展过程中，生产性服务业中的高科技产业如风险投资、商务咨询、现代物流、信息传输等迅速发展起来。

从目前我国制造业发展事实来看，虽然制造业体量和规模较大，但制造业中许多企业传统的经营观念和经营方式还没有发生根本转变，“大而全、小而全”的封闭式自我服务模式还较为普遍地存在，服务外包动力不足，生产性服

---

① 吕怀涛. 生产性服务业与制造业互动发展的经验对辽宁的启示[J]. 当代经济，2009(12).

务置于企业内部不仅增加了企业自身的运营成本、降低了企业经营效率和产品升级能力，也抑制了生产性服务专业化、产业化发展能力的提升。所以，在新的发展条件下，制造业企业应根据市场竞争的变化主动调整自身的生产方式和组织模式以适应竞争需要，将部分业务和环节外包出去，深化价值链的专业化分工，专注于核心业务能力的提升，以求降低运营成本、提升效率和竞争优势。在企业发展条件允许的情况下，积极向企业价值链的高端延伸，提升企业的服务功能。另一方面，引导和鼓励制造业企业加大投入中间服务，促进企业工艺流程不断优化、组织管理的信息化以及生产过程的智能化水平不断提高，以推动制造业企业整体经营效率的改善。

制造业是生产性服务业的重要需求基础，发达国家以及像印度这样的发展中国家，制造业空洞化或不发达都已经不同程度地影响生产性服务业的稳定健康发展。因此，在2008年金融危机发生后发达国家纷纷提出加强制造业发展的战略布局和构想，印度也试图提升“印度制造”的整体发展水平。从这些发展趋势我们可看出，在信息通信技术的支撑下，如果我国能够理顺制造业与生产性服务业互动发展的机制，将有望形成制造业与生产性服务业融合发展的良好态势。

（三）激发生产性服务企业创新能力不断提升，打造经济发展的新势能

企业具备持续的创新能力是其能够在激烈市场竞争中安身立命的根本，因为只有具备这样的创新发展能力，企业才能不断为客户提供更加多样的新产品，进而不断提高自身在行业内的竞争力。当然，创新可能包含不同方面、不同层次的内容，既包括自发创新，也包括针对客户需求变化的创新，还包含服务企业与客户的交互式创新。不管是哪种类型的创新都主要源于企业对获利机会和发展前景的敏感性，但是不同类型的创新又对应于不同的发展环境，自发创新的动力更多是源于市场竞争的加剧，对于这种创新的支持，政府需要营造一个公平的竞争环境，坚持通过市场机制来配置资源，打破垄断和不当的地方保护行径。而对于适应客户需求的创新和服务企业与客户间的交互创新则要求理顺生产性服务企业与制造企业之间的关系，在政策上鼓励和支持价值链上不同环节的企业加强合作和交流沟通，有效整合价值链上的资源，同时鼓励制造业企业突破传统观念，将部分服务环节分化出去，或根据自身优势剥离制造业务、发挥服务特长，转变为专业的服务公司。从发达国家产业发展的历程可看到，生产性服务业创新发展能力的不断提升使得生产性服务业对制造业特别是先进制造业发展的助推作用和战略支撑作用日益凸显。

目前我国生产性服务业整体发展水平较低，内部结构不合理、产业布局分散、业态种类不全等问题的存在都导致服务质量和服务能力滞后于制造业升级的实际需求，这也严重制约了生产性服务业的独立化发展。同时，研发、设计、物流、金融以及专业性商务服务等生产性服务的发展滞后，不仅限制了高端制造业的发展，也抑制了制造业服务化发展趋势。今后，我国要实现工业与服务业的深度融合，逐渐完成工业 2.0 向工业 3.0 的升级，为工业 4.0 奠定基础，生产性服务相关部门创新能力亟待提高。在转变发展观念的基础上，通过政策支持、发展环境优化，引导和鼓励更多的知识资本和人力资本进入生产性服务业以促进该部门创新能力逐渐提升。同时，强化生产性服务业与制造业的产业联动，在产业互动发展中为生产性服务业创新能力的提升提供更广阔的市场空间和机会，诱发生产性服务新业态、新产品持续涌现，为产业发展打造源源不断的新势能。

(四) 营造良好的体制政策环境，推进生产性服务业与制造业融合发展

20 世纪 80 年代以来，从发达国家生产性服务种类、数量快速增加以及产业规模、服务质量和效率快速提高的事实，我们可发现其中一个重要原因就是政府管制的放松和业内竞争的加剧。因为过严的管制将导致其他资本进入相关服务业准入门槛过高，这将变相地制约了行业竞争、保护了先行进入的企业和资本，造成垄断现象的产生，导致产业发展效率低下，过度保护也会在无形中扼杀企业的创新热情和创新动力。因此，放松对服务业管制、营造一个充分竞争的市场氛围有利于吸引更多资本和人才进入服务行业，促进行业创新发展能力的提高。反观我国服务业或生产性服务业的发展，我们可看到正是过高的进入门槛限制了社会上富余资本的进入，长期受保护的服务部门不仅服务水平不高，服务的效率还很低，产业创新发展的激励明显不足。在今后改革的过程中，全社会要尽力为生产性服务业发展创设一个自由竞争的发展环境，不断降低制造业和生产性服务业准入门槛，简化行政审批手续，鼓励和支持符合条件的制造企业开展融资租赁、消费信贷、工程和设备总承包等相关服务业务。构建公平的竞争性市场秩序，鼓励竞争，努力打破部分服务行业的垄断格局，改变过往重视制造业发展、轻视服务业发展所制定的带有歧视性的产业政策、土地使用政策和财税政策，积极引导和催生生产性服务新产业、新业态的成长和壮大。在政策引导下鼓励企业与研发机构及科研院所形成产学研协同创新联盟，加快科研成果社会转化效率，提升企业产品适应需求结构和需求层次变动的能力。在良好的发展环境里，促进生产性服务业与制造业深化合作、实现融合发展。

伴随着中国不断融入全球化进程，世界每个角落都有“中国制造”的身影，中国已经成为全球重要制造基地，中国制造业的庞大体量为生产性服务业发展奠定了坚实的产业基础。在今后改革过程中，我们要在借鉴国外产业发展经验的基础上，尽力为产业间形成紧密的分工和合作关系营造良好的市场环境和市场秩序，在企业逐利动机的诱导下推动生产性服务业与制造业互动融合秩序的自发扩展，这是解决生产性服务业与制造业发展困境、推动产业结构优化升级和提升经济发展效率的重要方向。

第二节　生产性服务业与制造业互动融合的路径和启示

——基于典型企业的案例分析

结合发达国家产业演变的经验和教训以及当前的现实情况——如消费者需求的动态化明显、经济全球化趋势增强、竞争加剧和技术进步加速等，我们发现制造业与服务业特别是生产性服务业之间共生关系不断强化、业务边界日益模糊或出现漂移，企业不得不经常调整或重新选择边界，或构建新的商业生态系统来增强自身的竞争优势、适应消费者需求的动态变化以及竞争环境的变化。所以，总体来看，制造活动和服务活动之间的互补性融合发展趋势日益增强，制造业服务化、生产性服务业产业化或基于新的商业生态的共生融合模式逐渐成为许多企业发展转型的现实选择。而制造业与生产性服务业的融合、互动和动态匹配的实现，微观上有助于企业重新获得竞争优势、增强企业的价值创造能力、改善企业的财务绩效；宏观上有利于提升经济发展的质量和效率、推进和实现产业结构优化升级。本节主要通过对典型案例的剖析来总结制造业与生产性服务业互动融合的生动经验，为加快中国制造业与生产性服务业互动融合提供有益的参照系。

一、典型案例的基本描述

在前文的理论分析部分已经指出生产性服务业与制造业的互动融合主要

通过产业链或价值创造环节的延伸和整合来实现。在现实的市场竞争中，企业会根据对实际情况的分析和把握，在产业链或价值创造环节的延伸和整合中采取最适合自身特点的方式，比如有的逐步放弃或剥离公司价值链上原来的主要环节和业务，去重点发展更有前景的部门或环节；有的充分利用和发挥自身优势，打破原有价值链，通过重新构建新的商业模式来打造自己新的营利模式；有的则是在集聚优势的基础上向服务环节延伸，努力树立公司"产品＋服务"的解决方案商和系统服务商形象。因为案例研究一般要求案例具有极端性和典型性，所以本研究的案例选取也是综合考虑了案例的代表性、成功性以及数据资料的可获得性。另外，考虑到生产性服务业与制造业的融合互动在信息技术产业和先进制造业中表现更为明显，所以本节所选取的案例主要有四个企业：IBM、微软公司、苹果公司、三一重工，这些企业都是行业中的佼佼者，其转型发展中所积累的经验非常值得其他企业学习、借鉴和推广应用。

（一）IBM的发展转型

IBM(International Business Machines Corporation)，即国际商业机器公司，至今已有100多年的历史，在其百余年的发展历程中主要经历了三次大的发展转型，逐步由最初制造打孔卡片数据处理设备的公司成长为全球最大的计算机制造商并进一步转型成为全球最大的信息技术和整体业务解决方案提供商。1911年，老沃森创建了CTR公司，主要制造打孔卡片以用于记录数据，1924年改名为国际商业机器公司(IBM)；1951年开始，公司决定投入大量经费来研发商业电脑，在20世纪的五六十年代，IBM陆续在新兴的电子信息领域投入了巨额研发经费，成功研制出第三代电脑System 360，引领世界进入电子计算机时代；但IBM在1992年会计年度亏损达49.7亿美元，公司严重的财务损失也迫使公司经营转型。经过周密的市场调研和对行业发展前景的细致思考，IBM在20世纪90年代中期，制定了公司向软件服务业转型战略，即由一家重点提供硬件产品的公司转向主要提供软件和服务的整体解决方案公司。在转型初期，IBM花巨资收购了Lotus软件公司，并购了Tivoli系统公司。2002年，收购普华永道咨询公司。2004年，IBM将个人电脑业务打包出售给联想集团。2006年，将打印机业务出售给理光公司。到2014年，IBM又将X86服务器硬件出售给联想，进一步剥离低利润的硬件业务，2014年电脑硬件业务收入仅占总收入的11%，公司的业务重点越来越转向为客户提供优质的咨询、服务和软件，服务性收入是公司主要利润来源。

IBM的每一次发展转型都是对时代脉搏的精准把握，当然背后更为重要的原因则是IBM倡导的“Think”文化，对技术研发投入的重视，对客户需求动态变化的敏感性，对产业边界的适时调整和选择。“随需应变”是IBM的经营理念，这一理念也生动地概括和体现了在激烈市场竞争中所有企业生存和发展的最基本准则。IBM发展转型作为经典案例具体地展现了一个制造业企业如何通过发展战略的调整、产业边界的选择以及对客户需求变动的积极响应来实现生产性服务业与制造业的互动、协调和融合发展。

（二）微软公司

从一个最初建立时只有3个人的公司发展到今天的大型跨国公司，比尔·盖茨是一个传说，微软（Microsoft）更是一个令人难以置信的神话，至2013年，微软公司几乎占据了市场的每一空间，将市场占到了极致。

1975年比尔·盖茨和其他两个合伙人成立了微软公司，在后续的十年时间里主要给IBM、苹果公司、无线电器材公司的计算机开发软件。在20世纪80年代微软与IBM合作开发的MS-DOS也逐渐被多家公司特许使用，MS-DOS成为个人PC的标准操作系统，微软的产品也快速占领了全球PC机市场。1984年，微软的销售收入超过1亿美元，从此，微软的王者气势也无人能比。1985年，微软成功开发出Windows 1.0，这标志着微软正式进入操作系统领域，也预示着对软件市场垄断的开始。在公司强大的研发实力支撑下，在Windows3.X系统之后又陆续推出独立于DOS系统的Windows95/98/NT/2000/ME/XP/Vista/2007等系列操作系统，市场占有率持续攀升，成为全球最大的软件供应商。微软公司在保持核心业务持续发展的同时，积极拓展公司的产品范围，在文件系统软件和环境操作软件的基础上开发出应用软件、多媒体和计算机游戏数据库软件及其他相关产品。公司快速的研发创新能力为客户提供了优质满意的服务产品，市场认可度和客户忠诚度显著提升，这又进一步巩固了微软在市场和行业中的优势地位，在全球市场的占有率不断提高。而强大的产品研发实力和较高的市场占有率也促使计算机制造企业必须采用微软的BASIC语法以及其他功能以确保与现有微软产品兼容，其他软件开发企业在新产品研发时也必须以微软操作系统为平台，这就使得微软产品逐渐成为市场公认的标准。由此可看到微软虽然不直接生产计算机，但微软却牢牢掌控了计算机价值链的关键环节。鉴于计算机产品使用的特殊性，在使用过程中我们也看到该产品持续的附加价值（如使用的高效率、使用中的愉悦程度等)体现在软件的持续或经常性的更新中,而微软把控的恰恰是价值链中的关键部分。同时,微软为支持自己的特殊软件产品也开始涉足部分硬件产品的制造,如生产微软鼠标用于鼓励用户使用微软操作系统图形用户界面,购买互联网设备公司 WebTV 支援 MSN 互联网业务,推出 Xbox 系列游戏机。①

微软的发展历程让我们看到了微软是如何一步步占领市场,成长为一家软件技术实力超强的跨国公司的,但是在微软的发展过程中也时时面临着新的挑战,也要不时地去思考公司的发展转型。而事实上,微软在转型发展的路上走得并不顺当,甚至屡次错过市场前景广阔的领域。微软长于软件的研发和销售,但一旦"跨界",其灵感和灵活能力就显得不那么游刃有余。长期以来,微软就试图从一家软件公司转向服务公司,在过去的十多年时间里,微软屡次与搜索引擎、智能手机、平板电脑、电子书和社交网络(SNS)擦肩而过,以上这些"新鲜事物"中的大多数,微软都试过,但都没取得突破,因而也错失了进入相关新兴市场的机会和企业发展转型的良机。

微软这一经典案例主要展现了生产性服务业通过影响制造业来推动和实现二者价值链上的融合和互动,而与此同时,微软发展中面临的"转型之困"也让我们看到一个公司在做自己最擅长的事情、为其他客户提供优质服务的同时,也要在价值链上"深耕"——不断拓展、开发新业务和新领域,强化自身与其他客户甚至对手互动中成长壮大的主动意识。

(三) 苹果公司

1976 年,史蒂夫 · 乔布斯、斯蒂夫 · 沃兹尼亚克和罗 · 韦恩(Ron Wayne)三人创立了苹果电脑公司,2007 年更名为苹果公司,总部位于美国硅谷的中心地带。创立之初,苹果电脑公司主要设计、制造和销售个人电脑,在随后跌宕起伏的发展岁月里,苹果公司的业务范围不断扩大,截至 2014 年公司经营业务范围包括设计、开发和销售消费电子类产品,计算机软件,提供在线服务和生产个人计算机。

相比其他同行业企业来说,苹果公司最大的优势就在产品的设计和软件开发领先对手,这也是苹果公司的价值理念(Think Different,即不同凡响)和产品理念(追求完美、不断创新)的生动体现。在重视消费者体验的前提下,公

① 芮明杰等.产业发展与结构转型研究——基于价值链重构:上海生产性服务业与先进制造业动态匹配研究[M].上海:上海财经大学出版社,2012:144.

司通过创新不断推出更多更丰富的简洁、实用、个性化的产品。从20世纪70年代推出Apple II开始，苹果公司生产的硬件产品主要包括Mac电脑系列、iPod媒体播放器、iPad平板电脑、iPhone智能手机；提供的在线服务包括iCloud、App Store、iTunes Store；生产的消费软件包括OS X和iOS操作系统、Safari网络浏览器、iTunes多媒体浏览器，以及iLife和iWork创意和生产力套件。在众多的高科技企业中，苹果公司以强大而持续的创新能力享誉全球，公司超强的创新能力既体现在持续推出满足消费者需求变化的新产品上，又体现在苹果商业模式的创新上。围绕苹果个人电脑的核心平台，延伸出系列的苹果附属硬件产品（如iPod，iPhone，iPad）和辅助硬件产品（如Airport，Time Capsule）。由于iPod，iPhone，iPad都是封闭式产品设计，只有与个人电脑连接时，在iTunes软件环境下才能实现数据传输，这一方面强化了消费者对苹果关联产品使用黏性，同时也构建了苹果产品内部良性循环的生态系统，并为系列新产品的后续开发和推出提供了广阔空间。

苹果公司在软件产品开发和销售方面的创新更是有别于传统的软件开发企业。苹果开发的iTunes软件奠定了苹果公司在全球网络音乐销售市场的领先地位，苹果音乐下载收入一直保持较高的增长速度。在销售上，从2001年第一家自营专卖店开业，到2015年第一季度，苹果公司在全球16个国家建立了453家App Store，苹果公司的许多硬件产品需要通过App Store购买第三方软件，这也使得大量第三方软件开发商针对苹果系统来开发软件，从这些付费下载软件中苹果公司获得一定比例的分成，App Store打造的第三方软件平台为苹果公司带来了持续的收入流。

由此可见，在苹果的商业模式中，除生产环节外，产品价值链上的研发、人力资源、营销、服务等都牢牢地控制在苹果公司手中，而这些环节也正是价值链的高端。苹果公司的开放式创新商业模式深刻地影响着全球电子信息产业乃至其他相关产业的变革和发展。

（四）三一重工

三一重工隶属于三一集团有限公司，成立于1994年，通过打破国人传统的“技术恐惧症”，坚持自主创新，迅速崛起。公司成立后，三一重工以年均50%以上的速度增长，经过二十多年的技术研发积累和不断的市场开拓，逐渐成长为行业中的翘楚。目前公司已经发展成为全球第五、中国最大的工程机械制造商。2013年，公司实现营业收入373.28亿元，净利润29.04亿元。

秉承着“品质改变世界”的强大信念和神圣使命感，三一重工每年用于新技术研发或重大关键技术攻关的研发经费占销售收入的 5%—7%，力图不断将产品品质以及技术水平发展至世界一流水准。在 2005 年和 2010 年，公司凭借超强的技术创新能力，两次斩获“国家科技进步二等奖”的桂冠，2012 年又荣获“国家技术发明奖”二等奖，也成为工程机械行业在中华人民共和国成立后获得的最高荣誉。截至 2015 年年底，三一重工已累计获得国家专利近 7 000 件。通过自主创新，公司的多款产品不断刷新世界纪录，在全球同类产品的市场竞争中脱颖而出，也不断赢得了来自全球客户的信赖，这无疑是在发展中推动“中国制造”逐渐走向世界一流的行列。

与一般的制造业企业相比，工程机械设备制造的技术壁垒比较高，产品的制造、安装工艺复杂，需要许多专业性知识和大规模专用性资产投资，而这些也正是机械工程制造企业核心竞争力的体现。三一重工成立以来取得的骄人成就一方面凸显了企业发展中重视创新、鼓励创新、勇于创新、不断追求卓越的企业文化和价值引领的作用，而另一方面企业在不断进取精神的激励下给客户提供安全可靠、优质高效的产品和服务也恰是企业在激烈市场竞争中生存发展的制胜法宝。为了营造一个良好的创新氛围和创新环境，三一重工搭建了一个开放式创新平台，在灵活的决策机制、完善的培训机制、不拘一格的人才选拔任用机制等共同作用下，公司吸引着全国乃至全球优秀人才的加盟，组建起多支优秀研发团队。也正是在这样的企业文化和价值引领下，三一重工才在激烈的市场竞争中一路披荆斩棘，不断赢得客户的信赖、不断开拓出更广阔的世界市场，潜移默化地改变着世界对“中国制造”的印象。

三一重工所取得的辉煌成就还与企业重视产业链下游的营销和服务网络建设紧密相关。鉴于工程机械设备细分产品种类较多，且各类产品的目标市场、目标客户或市场容量存在较大差异，三一重工在产品销售过程中有针对性地采取不同营销方式，在充分整合公司内部营销渠道和外部市场资源的基础上，较快构建了更为畅通快捷的营销网络。三一重工在全国已建有 15 家 6S① 中心，中心除了提供 6S 服务外，还为客户提供法务支持、融资支持、二手机交易、旧件回收、产品租赁、工程信息咨询和整体施工方案设计、设备翻新与改造、特约或定点服务等业务支持和服务拓展。在“嫉慢如仇、追求卓越”的三一

① 6S 包括：主机销售(Sales)、售后服务(Services)、零配件供应(Sparepart)、产品展示(Show)、专业培训(School)、市场信息反馈(Survey)这六项功能。

作风的浸润和熏陶下，企业通过提供专业化、高标准、一站式永久性服务，消除客户使用公司产品的后顾之忧，有效地绑定了客户关系，强化了客户对公司产品的信赖和黏性。在未来的几年时间里，三一重工还将逐渐在全国更多的大中城市建设更多的6S中心，提高服务便捷性和时效性。自主的经营机制、完善的销售服务网络、独特的公司发展理念，促使企业不断将优秀的服务贯穿于产品的全生命周期，并坚持每年斥资为客户提供大量的增值服务。2011年，三一重工泵送事业部推出"一生无忧"（一省五优的谐音）服务承诺，在业内首次用量化的数字在服务速度、服务质量和成本节约等方面对客户做出承诺。此外，三一重工还构建了SanyGSP系统，对全球的供应商进行集成管理。优秀供应商是企业的重要资源和合作伙伴，通过SanyGSP系统，三一重工与这些供应链上供应商形成了良性互动的伙伴关系，使相关信息在合作方之间充分流动，有助于各方及时做出正确抉择，实现企业自身和供应商的"双赢"。

由此可见，三一重工不仅是优质产品供应商，还是解决方案和系统服务供应商。通过开放式创新平台、立体营销网络和平台的搭建有效地整合了融资、研发设计、设备制造、工程建设、项目运行、人力资源、营销渠道等关乎企业发展的关键要素，实现制造与服务的无缝对接和相互支撑，形成连锁经营网络化运作，在充分集聚全球资源的同时为客户提供专业化和个性化的优质服务。

二、生产性服务业与制造业互动融合的路径

随着信息技术应用深度和广度的拓展，制造业与生产性服务业的边界日益模糊，二者的融合共生、形成一体化产业体系的趋势明显增强。"今后几十年内，在世界制造业的竞争中取得成功的关键，是能够把有形的产品和无形的属性结合在一起，从而生产出令人满意的产品。"[①]这种产品被麻省理工学院的经济学家称为"服务增强型产品"，显然这种产品是对客户需求变化动态响应的体现。面对越来越"挑剔"的客户，制造业产品实现价值增值也越来越依赖产品的创意、新颖、时尚、便利、可靠、定制化以及人性化等特征的支撑，用户的体验和对产品的认同无疑是产品取得成功的关键。因而服务增强型产品的生产和提供与产品研发设计、品牌营销、物流、供应链管理、金融服务等诸多服务

---

① S. 博尔格，R. 李斯特. 香港制造——香港制造业的过去. 现在. 未来[M]. 侯世昌等译，北京：清华大学出版社，2000：34.

环节是紧密相联的，这些环节也是价值增值的关键环节。

不同类型的制造业或生产性服务业在实现制造与服务互动融合时采取的融合方式存在一定差异，但总的说来，融合无非通过外部并购、价值网络或内部拓展（纵向整合）来实现。以上四个案例中，IBM从硬件制造商向整体方案提供商的转变主要是通过在逐渐剥离制造业务的同时进行外部并购来实现；微软是通过嵌入和渗透到硬件设备制造业的价值链中并控制价值链关键环节来不断壮大；苹果公司通过商业模式创新来打通硬件与软件、制造与服务的连接通道，借助价值网络的构建促使制造与服务融合；三一重工则主要是通过内部拓展来实现资源整合，并实现向服务化制造的转变。

（一）IBM主要通过外部并购来增加公司服务种类、扩大服务范围，实现公司主营业务转型

20世纪90年代，IBM面临的严重财务危机迫使公司寻找新的出路，也促使公司再次站在了转型的十字路口。经过周密的调研和对市场需求的深入分析，IBM发现客户迫切需要系统的整体解决方案来处理复杂的软硬件整合问题，以此市场需求为转型的切入口，IBM开始寻找市场上优质的服务供应商。起初，IBM花巨资收购了Lotus软件公司——全球领先的Intranet平台与通信软件供应商，借助该子公司IBM为客户提供优质的协作解决方案；并购了Tivoli系统公司，借助该子公司IBM为其他企业使用IBM产品提供智能基础设施管理解决方案，帮助客户在“随需应变”的世界中洞悉和主动管理IT系统的商业价值，对这两个公司的并购使得IBM进入了更广阔的软件服务市场，增加了公司的服务种类、拓展了公司的服务范围。2002年，收购普华永道咨询公司，进一步提高了公司的咨询服务能力。2004年，IBM将亏损的个人电脑业务打包出售给联想集团，2006年，将打印机业务出售给理光公司，到2014年，IBM又将X86服务器硬件出售给联想，进一步剥离低利润的硬件业务。公司业务重点越来越转向为客户提供优质的咨询、服务和软件，服务性收入是公司主要利润来源。

审视20世纪90年代中期以来IBM对外部系统服务供应商的并购和硬件业务不断剥离的历程，我们可清晰地看到IBM是如何实现从一个制造业企业逐渐转型为生产性服务提供商的，IBM在业务转型的过程中不断通过外部并购将行业内优质丰富的知识资源、人力资源、客户资源与企业文化整合在公司提供的软件、硬件和知识服务中，借助横向一体化促进硬件、软件和

知识的动态匹配和融合，最终成功转型为全球最大的信息技术和整体解决方案提供商。

（二）通过嵌入和把控制造业价值链关键环节，微软实现了生产性服务与制造业务的融合

微软是全球最大的软件公司，也是一个典型的生产性服务公司。微软在价值链上的嵌入主要通过与电子信息制造业的结合来实现，而微软发展壮大的历程也生动地体现了微软成长的主要特征。作为一家提供软件服务的企业，微软产品首先必须依附在特定的硬件产品中才能体现或实现它的存在价值。与微软合作的在市场上迅速普及的 IBM 以及其他制造企业的电子硬件产品，为微软产品的推广提供了必不可少的物质载体。微软产品在市场占有率快速提高的同时，也培育出一大批忠实客户。而微软不断推出更新的系列软件产品的同时，其市场占有率的迅速提高又使得更多的计算机企业必须采用微软的语言和其他功能以确保与微软现有产品兼容，其他软件企业在研发新产品时也不得不以微软的操作系统作为平台，在多重路径依赖机制的作用下，微软产品成为市场公认的标准。微软产品借助其他制造企业的产品进入价值链关键环节，加强了微软对制造业行业的渗透能力，强化了这些制造商对微软产品的依赖程度，增强了微软对价值链的控制和治理能力。微软为了进一步体现和强化本企业特殊软件产品的使用效果，也开始涉足部分硬件产品的制造。微软案例说明生产性服务业可以通过对制造业企业施加影响来推动二者融合。

（三）借助商业网络的构建，苹果公司实现了制造业与生产性服务业在拆分基础上的重新融合

苹果公司商业模式的创新最突出之处表现在实现硬件和软件的完美结合，打造硬件和软件两大平台，形成外延封闭但内部生态良性循环且能够无限拓展的产品系统。在坚持技术创新的基础上，苹果公司硬件的设计研发力求达到技术和艺术的完美结合，公司的 LOGO——被咬了一口的苹果也寓意苹果公司偏执、创新、注重智慧、朝气、富有生命力的企业文化和设计理念，而恰是企业的这种近乎痴狂的不懈追求使得企业的产品成为全球时尚潮流的标杆，并赢得了无数忠实“果粉”的狂热追捧。20 世纪 90 年代以后，苹果公司商业模式取得成功的另一个重要原因就是充分利用价值网络来降低成本、提升效率，从而达到在保持业界领先地位的同时不断开拓更大获利空间。苹果公司经历了20世纪80年代中期到90年代中期近10年的挫折期后，逐渐意识到要充分利用全球分工的益处，苹果公司在不断强化自身研发设计优势的基础上将具体的生产制造业务进行全球布局，苹果的制造环节主要外包给不同国家和地区的不同企业，比如LG提供液晶显示面板、三星提供内存和其他原件、英特尔提供中央处理器、英伟达和AMD提供图形处理器、博通提供Wi-Fi芯片、英飞凌提供基带芯片、安谋国际科技负责处理器架构设计、希捷提供固态硬盘、富士康进行组装。[①] 苹果公司将制造环节外包给其他制造商不仅有效地降低了企业生产组织成本，确保产品的上市价格是消费者可接受的，同时也使得苹果自身设计研发的优势得到了充分彰显。

可见，苹果商业模式的成功得益于打通了制造业和生产性服务业两条价值链，在产品研发方面既强调自主研发、技术封闭，又强调垂直整合、关注整体；在生产上将制造环节分包出去；在产品销售上自营专卖店、网上商店和经销商代理销售结合起来，这种立体的商业模式将价值链上的产品制造和服务供给进行了完全拆分，而后根据产品设计和业务发展需要又进行重新匹配，在分工协作和资源整合基础上实现生产制造和生产性服务供给的真正融合，从而创造更多的价值增值并产生强大的竞争优势。但这样的商业模式创新取得成功的关键还与企业对价值链或价值网络中核心技术、产品和服务平台的有效掌控紧密相连。苹果公司商业模式成功的关键就在于其掌握了价值链关键环节，如充分发挥自身优势和利用外部资源、重视研发并推出受消费者欢迎的创新性产品、借助技术封闭模式阻止了竞争对手模仿、利用生产制造环节的外包来降低生产成本和提高生产效率、建立强调消费者体验的自营专卖店和强调购买便捷的网络商店来销售产品。[②]

（四）通过内部业务拓展，三一重工不断向价值链两端攀升，加快制造与服务整合

随着产品复杂性程度的提高以及市场竞争激烈程度或饱和度的提高，服务增强型制造业产品中“服务”的含量愈加重要，“服务”成为增强企业竞争优

---

① 网易科技. 福布斯：苹果生态产业链上的十大企业[EB/OL].[2010-2-10]. http://tech.163.com.

② 刘刚，熊立峰. 消费者需求动态响应、企业边界选择与商业生态系统构建——基于苹果公司的案例研究[J]. 中国工业经济，2013(5).

势的重要内容和手段。三一重工首先是一家先进机械工程设备的制造商，在发展过程中逐渐认识到不仅要为客户提供高质量产品，更要为客户提供优质的售前、售中和售后服务，三一重工的一位副总曾说过“三一重工不是赢在产品而是赢在服务”。

借助各类平台建设，三一重工通过拓展内部业务或纵向整合不断将企业价值增值的关键环节向价值链两端推进。一是搭建创新平台，整合内外部科研资源，提高企业技术管理创新能力。重视和强调企业研发的人财物投入，通过创新平台的搭建和合理有效激励制度的制定实施，在整合企业内部资源和强化与外部科研机构合作的联合推动下，企业在技术研发、产品设计和智能化生产运作等方面获得了多项重大进展和突破，大大提高了企业技术水平、智能化标准化生产管理水平。二是构建全球供应商门户系统，对全球供应商进行集成管理。三一重工在产品生产过程中需要大量零部件作为中间投入，为了高效地获得生产中需要的其他配件，降低企业采购成本、提高决策正确性和采购效率，也为了合作伙伴能够及时地了解三一重工的需求变化、合理安排生产，企业以“服务于业务需求”为出发点构建了全球供应商门户系统——该系统涉及计划协同、订单协同、物流管理、财务管理、信息反馈等多项核心业务流程。该平台的搭建有效地强化了三一重工与其他供应商之间的协作关系，也降低了企业采购成本、库存成本、物流成本等，提高了企业的管理效率。三是搭建营销和服务网络平台，提高了企业对市场供需信息的准确把握能力、扩大了服务的覆盖范围、提升了企业服务的专业化、标准化水平，消除了客户使用本公司产品的后顾之忧。完善的营销和服务网络的搭建提高了客户对公司产品的黏性和忠诚度，给客户带来更多增值的同时，企业获得了更大的增值空间和增值机会。

当然，三一重工作为企业产品价值链上的重要集成商，其业务重点是工程机械设备的制造，为提高对价值链的治理控制能力，企业需要不断强化与产品制造紧密相关的研发、销售等服务环节。在进行内部业务拓展的同时，企业也要与其他的生产性服务提供商结成合作同盟，将所需的一些生产性服务外包给市场上专业化的生产性服务供应商，如三一重工的 SanyGSP 系统（全球供应商门户系统）外包给上海匡维信息技术有限公司，该公司负责提供该系统的设计和解决方案。另外，三一重工还非常重视与科研院所或机构进行合作研发以充分利用内外部资源。

三、经验和启示

整体上来看，随着市场竞争进一步加剧，客户需求动态变化是驱动生产性服务业与制造业融合发展的主要动力，而信息技术的发展和广泛应用为生产性服务业与制造业的融合发展提供强大的技术支持。从不同企业内外部情况来看，企业面临的环境不同，与其他企业融合发展的驱动力不同，融合路径和融合模式也会存在诸多差异。

（一）典型案例蕴含的生产性服务业与制造业互动融合的经验

通过对以上四个典型案例的分析，我们可看到生产性服务业与制造业的互动融合发展应关注以下几个方面：

1. 对客户需求动态变化的敏锐把握和响应是产业融合发展的重要前提和驱动力

在现实生活中，与社会技术进步和经济发展紧密相连的消费者需求永远处在动态变化之中。技术的革新与进步、经济发展水平的提高在满足消费者现有需求的同时，又会促使消费者产生更高层次或更多样化的需求欲望，而对新的潜在需求的满足又依赖于微观的市场主体对之做出的反应，或者说企业对消费者需求变化做出正确反应正是企业能够实现营利并不断获得发展的根本动力。

在公司面临严重财务危机之时，IBM通过对市场的全面调研和分析，发现客户迫切需要系统的整体解决方案来处理复杂的软硬件整合问题，并迅速组织和整合公司内外部资源来针对性地满足客户需求，这对公司发展来说无疑是至关重要的战略调整。微软系列软件产品的推出也是在敏锐把握消费者需求变动的基础上做出积极响应的结果，微软公司在与消费者互动中不断对产品进行改进和创新，从而给消费者提供更多更加人性化、更加便捷、更加功能丰富的产品，积累越来越庞大的基础客户群。苹果公司在响应消费者需求动态变化方面表现得更加优秀和突出。在乔布斯重新掌管苹果公司时，正是因为公司准确地捕捉和把握了消费者需求的变化才有了苹果的复兴与繁荣。苹果公司不仅重视消费者的感觉体验和使用体验，如产品的外观、质地、功能和性能，也重视消费者使用硬件产品产生的衍生需求，如相关软件的下载、使用等，公司强调产品的简单、易用和人性化，特别重视消费者体验，最大限度地给消费者提供便利，如一站式服务，从而使公司拥有了众多铁杆“果粉”。在现实经济生活中，以一己之力很难迅速高效地响应消费者需求的动态变化，产业链上的大企业就会根据实际情况对产业链的相关环节进行资源整合。产业间或企业间资源要素的整合或融合不仅强化了公司自身竞争优势，还增强了公司对价值链的治理能力，提升了公司的核心竞争力。

2. 适时地调整和恰当地选择产业边界是实现产业互动融合的重要内容

企业或产业边界的调整和重新选择本质上是一种配置资源方式的调整，适时地调整和恰当地选择产业边界有助于更好地集成和利用内外部资源、提高资源配置效率，从而更优质高效地满足客户需求、降低生产和交易成本，从而确立自己强大的竞争优势。在市场竞争日趋白热化的大背景下，企业之间的竞争已不仅仅是企业自身能力和资源的竞争，也是与之相关联企业能力和资源的竞争。[①] 在市场交易成本较低的环境下，企业若充分且巧妙地利用自身的核心能力和资源有技巧地选择企业边界，达成多方合作、结成合作伙伴同盟，就可以获得更多的市场接口。加强对企业内外优质资源要素的整合就能够间接性地获取甚至控制更多优质资源和要素，从而进一步增强企业的核心竞争力。

在进行业务转型的过程中，IBM 就巧妙且成功地整合了服务行业的优质资源和要素，如巨资收购了 Lotus 软件公司，并购了 Tivoli 系统公司，收购普华永道咨询公司，通过企业边界的调整和选择，IBM 大大提高了服务、咨询、软件等方面的供给实力和竞争优势，成功地为客户提供优质高效的系统解决方案。

而苹果公司也正是由于合理地调整和选择了恰当的企业边界，在充分发挥自身在软硬件方面研发创新优势的前提下，最大限度地开发和利用外部资源才能够持续地推出备受消费者欢迎的创新性产品，给消费者带来一个又一个惊喜。如苹果公司将生产制造环节外包给其他优质的供应商既降低了生产成本又提高生产效率，使苹果的价格被广泛的消费群体接受；通过建立自营专卖店和网络商店来销售产品，既体现了对消费者体验的重视又突出了企业愿为消费者提供更便捷服务的理念；企业既强调关键技术的封闭研发模式以阻止竞争对手的模仿，又构建开放式创新平台来鼓励和寻找更多创新资源。因

---

① 刘刚，熊立峰. 消费者需求动态响应、企业边界选择与商业生态系统构建——基于苹果公司的案例研究[J]. 中国工业经济，2013(5).

此，苹果公司在对企业边界灵活调整和选择过程中不仅更好地满足了消费者需求，还有效地提升了公司的竞争优势。

3. 企业持续的创新能力是实现业务拓展和融合的重要基础

在激烈的市场竞争中，创新无疑是驱动企业发展的重要引擎和不竭动力。因此，无论是制造业企业还是服务型企业要想生存和发展下去，企业强大的创新能力是公司至关重要的核心竞争力。在现实经济生活中，一个企业若想敏锐地捕捉到客户需求的变化并及时地对之做出响应或引领客户的消费时尚，持续的创新能力显然是必不可少的。随着产业或企业网络化分工越来越普遍，企业要想增强对价值链或产业链的治理和控制能力，也需要拥有强大的创新能力，只有源源不断地推进技术创新、理念创新或制度（模式）创新才能把握住产业链上的关键环节、才能在充分挖掘和凸显自身优势的前提下去整合外部优质资源来拓展获利空间、增强获利能力。

从以上四个典型案例我们可以清楚地看到企业的发展、壮大或公司核心业务经营转型都离不开公司本身拥有的强大创新能力，因为只有具备了这种核心竞争力，公司才能以此为基础去整合内外部资源，通过对市场资源的合理有效使用为客户提供优质软硬件产品或系统解决方案。IBM 从一个硬件设备制造商成功地转变为一个优秀的服务集成商，苹果公司在经历近十年的挫折期又重新复兴和繁荣，微软的市场势力不断累积，三一重工在短短的二十来年时间里成长为世界一流的工程机械制造商，从这些成功的案例我们可以深刻地体会到创新能力对于一个企业的发展壮大是何等重要。在现代市场经济中，强强联合无疑是快速拓展、占领新市场、增强竞争优势的捷径之一。一个公司只有以强大的创新能力作为支撑才有可能成为行业中的佼佼者，也才有能力、有机会去整合或联合更多的内外部资源，在促进或实现产业融合发展的基础上，进一步降低成本、提高效率，为客户提供更多优质软硬件供给的同时，提升公司及合作同盟的商业价值。

4. 构建网络平台来整合价值链中其他关键环节是实现产业互动融合的重要手段

当下行业内或企业间分工越来越精细、专业化程度也越来越高，企业间协作变得越来越重要。借助网络化平台，行业内或企业间流畅的分工协作和资源聚合能够让企业去创造更大的价值、去分享和收获资源要素重配产生的强大竞争力。借助信息可以充分流动且共享的网络平台，企业可以适时地调整或重新选择企业边界、重构与其他企业的协作发展关系，创建新的商业生态系统，凭借自身的技术或其他核心优势控制商业生态系统的关键位置，不断提升自己的竞争实力，进一步强化对价值链或商业生态系统的治理能力。我们可以通过苹果公司研发 iPod 的过程来更透彻地了解网络平台的成功搭建对促进产业融合的影响。

苹果公司通过搭建开放式创新平台，在 iPod 的研发设计环节吸引多家技术领先的高科技制造企业以及专业性的研发设计服务公司共同参与。最初是一个名叫托尼·菲德尔的独立承包商构思出 iPod 的创意，苹果公司获悉这个创意后就聘请托尼·菲德尔牵头成立一个产品开发小组——小组成员既有苹果的员工，还有飞利浦、IDEO、General Magic 等多家公司的员工。在产品设计环节，苹果还与 PortalPlayer(便携播放器)公司进行业务合作。在合作开发中，苹果公司主要负责用户界面的开发和设计，PortalPlayer 公司负责提供平台以及根据苹果公司的需求进行部分技术开发。在 iPod 制造环节，零部件由日本、韩国和美国多家供应商供应，最终产品生产由中国台湾厂商负责。iPod 的销售既有苹果专卖店也有其他的代销商，代销的 iPod 苹果公司获得 34%的毛利率。iPod 产品开放式创新平台不仅体现在产品的硬件上，还体现在在硬件基础上搭载开放式软件平台的设计，与 iPod 捆绑的 iTunes 在世界网络音乐销售领域一直处于领跑者的角色，而苹果音乐下载服务的收入也一直保持较高增长速度。① 可见，在整个产品研发、设计、制造、营销全价值链上，苹果的战略重点是研发设计环节。苹果公司凭借公司的技术研发优势搭建了软硬件的开放式创新平台，整合了内部和外部市场的优质资源，促进了生产性服务业与制造业的互动融合，实现了服务与制造的完美结合，不仅为苹果公司，也为其他合作商创造了更高的商业价值，让消费者获得了时尚、便捷、快乐的消费体验。

(二) 几点启示

1. 以客户需求动态变化为基点，企业要善于捕捉、发现、响应或引导客户需求

不管企业提供的产品是作为中间投入品还是为了满足终端市场的需求，企业对客户或消费者需求动态变化趋势要有及时准确的判断。敏锐地把握客

① 芮明杰等. 产业发展与结构转型研究——基于价值链重构：上海生产性服务业与先进制造业动态匹配研究[M]. 上海：上海财经大学出版社，2012：174—175.

户需求变化，及时地响应或引导客户需求，这是企业在激烈市场竞争中生存、发展和壮大的重要前提。通过团队协同创新，创造性地研发设计出适合客户需要的新产品来激发消费者的潜在需求，通过新产品成功的推广营销去引领消费潮流，不断开拓新市场。同时，随着市场饱和程度的提高，客户对产品的需求不仅仅停留在产品的物质层面，客户往往更关注附着在物质产品载体上的服务。所以，企业特别是生产和提供高科技产品或先进设备的企业应该努力实现有形产品和无形服务的有效融合，为客户提供更优质的"消费"体验和更丰富的增值服务。在"各取所需"的基础上，制造业和生产性服务业容易结成战略同盟，在业务上的互动和融合不断得到强化的同时，二者的竞争优势都将得到不同程度的增强。

2. 注重产业协同发展能力的提升，不断提高产业发展整体质量和水平

在全球化时代，为了更好更快地为客户提供更具差异化、个性化、定制化的产品和服务，企业单单依靠自身的资源和要素可能存在不少障碍和困难，所以产业间或企业间的协同发展至关重要。因为不同的行业或企业在资源和能力上往往存在互补性特征，这些存在互补特征的产业或企业进行合作时，往往能实现产品研发设计等关键技术或商业模式的重大创新性突破，催生出全新的产品或产业、从而开拓出全新的市场。因此，在新的市场竞争环境中，强强联合不失为加快企业或产业发展的驱动装置。在产业协同发展过程中，若个别产业的发展存在瓶颈效应，那么该产业将会成为整个产业协调发展的短板，严重抑制甚至阻碍产业的协调发展。

在目前中国制造业转型发展压力不断增加的情况下，我们看到中国生产性服务业整体发展水平不高不仅抑制了制造业服务外包的动机，也制约了制造业服务化水平和制造业发展效率的提高。在今后要重点加快推进现代物流、电子商务、融资租赁、信息服务、研发设计、成套集成等高端服务的发展，提高生产性服务企业定制化服务供给能力，为实现制造业与生产性服务业的融合发展提供重要支撑。事实上，为了应对客户消费需求的动态变化和产品同质化带来的激烈的市场竞争，越来越多的制造业企业尤其是先进制造业企业把服务视为企业增强产品异质性、持续获得竞争优势的主要捷径之一。从只注重提供产品到重视供给"产品＋服务"，从产品制造商到系统解决方案供应商转变，这不仅是制造业企业经营策略转变的需要，更是制造业企业提升核心竞争力、实现发展转型的必然要求。不管是提供生产性服务的企业，还是提供物质产品的制造业企业都要充分认识到：技术和软件是公司核心竞争力，而

设备则是其技术和软件的载体，先进的技术和卓越的软件只有与一定的物质载体相结合，进而不断提升有形产品的效能和品质，才能转化为强大的竞争优势。所以，生产性服务业与制造业协同发展能力的提高是实现二者互动融合的重要基础。

3. 培育企业持续创新的能力至关重要，企业转型发展永远在路上

透过以上四个典型案例，我们看到企业的持续创新能力是企业发展壮大的关键因素，当然这种创新既包括研发设计方面的创新，也包括商业运作模式等方面的创新。在创新文化、创新制度的引领和激励之下，一个强大的创新团队有助于企业不断激活新创意、创造新产品、引导新潮流、开拓新市场。依靠强大的创新能力，企业可以不断集聚更多资源和要素，增强自身在商业生态系统中的核心地位，进一步促进系统内企业在信息、知识和经验等方面的共享与合作，在提高合作企业商业价值的同时，进一步为自身商业价值的提高创造出更多机会，拓展出更大空间。

通过对以上四个案例的分析，我们同时也看到企业转型发展是一个没有终点的旅途。转型发展的成功在于企业对市场机会、市场需求变化趋势的准确把握，而市场的变化是永不停止的，所以企业发展中需要持续关注市场需求变化、关注行业技术发展、关注竞争对手发展，只有在持续创新能力的支持下，企业才能顺应或适应市场变化，抓住稍纵即逝的市场机会不断前进。今天的成功绝不代表永远不败，企业只有在保持较高开放度的基础上，提高自身灵活性，提高对市场资源的整合能力和配置效率，提高产业融合能力，才能永葆生机和活力。

第三节 小 结

本章分别从两个方面梳理和总结了生产性服务业与制造业融合发展的事实、经验及其对我国发展生产性服务业、实现制造业转型升级的有益启示。

第一节主要选择和介绍了美国、英国、日本以及印度生产性服务业与制造业联动发展的特征事实，总结了生产性服务业与制造业实现产业联动的经验以及为我国生产性服务业和制造业发展带来的有益启示。放松管制、引入竞争，努力创设适于产业发展的公平竞争的市场秩序是促进生产性服务业与制造业互动融合发展的重要条件，引导和支持生产性服务业实现集群式发展是

提高生产性服务业发展的重要途径，加快推进服务外包是促进生产性服务业与制造业互动的重要驱动力，而政府部门在把握产业发展趋势的情况下，通过合理的产业政策的制定和实施则有助于加快产业融合发展。因此，在中国生产性服务业发展水平整体不高以及制造业转型发展形势严峻的背景下，积极借鉴国外生产性服务业与制造业联动发展的成功经验，有助于推进生产性服务业重点行业和重点领域加快发展，在服务业管制放松的背景下鼓励竞争，诱发生产性服务企业在逐利动机驱动下不断提高创新能力，推动生产性服务业与制造业网络化分工合作持续深化，最终实现相关产业和整个经济的持续健康发展。

第二节重点选择了苹果公司、微软公司、IBM 公司以及三一重工四个典型企业案例来分析生产性服务业与制造业融合发展的路径、经验和启示。首先对这四个案例进行了简单描述，在此基础上概括了这四家公司业务拓展和发展转型的路径，通过分析发现：IBM 从硬件制造商向整体方案提供商的转变是通过在逐渐剥离制造业务的同时进行外部并购来实现；微软是通过嵌入和渗透到硬件设备制造业的价值链中去，并控制价值链的关键环节来不断壮大；苹果公司通过商业模式创新来打通硬件与软件、制造与服务的连接通道，借助价值网络的构建促使制造与服务融合；三一重工则主要是通过内部拓展来实现资源整合，并实现向服务化制造转变的。虽然四家公司最初的经营主业不同，但在新的发展环境里，都纷纷通过促进生产性服务与制造业务互补和融合实现了成功的转型发展。这也为我国实现生产性服务业与制造业融合发展提供了有益的经验和启示：比如企业在发展过程中要能够敏锐地把握客户需求的动态变化并积极做出响应，适时地调整业务边界，不断提高企业创新能力，构建网络平台来主动地整合价值链并增强价值链的治理能力。当然，国内外还有许多生产性服务业与制造业融合发展的成功案例，这些成功的企业发展案例不仅体现了产业融合是当前产业发展的重要趋势，更为我们推动产业融合发展提供了可操作、可复制、可推广的宝贵经验。

通过典型国家生产性服务业与制造业的融合发展以及典型公司的成功案例，我们看到生产性服务业的整体发展水平和质量的提高是制造业发展效率及发展质量提升的重要支撑，而制造业的健康发展则是生产性服务业快速发展的坚实后盾，实现二者互动和融合发展是提升国民经济整体素质和发展水平的重要途径。

第八章　主要结论和未来研究拓展

基于对生产性服务业与制造业互动融合的历史与现实、理论与经验的分析，我们可以进一步认识到产业间形成良好的互动发展是促进各产业持续健康发展的重要驱动力。制造业不仅是创造物质财富的重要途径，更是整个国民经济乃至世界经济健康持续发展的重要载体，而随着时代发展条件的变化，新兴的生产性服务业特别是知识密集型商务服务业（KIBS）已经成为制造业发展的“发动机”和“加速器”。在市场化改革深入推进的过程中，一个宽松、有序、公平的发展环境将有助于在制造业与生产性服务业之间架起“友谊”的桥梁，为产业互动和融合发展打造出一个良好的“生态群落”。

一、主要结论

根据前文的理论和实证分析，本研究的主要结论可概括为以下几个方面。

（一）作为制造业重要的中间投入，发达国家生产性服务业的成长和壮大对制造业发展质量和生产效率的提高作出了重大贡献

从产业发展演变的进程来看，第二次世界大战后生产性服务业是发达国家发展最为迅速的产业，在国民经济中其增加值所占比重和就业比重都快速提高。且随着社会分工的深化以及信息技术的快速变革，生产性服务特别是知识密集型生产性服务投入的增加不仅使得制造业企业获利能力不断提升，还增强了企业对整个价值链的把控能力。整体来看，在生产性服务业与制造业关系发展演变进程中，生产性服务业逐渐从内部化走向外部化，且在市场空间和市场规模不断拓展的背景下，其专业化和规模化程度得到较快提高的同时，与制造业的互动融合程度也在不断加深。同时，生产性服务业自身“循环累积”效应也愈加明显，产业内的网络化分工特征更加突出。近年来，生产性

服务作为中间投入投向服务业各部门的比重不断上升，这在提高服务业各部门专业化水平的同时，也使得整个服务行业的服务质量和服务效率得到较大提升。

（二）由于受到中华人民共和国成立后重工业优先发展战略的影响，长期以来“重生产、轻服务”成为各级政府制定发展政策的重要标准，致使长期受歧视的服务业发展严重滞后

而高度集中计划经济体制的存在和延续，严重抑制了制造业企业以及其他部门对生产性服务业的中间需求，导致生产性服务业发展水平较低。改革开放以后，生产性服务业得到了恢复性发展，为国民经济发展培育了新的增长点，成为推动经济发展的重要力量。同时改革开放以来中国制造业发展迅速，不仅在濒临崩溃的边缘逐渐建立起完整的工业体系，还通过自身的努力成为世界“制造工厂”，为提高中国的综合国力作出了巨大贡献。但是近年来横亘在我们面前的重要事实是中国要实现从“中国制造”到“中国智造”和“中国创造”还有很长的一段路要走。产能过剩、原始创新能力不高，资源能源高消耗、生态环境严重破坏等问题正在倒逼中国制造业转型发展。而从产业发展演变的历史以及发达国家产业发展的历程来看，要改变生产性服务业和制造业的发展困境，一个现实的路径就是清除二者联动发展的诸多有形或无形的障碍，搭建必要的“平台”来促进和实现二者之间的互动和融合发展。

（三）理论和经验分析显示制造业对生产性服务业中间投入的持续增加是促进生产性服务业发展的重要原因

从一定意义上来看，中国生产性服务业的发展还处于“需求遵从”的阶段，制造业发展规模的扩大为生产性服务业提供了大量的潜在市场需求，生产性服务业的发展壮大亦正是内生于制造业需求规模和需求层次的扩大。但是由于中国大多数制造业企业在发展中仍沿袭“大而全、小而全”的生产组织方式，传统的粗放式或“摊大饼”式发展模式还没有发生根本改变，从事订单式加工贸易为主的制造业企业数量较多，多重因素共同导致了制造业企业对生产性服务的市场中间需求规模不大，且需求层次不高。从实证分析的结果来看，当前制造业企业主要对像交通运输、仓储、邮政业和金融业的发展拉动作用较大，而对像科技研发服务、专业化程度较高的商务服务等需求并不大，这种不合理的需求结构严重抑制了生产性服务业发展质量和发展层次的提高。

（四）中国生产性服务业的发展除了受制造业需求规模和需求层次影响外，还受到服务业自身的需求规模和需求结构的影响

实证结果显示，服务业的发展规模与生产性服务业的发展正相关，因为服务业市场规模的扩大以及内部分工的深化与拓展为生产性服务业发展提供了广阔的市场空间和日益扩大的市场需求。从地区层面来看，东部沿海发达地区的服务业规模较大，对生产性服务业发展的促进作用也更明显，而中西部地区的服务业规模较小且发展水平较低，对生产性服务业发展的促进作用不太明显。

另外，生产性服务业供给效率、劳动力投入状况以及专业化分工的深化和细化与自身发展水平的提高正相关。生产性服务业分工的深化和拓展本身就促进了生产性服务供给种类增加、服务质量以及服务效率提高，使得生产性服务的规模化、专业化和产业化程度提高，从而促使自身发展形成良性循环的格局。而高端人才更是生产性服务业特别是知识密集型生产性服务发展的核心要素，也是提高自身竞争优势和市场竞争力的关键要素，所以在未来生产性服务业对高素质的专业型和复合型人才的市场需求必将进一步增加，而这些富含人力资本的高端人才的紧缺也将成为制约生产性服务业发展的一个重要“瓶颈”。

（五）近年来生产性服务业虽然有所发展，但从市场规模、专业化程度以及发展层次来看，还不足以成为驱动中国制造业乃至整个经济发展的“心脏”和“翅膀”

从理论分析来看，生产性服务分工越细、种类越多，其作为制造业中间投入就能够通过更多的通道把各种知识、信息和人力资本密集的要素导入到制造业中去，增强制造业企业产出的多样性和异质性，借助于生产性服务包含的有利于增强核心竞争优势的隐性知识，提高制造业企业的市场竞争力、市场定价能力，强化其获利能力，并且有助于降低制造业的生产成本和交易成本，从而促进制造业升级。从经验数据的实证分析结果来看，虽然生产性服务业的发展有利于促进制造业效率的提升，特别是高端生产性服务对制造业效率提升作用比较明显，但是生产性服务业对制造业发展水平和发展效率提升的“心脏”和“翅膀”或“飞轮”作用仍与理论分析存在较大差距，生产性服务业促进制造业发展、提升制造业生产和运营效率还受到相关产业自身发展水平、发展质量以及经济发展阶段和相关发展环境的制约。

(六) 理论分析表明制造业与生产性服务业的互动融合是制造业和生产性服务业发展的趋势化现象,而国际经验也显示发达国家制造业与生产性服务业的互动融合程度愈加深化

通过对 1997 年以来的中国投入产出表分析,发现中国制造业和生产性服务业的互动和融合程度虽然有所提高,但是借助制造业影响力和感应度系数分解可看到制造业与生产性服务业之间还没有形成显著的互动关系,并且二者之间的非均衡融合程度依然较高,虽然生产性服务业的发展对制造业的依赖程度比较高,但制造业对生产性服务的依赖度不高,二者融合发展的趋势不太明显。

总的来看,在生产性服务业与制造业发展演变过程中二者之间的确存在着千丝万缕的产业关联,生产性服务业从内生于制造业部门,到逐渐独立分化出来,再到与制造业互补性、融合发展程度不断增强,这本身就是产业发展环境变化和企业组织管理方式变革的结果。但鉴于生产性服务业主要以满足中间需求为主要特征,作为创造国民物质财富重要部门的制造业始终是生产性服务业发展的重要支撑,否则生产性服务业的发展就会因为缺乏强劲需求的"源动力"而受到抑制。

同时,结合 2008 年以来金融危机的教训以及中国大国经济特征来看,中国制造业作为实体经济的中坚力量必须要提高其发展质量和发展效率,提高其参与国际市场的竞争力,要实现这一发展结果就必须在制造业特别是先进制造业的发展中融入更多的知识、信息和创新元素,逐步突破自身发展的困境和瓶颈,而这又离不开中国生产性服务业特别是高端生产性服务业的"鼎力相助"。所以,在中国经济发展过程中,我们要通过市场化改革的推进,不断清除不合时宜的体制机制及政策障碍,增强市场竞争的有序性和规范性,借助合理的激励机制诱导市场主体在追逐利润中推动和实现制造业与生产性服务业的互动和融合发展。

二、研究中存在的不足以及今后拓展研究方向

(一) 研究中存在的不足

首先,在理论分析上偏重于宏观叙述,主要借助社会分工理论、交易成本

理论以及产业共生理论等来分析生产性服务业发展的历史和现实原因及其与制造业互动融合发展趋势出现的必然性，而在生产性服务业与制造业互动融合发展的微观机制上缺乏详细的数理论证。

其次，在本研究中着力于理论分析，虽然理论分析一再证实生产性服务业与制造业实现互动和融合是推动国民经济健康稳定发展的重要基础；而现实的经济运行是一个异常复杂的系统，实现生产性服务业与制造业的互动和融合发展更是一个涉及诸多方面的实践问题，"应然"和"实然"必定存在差异，如何实现理论分析与现实的契合，引导和激励各市场主体在追求自身利益的前提下共同驱动产业健康发展更是本研究要着重解决的现实问题。

最后，在实证研究和经验分析中，主要利用宏观统计数据来分析生产性服务业与制造业的产业关联也存在一些不足。比如，除去统计数据的准确性因素，统计数据在年份和截面上的不完善、不全面、不连续等问题的客观存在都会成为经验分析不能完全、客观真实地反映经济规律的主要因素，当然这也是许多实证研究都面临的共同问题。

（二）今后拓展研究方向

在中国经济转型发展势在必行的现实世界里，研究生产性服务业发展及其与制造业互动融合具有重要的现实意义。鉴于本研究中存在的不足，在后续研究中可着重从以下几方面进行深入拓展。

第一，更注重产业融合发展微观机制和机理研究。

在理论研究方面，更加注重生产性服务业与制造业融合发展的微观机制的研究，进一步理清实现二者互动和融合发展的内生机理，为营造和构建有利于产业融合发展的市场环境提供理论支撑。

第二，侧重使用更真实可靠的微观数据进行实证分析。

在利用宏观数据来分析生产性服务业与制造业互动和融合发展经验事实的基础上，更注重微观数据的收集和使用，借助更符合微观经济运行的计量工具对更为准确和真实的产业数据进行实证分析，力求使经验分析更接近现实情况。同时尽可能通过广泛深入的企业实地调查来具体了解生产性服务业与制造业未能形成紧密产业关联的现实障碍，提出针对性建议，帮助清除产业融合发展中存在的"梗阻"问题。

第三，从细分产业入手来拓展研究生产性服务业与制造业的互动融合现状、发展中存在的问题，并针对性地提出可行的政策建议。

今后还可通过深入细化研究生产性服务业的某个子行业（比如科技服务业、信息服务业、物流业或金融业）与某个或某些制造业行业的产业关联及融合发展问题，以具体分析产业融合对相关产业健康发展的重要影响，这样的细化研究可能对产业发展具有更强的现实指导意义，相应的对策研究可能也更具有针对性和可操作性。

参考文献

[1] 阿林·杨格. 报酬递增与经济进步[J]. 贾根良译. 经济社会体制比较，1996(2)：52－57.

[2] 毕斗斗. 西方现代服务业的成长路径研究[J]. 广东社会科学，2009(3)：27－31.

[3] 陈凯. 产业结构调整中生产性服务业的发展趋势分析——以美国为例[J]. 经济与管理，2011，25(10)：71－75.

[4] 陈宪，黄建峰. 分工、互动与融合：制造业与服务业关系演进的实证研究[J]. 中国软科学，2004(10)：65－73.

[5] 陈志武. 为什么中国人出卖的是“硬苦力”[J]. 新财富杂志，2004(9).

[6] 程大中. 生产者服务论——兼论生产性服务业发展与开放[M]. 上海：文汇出版社，2006.

[7] 程大中. 中国生产性服务业的水平、结构及影响——基于投入-产出法的国际比较研究[J]. 经济研究，2008(l)：76－88.

[8] 程大中. 中国生产性服务业的增长、结构变化及其影响——基于投入-产出法的分析[J]. 财贸经济，2006(10)：45－52.

[9] 丹尼尔·贝尔. 后工业时代的来临[M]. 高铦等译. 北京：商务印书馆，1984.

[10] 樊文静. 中国生产性服务业发展悖论及其形成机理一基于需求视角的研究[D]. 杭州：浙江大学，2013.

[11] 冯泰文. 生产性服务业的发展对制造业效率的影响——以交易成本和制造成本为中介变量[J]. 数量经济技术经济研究，2009(3)：56－65.

[12] 富克斯. 服务经济学[M]. 许微云等译. 北京：商务印书馆，1987.

[13] 高传胜，刘志彪. 生产者服务与长三角制造业集聚与发展[J]. 上海经济研究，2005(8)：35－42.

[14] 高传胜. 中国生产者服务对制造业升级的支撑作用——基于中国投入产出数据的实证研究[J]. 山西财经大学学报，2008，30(1)：44－50.

[15] 高觉民，李晓慧. 生产性服务业与制造业的互动机理：理论与实证[J]. 中国工业经济，2011(6)：151－160.

[16] 顾乃华，毕斗斗，任旺兵. 生产性服务业与制造业互动发展：文献综述[J]. 经济学家，2006(6)：35－41.

[17] 顾乃华等. 中国转型期生产性服务业发展与制造业竞争力关系研究[J]. 中国工业经济，2006(9)：14－21.

[18] 顾乃华.生产性服务业对工业获利能力的影响和渠道——基于城市面板数据和SFA模型的实证研究[J].中国工业经济,2010(5):48-58.
[19] 韩德超.生产性服务业与制造业关系实证研究[J].统计与决策,2009(18):87-90.
[20] 韩坚,尹国俊.农业生产性服务业:提高农业生产率的新途径[J].学术交流,2006(11):107-110.
[21] 赫伯特·G.格鲁伯,迈克尔·A.沃克.服务业的增长原因与影响[M].陈彪如译.上海:上海三联书店,1993.
[22] 洪银兴,孙宁华.中国经济发展:理论、实践、趋势[M].南京:南京大学出版社,2015.
[23] 胡晓鹏.产业共生:理论界定及其内在机理[J].中国工业经济,2008(9):118-128.
[24] 黄莉芳等.生产性服务业提升制造业效率的传导机制检验——基于成本和规模中介效应的实证分析[J].财贸研究,2012(3):22-30.
[25] 黄少军.服务业与经济增长[M].北京:经济科学出版社,2000.
[26] 黄永春等.中国"去工业化"与美国"再工业化"冲突之谜解析——来自服务业与制造业交互外部性的分析[J].中国工业经济,2013(3):7-19.
[27] 江静、刘志彪.生产性服务发展与制造业在全球价值链中的升级——以长三角地区为例[J].南方经济,2009(11):36-44.
[28] 江静、刘志彪.世界工厂的定位能促进中国生产性服务业发展吗?[J].经济理论与经济管理,2010(3):62-68.
[29] 江静、刘志彪、于明超.生产性服务业发展与制造业效率提升:基于地区和行业面板数据的经验分析[J].世界经济,2007(8):52-62.
[30] 江小涓,李辉.服务业与中国经济——相关性和加快增长的潜力[J].经济研究,2004(1):4-13.
[31] 江小涓.中国服务业的增长与结构[M].北京:社会科学文献出版社,2004.
[32] 金碚.工业的使命和价值——中国产业转型升级的理论逻辑[J].中国工业经济,2014(9):51-60.
[33] 金碚.中国工业的转型升级[J].中国工业经济,2011(7):5-14,25.
[34] 金碚.中国经济发展新常态研究[J].中国工业经济,2015(1):5-18.
[35] 李江帆.第三产业经济学[M].广州:广东人民出版社,1990.
[36] 李平,李晓华.中国制造业发展的成就、经验与问题研究[J].中国工程科学,2015,17(7):41-48.
[37] 李善同,高传胜.中国生产者服务:内容、发展与结构——基于中国1987—2002年投入产出表的分析[J].现代经济探讨,2007(8):68-72.
[38] 里昂惕夫.投入产出经济表[C].北京:中国统计出版社,1990.
[39] 厉无畏,王敏慧.世界产业服务化与发展上海现代服务业的战略思考[J].世界经济研究,2005(1):54-60.
[40] 林毅夫,蔡昉,李周.中国的奇迹:发展战略和经济改革(增订版)[M].上海:上海人民出版社、上海三联书店,1999.
[41] 林毅夫.解读中国经济[M].北京:北京大学出版社,2012.
[42] 林毅夫.新结构经济学:反思经济发展与政策的理论框架[M].北京:北京大学出版社,2012.

[43] 刘刚，熊立峰. 消费者需求动态响应、企业边界选择与商业生态系统构建——基于苹果公司的案例研究[J]. 中国工业经济，2013(5)：122-134.

[44] 刘继国，李江帆. 国外制造业服务化问题研究综述[J]. 经济学家，2007(3)：119-126.

[45] 刘军等. 中国制造业发展：现状、困境与趋势[J]. 阅江学刊，2015(4)：15-21.

[46] 刘明宇，芮明杰，姚凯. 生产性服务价值链嵌入与制造业升级的协同演进关系研究[J]. 中国工业经济，2010(8)：66-75.

[47] 刘世锦等. 传统与现代之间——增长模式转型与新型工业化道路的选择[M]. 北京：中国人民大学出版社，2006.

[48] 刘新民. 我国服务业发展滞后的原因和政策建议[J]. 经济研究参考，2004(39)：4-8,26.

[49] 刘志彪. 为什么我国发达地区的服务业比重反而较低？——兼论我国现代服务业发展的新思路[J]. 南京大学学报(哲学. 人文科学. 社会科学)，2011(3)：13-19,158.

[50] 卢锋. 产品内分工[J]. 经济学(季刊)，2004,4(1)：55-82.

[51] 卢锋. 当代服务外包的经济学观察：产品内分工的分析视角[J]. 世界经济，2007(8)：22-35.

[52] 陆小成. 生产性服务业与制造业融合的知识链模型研究[J]. 情报杂志，2009(2)：117-120,124.

[53] 路红艳. 生产性服务与制造业结构升级——基于产业互动、融合的视角[J]. 财贸经济，2009(9)：126-131.

[54] 吕怀涛. 生产性服务业与制造业互动发展的经验及对辽宁的启示[J]. 当代经济，2009(12)：96-101.

[55] 吕拉昌，闫小培. 论生产服务业的若干理论问题[J]. 地理和地理信息科学，2006,22(6)：54-57.

[56] 吕征，刘勇，王钦. 中国生产性服务业发展的战略选择——基于产业互动的研究视角[J]. 中国工业经济，2006(8)：5-12.

[57] 罗纳德·哈里·科斯，王宁. 变革中国[M]. 徐晓，李哲民译. 北京：中信出版社，2013.

[58] 迈克尔·L. 德图佐斯. 未完成的革命：以人为本的计算机时代[M]. 施少华，谭慧慧译. 上海：上海译文出版社，2002

[59] 迈克尔·波特. 国家竞争优势[M]. 李明轩译. 北京：华夏出版社，2002.

[60] 迈克尔·波特. 竞争论[M]. 李明轩译. 北京：中信出版社，2003.

[61] 迈克尔·波特. 竞争优势[M]. 陈小悦译. 北京：华夏出版社，1997.

[62] 聂清. 生产性服务业与制造业的关联效应研究[J]. 国际商务研究，2006(1)：6-12.

[63] 潘志，李飞. 日本生产性服务业与制造业联动发展经验及其启示[J]. 科技促进发展，2014,10(2)：120-124.

[64] 钱书法，贺建，程海狮. 社会分工制度下生产性服务业与制造业关系新探——以江苏省为例[J]. 经济理论与经济管理，2010(3)：69-74.

[65] 乔均等. 生产性服务业与制造业联动发展研究——来自江苏省生产性服务业与制造业发展的报告[M]. 北京：中国物资出版社，2011.

[66] 乔均，施建军. 生产性服务业与制造业互动发展研究评述[J]. 经济学动态，2009(11)：130-135.

[67] 任旺兵. 论我国现代服务业的发展战略问题[J]. 中国党政干部论坛，2008(6)：26－28.
[68] 芮明杰等. 产业发展与结构转型研究——后金融危机时代上海先进制造业发展战略与政策[M]. 上海：上海财经大学出版社，2012.
[69] 芮明杰等. 产业发展与结构转型研究——基于价值链重构：上海生产性服务业与先进制造业动态匹配研究[M]. 上海：上海财经大学出版社，2012.
[70] 申玉铭等. 中国生产性服务业产业关联效应分析[J]. 地理学报，2007，62(8)：821－830.
[71] 沈家文. 生产性服务业与中国产业结构演变关系的量化研究[M]. 北京：经济管理出版社，2012.
[72] 沈坤荣. 如何应对国际经济格局新变化[J]. 求是，2013(8)：32－34.
[73] 苏敬勤，喻国伟. 多学科视角中的生产性服务业研究述评[J]. 工业技术经济，2008，27(5)：37－40.
[74] 孙理军，严良. 全球价值链上中国制造业转型升级绩效的国际比较[J]. 宏观经济研究，2016(1)：73－85.
[75] 孙晓华等. 生产性服务业带动了制造业发展吗？——基于动态两部门模型的再检验[J]. 产业经济研究，2014(1)：23－30，80.
[76] 唐晓华. 现代产业经济学导论[G]. 北京：经济管理出版社，2011.
[77] 汪德华，江静，夏杰长. 生产性服务业与制造业融合对制造业升级的影响——基于北京市与长三角地区的比较分析[J]. 首都经济贸易大学学报，2010(2)：15－22.
[78] 王朝阳，何德旭. 英国金融服务业的集群式发展：经验及启示[J]. 世界经济，2008(3)：89－95.
[79] 王建军. 分工和产业组织演进与优化的经济学分析[D]. 上海：复旦大学，2006.
[80] 王向，周立群. 制约服务业增长的体制和政策环境——基于经济学文献的分析[J]. 产业经济评论，2013，12(3)：13－34.
[81] 王晓红等. 当前制造业与服务业融合发展趋势及特点的研究[J]. 全球化，2013(9)：75－87，127.
[82] 网易科技. 福布斯：苹果生态产业链上的十大企业[R/OL]. 010. 02. 1. http://tech.163. com.
[83] 魏江，周丹. 生产性服务业与制造业融合互动发展——以浙江省为例[M]. 北京：科学出版社，2011.
[84] 魏作磊，胡霞. 发达国家服务业需求结构的变动对中国的启示——一项基于投入产出表的比较分析[J]. 统计研究，2005(5)：32－36.
[85] 吴敬琏. 中国增长模式抉择(增订版)[M]. 上海：上海远东出版社，2007.
[86] 夏杰长等. 迎接服务经济时代来临——中国服务业发展趋势、动力与路径研究[M]. 北京：经济管理出版社，2010.
[87] 夏杰长. 中国服务业三十年：发展历程、经验总结与改革措施[J]. 首都经济贸易大学学报，2008(6)：42－51.
[88] 肖文，樊文静. 产业关联下的生产性服务业发展——基于需求规模和需求结构的研究[J]. 经济学家，2011(6)：72－80.
[89] 徐力行，高伟凯. 生产性服务业与制造业的协同创新[J]. 现代经济探讨，2008(12)：

53-56.
[90] 宣烨.生产性服务业空间集聚与制造业效率提升——基于空间外溢效应的实证研究[J].财贸经济,2012(4)：121-128.
[91] 亚当·斯密.国民财富的性质和原因的研究[M].郭大力,王亚南译.上海：上海三联书店,2009.
[92] 严冀,陆铭,陈钊.改革、政策的相互作用和经济增长——来自中国省级面板数据的证据[J].世界经济文汇,2005(1)：27-46.
[93] 杨成林.去工业化的发生机制和影响研究——兼论中国经济的去工业化问题和对策[D].天津：南开大学,2012.
[94] 杨小凯,黄有光.专业化与经济组织——一个新兴古典微观经济学分析框架[M].北京：经济科学出版社,1999.
[95] 杨小凯,张永生.新兴古典经济学和超边际分析[M].北京：中国人民大学出版社,2000.
[96] 杨玉英.我国生产性服务业影响因素和效应研究——理论分析与经验证据[D].长春：吉林大学,2010.
[97] 姚小远.论制造业服务化——制造业与服务业融合发展的新型模式[J].上海师范大学学报(哲学社会科学版),2014,43(6)：60-71.
[98] 印度服务外包的成功经验及对我国的启示[EB/OL].013-03-2. http://www.govinfo.so/news_info.php.
[99] 张军.增长、资本形成与技术选择：解释中国经济增长下降的长期因素[J].经济学(季刊),2002,1(2)：301-338.
[100] 张平.全球价值链分工与中国制造业成长[M].北京：经济管理出版社,2014.
[101] 张伟.美国生产性服务业注重科技含量[EB/OL].014-07-0. http://www.ce.cn/xwzx/gnsz/gdxw/shtml
[102] 张祥.转型与崛起：全球视野下的中国服务经济[M].北京：社会科学文献出版社,2012.
[103] 张振刚,陈志明等.生产性服务业对制造业效率提升的影响研究[J].科研管理,2014,35(1)：131-138.
[104] 赵明霏.知识经济时代服务业发展的新趋势[J].未来与发展,2012(9)：78-82,77.
[105] 赵玉林.产业经济学原理及案例[M].北京：中国人民大学出版社,2014.
[106] 郑吉昌.基于服务经济的服务业与制造业的关系[J].数量经济技术经济研究,2003(12)：110-112.
[107] 郑吉昌,夏晴.论生产性服务业的发展和分工深化[J].科技进步与对策,2005(2)：13-15.
[108] 植草益.信息通信业的产业融合[J].中国工业经济,2001(2)：24-27.
[109] 中共中央宣传部.习近平总书记系列重要讲话读本[M].北京：人民出版社,2014.
[110] 中美气候变化联合声明[EB/OL].014-11-1. http://news.xinhuanet.com/c_1113221744.htm.
[111] 钟韵,闫小培.西方地理学界关于生产性服务业作用研究述评[J].人文地理,2005(3)：12-17,5.

[112] 周振华.产业融合：产业发展及经济增长的新动力[J].中国工业经济，2003(4)：46-52.
[113] 周振华.信息化与产业融合[M].上海：上海人民出版社，2003.
[114] Baumol W J. Macroeconomics of Unbalanced Growth: The Anatomy of Urban Crisis [J]. American Economic Reviews, 1967, 57(3): 415-426.
[115] Bayson J R. Business Service Firms, Service Space and the Management of Change [J]. Entrepreneurship and Regional Development, 1997, 9(2): 93-112.
[116] Becker G S, Murphy K M. The Division of Labor, Coordination Costs, and Knowledge [J]. The Quarterly Journal of Economics, 1992, 107(4): 1137-1160.
[117] Beyers W B, Lindahl D P. Explaining the Demand for Producer Services [J]. Papers in Regional Science, 1996, 75(3): 351-374.
[118] Coffer W J. The Geographies of Producer Services Urban Geography [J]. 2000, 2(2): 170-183.
[119] Coffey W J. Bailly A S. Producer Services and Flexible Production: An Exploratory Analysis [J]. Growth&Change, 1991, 22(4): 95-117.
[120] Coffey W J. Forward and backward linkages of producer service establishments: evidence from the montreal metropolitan area [J]. Urban geography, 1996, 17(7): 22-26.
[121] Coffey W J, Polese M. Producer services and regional development: a policy-oriented perspective [J]. Papers in Regional Science, 1989, 67(1): 13-27.
[122] Cohen S S, Zyman J. Manufacturing Matters: the Myth of the Post Industrial Economy [C]. Paperback, 1987.
[123] Daniels P. Services Industries: a Geographical Appraisal [M]. London: Methuen: 34-44, 1986.
[124] Drerman M P. Information Intensive Industries in Metropoliton Areas of the United States of America [J]. Environment & Planning A, 1989, 21(12): 1603-1618.
[125] Eswaran M, Kotwal A. The Role of the Service Sector in the Process of Industrialization [M]. Manuscript: University of British Columbia, 2001.
[126] Eswarn M, Kotwal A. The Role of the Service Sector in the Process of Industrialization [J]. Journal of Development Economics, 2002, 68(2): 401-420.
[127] Ethier W J. National and International Returns to Scale in the Modern Theory of International Trade [J]. The American Economic Review, 1982, 72(3): 389-405.
[128] Francois J. Producer Services, Scale and the Division of Labor [J]. Oxford Economic Papers, 1990, 42(4): 715-729.
[129] Francois J, Woerz J. Producer Services, Manufacturing Linkages, and Trade [J]. Journal of industry, Competition and Trade, 2008, 8(3): 199-229.
[130] Freeman C. Schumpeter's 'Business Cycles' Revisited [J]. A. Heertje&M. Perlman (Eds), Evolving Technology and Market Structure. Ann Arbor: Michigan University Press, 1990.
[131] Fuchs V R. The Service Economy [M]. National Bureau of Economic Research,

1968, Inc. 30 - 50.

[132] Goodman B, Steadman R. Services: Business Demand Rivals Consumer Demand in Driving Job Growth [J]. Monthly Labor Review, 2002,125(4): 3 - 9.

[133] Greenfield H. Manpower and the Growth of Producer Services [M]. New York: Columbia University Press, 1966.

[134] Grossman G M, Helpman E. Outsourcing Versus FDI in Industry Equilibrium [J]. Journal of the European Economic Association, 2003, Vol. 1(2/3): 317 - 327.

[135] Guerrieri P, Meliciani V. Technology and International Competitiveness: The Independence between Manufacturing and Producer Services [J]. Structural Change and Economic Dynamics, 2005,16(4): 489 - 502.

[136] Hansen N. Autoregressive Conditional Density Estimation [J]. International Economic Review, 1994,35(3): 705 - 730.

[137] Hansen N. Do Producer Services Induce Regional Economic Development? [J]. Journal of Regional Science, 1990,30(4): 465 - 476.

[138] Hansen N. The Strategic Role of Producer Services in Regional Development [J]. International Regional Science Review, 1994, vol. 16(1&2): 187 - 195.

[139] Howells G. Location. Technology and Industrial Organization in UK Services [J]. Progress in Planning, 1986,26(2): 83 - 183.

[140] Juleff-Tranter L E. Advanced Producer Services: Just Service to Manufacturing? [J]. The Service Industries Journal, 1996,16(3): 389 - 400.

[141] Karaomerioglu B. Carlaaon. Manufacturing in Decline? A Matter of Definition [J]. Economy Innovation of New Technology, 1999,8(3): 175 - 196.

[142] Klodt H. Structural change towards services: the German experience [C]. University of Birmingham IGS Discussion Paper, 2000.

[143] Lundquist K J, Olander L O, Henning M S. Producer Services: Growth and Roles in long-term Economic Development [J]. The Service Industries Journal, 2008,28(4): 463 - 477.

[144] Lundvall B, Borras S. The Globalizing Learning Economy: Implications for Innovation Policy [R]. Report to the DGXII, TSER, Bussels, 1997(12): 23 - 25.

[145] Machlup F. The Production and Distribution of Knowledge in the United States [M]. New Jersey: Princeton University Press, 1 - 20,1962.

[146] Machlup F. The Production and Distribution of Knowledge in the United States [M]. New Jersey: Princeton University Press, 1962.

[147] MacPherson A. Producer service linkages and industrial innovation: results of a twelve-year tracking study of New York state manufactures [J]. Growth and Change, 2008,39(1): 1 - 23.

[148] MacPherson A. The Role of Producer Service Outsourcing in the innovation of New York State Manufacturing Firms [J]. Annals of the Association of American Geographers, 1997,87(1): 52 - 71.

[149] Markusen J R. Trade in Producer Services and in Other Specialized Intermediate

Inputs [J]. American Economic Review, 1989,79(1): 85 - 95.
[150] Marshall A. Principles of Economics [M]. London: Macmillan, 2012.
[151] Marshall J N, Damesick P, Wood P. Understanding the Location and Role of Producer Services in the United Kingdom [J]. Environment & Planning A, 1987,19(5): 575 - 595.
[152] Mulder N, Montout S, Peres L. Brazil and Mexico's Manufacturing Performance in International Perspective(1970 - 1999). Working Papers, 2002.
[153] Noyelle T. Stanback, T. TheEconomicTransformationofAmericanCities [M]. Totawa: Rowman&Allanheld, 1984.
[154] Park S, Chan K A. Cross-country Input-Output Analysis of Inter-sectoral Relationships between Manufacturing and Services [J]. World Development, 1989,17(2): 199 - 212.
[155] Porter M E. Clusters and the New Economics of Completion [J]. Harvard Business Review, 1998,76: 77 - 90.
[156] Porter M E. The Competitive Advantage of Nations [M]. New York: the Free Press. 1990.
[157] Riddle D I. Service-led Growth: the Role of the Service Sector in the World Development [M]. New York: Praeger, 1986.
[158] Sayer A, Walker R. The New Social Economy: Reworking the Division of Labour [M]. Oxford: Blackwell, 1992.
[159] Vandermerwe S, Rada J. Servitization of Business: Adding Value by Adding Services [J]. European Management Journal, 1988,6(4): 314 - 324.
[160] White A L, Stoughton M, Feng, L. Servicizing: The Quiet Transition to Extended Product Responsibility [R]. Boston: Tellus Institute, 1999.

图书在版编目(CIP)数据

中国生产性服务业与制造业的互动融合 / 王玉玲著
.— 上海 ：上海社会科学院出版社，2020
ISBN 978-7-5520-3045-7

Ⅰ. ①中… Ⅱ. ①王… Ⅲ. ①生产服务—服务业—关系—制造工业—产业发展—研究—中国 Ⅳ. ①F726.9 ②F426.4

中国版本图书馆 CIP 数据核字(2020)第 034494 号

中国生产性服务业与制造业的互动融合：理论分析与经验研究

著　　者：王玉玲
责任编辑：应韶荃
封面设计：右序设计
出版发行：上海社会科学院出版社
　　　　　上海顺昌路 622 号　邮编 200025
　　　　　电话总机 021-63315947　销售热线 021-53063735
　　　　　http：//www.sassp.cn　E-mail：sassp@sassp.cn
照　　排：南京前锦排版服务有限公司
印　　刷：上海龙腾印务有限公司
开　　本：710 毫米×1010 毫米　1/16
印　　张：17.75
字　　数：296 千字
版　　次：2020 年 6 月第 1 版　　2020 年 6 月第 1 次印刷

ISBN 978-7-5520-3045-7/F・610　　定价：88.00 元